当货币死亡

When Money Dies

魏玛德国
赤字开支、货币贬值
和恶性通货膨胀的噩梦

The nightmare of the Weimar Hyper-Inflation

[英]亚当·弗格森 著
（Adam Fergusson）

梁金柱 译

中国科学技术出版社
·北京·

WHEN MONEY DIES by Adam Fergusson
Copyright © Adam Fergusson 1975
First published 1975 by William Kimber & Co. Ltd.
This edition published 2010 by Old Street Publishing Ltd

北京市版权局著作权合同登记　图字：01-2022-0079

图书在版编目（CIP）数据

当货币死亡：魏玛德国赤字开支、货币贬值和恶性
通货膨胀的噩梦 /（英）亚当·弗格森著；梁金柱译
. —北京：中国科学技术出版社，2022.8
　书名原文：When Money Dies: The nightmare of
the Weimar Hyper-Inflation

　ISBN 978-7-5046-9637-3

　Ⅰ. ①当… Ⅱ. ①亚… ②梁… Ⅲ. ①魏玛共和国—
货币史—1923 Ⅳ. ①F825.169

中国版本图书馆 CIP 数据核字（2022）第 094019 号

策划编辑	申永刚　刘　畅
责任编辑	申永刚
版式设计	蚂蚁设计
封面设计	今亮后声·郭维维
责任校对	焦　宁
责任印制	李晓霖

出　　版	中国科学技术出版社
发　　行	中国科学技术出版社有限公司发行部
地　　址	北京市海淀区中关村南大街 16 号
邮　　编	100081
发行电话	010-62173865
传　　真	010-62173081
网　　址	http://www.cspbooks.com.cn

开　　本	880mm×1230mm　1/32
字　　数	204 千字
印　　张	9
版　　次	2022 年 8 月第 1 版
印　　次	2022 年 8 月第 1 次印刷
印　　刷	北京盛通印刷股份有限公司
书　　号	ISBN 978-7-5046-9637-3/F·1010
定　　价	69.00 元

（凡购买本社图书，如有缺页、倒页、脱页者，本社发行部负责调换）

献给我的母亲。

2010年版出版说明

本书于1975年首次出版时，其序言中指出，将当时货币的价值和物价与魏玛时期进行比较并没有太大的可比处。35年后的今天，当各种货币不断合并、分化、贬值甚至消失的时候，当成本和工资的涨跌如此不同步的时候，再做这样的比较也不会带来更大的启迪。诚然，统计学家估计，1923年1英镑的购买力相当于今天623英镑的购买力；1923年的1美元放到今天，可以购买价值220美元的商品和服务。然而，与其被有趣但具有高度推测性的比较计算所累，还不如请读者们一睹本书当初的模样。

在论述德国在魏玛时期货币所经历的天文数字时，本书保留了当时所使用的和印在钞票上的计数单位。也就是说，"milliard"表示十亿，"billion"还是一百万乘一百万，即一万亿，"billiard"一词被创造出来时，表示一千万亿，而"trillion"指的是一百万的三次方。我想，如果将当时的词转换为现代的用法，即"billion"等于1后面只有9个零，"trillion"等于1后面只有12个零的时候，读者可能会更好理解20世纪20年代一位德国部长对"十亿的谵妄"恰如其分的描述。

注释

"milliard"在旧英式英语中表示十亿。"billion"在旧英式英语中表示万亿，现在表示十亿。"trillion"在旧英式英语中表示百万兆，现在表示万亿。——译者注，下同。

为方便读者阅读，本书叙述所涉各城市与地区的名称与归属国家均为当时历史时期情况。不涉及现有城市、地区与国家名称和政区划分。——编者注

序　言

当一个国家的货币不再是安全感的源泉，当通货膨胀成为整个民族的忧虑时，人们自然会向有过这种最悲惨、最令人不安的经历的那些国家去寻求信息和指引。然而，查阅第一次世界大战（后文简称一战）战败的同盟国（the Central Powers）有关战后命运的各种文献——不论是经济、军事、社会、历史、政治还是传记，会发现缺少了一些特别的东西。一方面是当时的经济分析（出于经济学家都知道的原因，他们有时倾向于通货膨胀是财政政策的一种蓄意行为）忽略了人为因素，以及对魏玛共和国（the Weimar Republic）和奥地利革命后时代的军事和政治因素的忽略；另一方面是历史叙述，这些叙述尽管有令人印象深刻的旁征博引和独特见解，但忽略了——或至少是大大低估了——通货膨胀是他们所述的动荡的最主要原因。

与此同时，尽管原始资料和记录对于从人的方面去评估通货膨胀具有不可估量的价值，但这些原始资料和记录往往不尽如人意，要么视野太窄——从不同的炮弹坑看到的战斗可能会大不相同；要么回顾方式过于笼统，对于多年灾难的高潮和前奏——1923年的金融怪相——过于轻描淡写了。

通货膨胀带来的痛苦，无论持续时间有多长，都与急性疼痛有些相似——当它发作时，会令人不能自拔；当它消失的时候，不管它可能给精神或身体留下了什么伤痕，都会被遗忘或无视。这样的解释或许显得有点奇怪，但魏玛通货膨胀这一重大事件完全适用于这一说法。然而，考虑到那场危机的持久、广泛和可怕，以及它所造成的灾难性的后果，人们有理由认为，如果不提及当时的时代背景，那么对这一时期的研究就是不完整的。

反之亦然，除了最片面的经济论文或个人回忆，要想客观地说明那个时期德国的通货膨胀，离不开当时的时代背景——不同政治力量的角力、军队的动荡、德国与法国的争端、战争赔偿问题以及在奥地利和匈牙利同时发生的超级通胀。如果不与当时的政治事件放到一起，人们无法准确评估通货膨胀的政治意义和判断通货膨胀在工业化民主国家的产生和失控的情况。

1923年的德国既是鲁登道夫（Ludendorff）的德国，也是施廷内斯（Stinnes）的德国，既是哈芬施泰因（Havenstein）的德国，也是希特勒（Hitler）的德国。他们分别代表了军队、工业、金融和政治四大领域，这四个当时登上德国政治舞台上的人物和戏剧中的反派角色并无二致：鲁登道夫，毫无灵魂和幽默感的前军需总监（Quartermaster-General），托尔和奥丁①的崇拜者，反动势力的号召者和操控者；施廷内斯，只效忠于金钱的财阀奸商；哈芬施泰因，疯狂的银行家，他唯一的目标是用钞票使整个国家陷入泥沼；希特勒，嗜权如命的煽动者，他的一言一行都唤起了人性中所有的邪恶。单就哈芬施泰因而言，尽管对他的上述评价有失公允，但实际上，这位头脑敏捷的财政官员所造成的破坏是毁灭性的。

---

① 托尔（Thor）是北欧神话中的雷电与力量之神，同时司掌风暴、战争、农业。奥丁（Odin）是北欧神话中的众神之王。——译者注

也许有人会说，当时不存在真正的反派角色，这些人不过都是在后台候场的演员，只要发出上场的提示，他们就会登台亮相，扮演由形势支配的角色。当然，当时也有许多和那些反派扮演者一样不负责任的人，也应受到谴责。最终德国人民成为受害者。正如一位幸存下来的人描述的那样，这场战争让人们感到茫然和震惊。人们不明白这一切是如何发生的，打败他们的敌人又是谁。

本书不光介绍了一些新揭露的事实，还呈现了许多被遗忘的和迄今未公开发表的观点——这些资料之所以有价值，是因为它们都来自那些能够客观观察各种事件的人，因为他们的财产、健康和安全都没有受到他们所目睹的事件影响。这些丰富的资料来源于英国外交部（the British Foreign Office）的档案，最初由英国驻柏林大使馆提供，它的负责人是那个时代最成功的大使之一，达伯农勋爵（Lord D'Abernon）。达伯农的资料不仅来自德国各大城市的领事馆，也包括了与协约国（the Allied）赔偿或裁军委员会的个别成员的报告。除了是比较容易获得的文件，英国国家档案局（the Public Record Office）的文件，也是最重要的资料来源，这不仅是因为达伯农任职期间的英国大使馆（the British Embassy）一直与德国的高级政客保持着特别密切的联系，而且还因为美国在1923年年初撤走了派驻人员，以及柏林和巴黎之间早已几乎完全中断的任何沟通，使得本来可能具有比较价值的信息变得零散又浅显。因此，对于关于同时期德国的资料补充，我毫不犹豫地充分参考了这些文件。

我尽量使这些行动、反应和交流保持原有的历史先后顺序，希望本书中这种也许显而易见的顺序能有新意和启发性，并能更好地揭示一些重要但很少被注意到的关联性。在梳理整个事件历史的过程中，我一直遵循，而且有时不得不牢牢地抓紧一条将奥地利、匈牙利、苏联、波兰和法国串联在一起的特殊线索。这是一条大人物们有时似乎已经遗忘了的线索：通货膨胀对个人和国家的影响，以及人们的应对办法。

然而，我并不敢凭借本书中的讨论，就对人性和通货膨胀做出生硬的结论，因为事实本身就很说明问题。我更不敢据此细述任何经济方面的教训，或沉溺于对经济现象的理论解释中。本书的目的显然不是为了做经济研究。但是，通货膨胀既与钱有关，也与人有关，要想再现那段历史，就不得不反复地提到数字，有时甚至是庞大的数字。中欧人民多年来饱受庞大的数字的困扰和折磨，直至崩溃。1922—1923年马克的价值让人们记忆犹新，但谁能真正理解一个数字后面跟着12个零意味着什么呢？

1923年10月，英国驻柏林大使馆提到，一英镑能兑换的马克数等于地球到太阳之间的码数（1码等于0.9144米）。德国国家货币专员（Germany's National Currency Commissioner）沙赫特（Schacht）博士解释说，一战结束时，理论上人们可以购买500 000 000 000个鸡蛋的货币，在五年后只能买到一个鸡蛋。当恢复稳定后，购买一个金马克所需的纸马克①的数量恰好等于将一平方公里换算成平方毫米的数值。我不确定这样的计算是否有助于大家理解当时的情况，这只是为

---

① 即10 000亿纸马克。德国金马克为德意志帝国统一之后至一战前流通的金本位货币。——译者注

了让不擅长数学的读者能更有信心继续阅读此书。

由于各国对巨大数字的表达方式各不相同，我尽量避免使用十亿和万亿这样的表示方法，因为这些说法的使用习惯差异相当令人困惑。当我不得不这样做时，我会给出适当的说明。

在写作过程中，想用简洁而又不重复的形容词来描述当时德国人民所遭受的一连串持续恶化的不幸，是比较困难的。劳埃德·乔治先生（Lloyd George）在1932年的文章中提到了这种困难，他说，诸如"灾难""毁灭"和"困境"这样的词已经变得如此司空见惯，不再能激发人们任何真正的忧虑感。灾难本身被低估了：在当时的文件中，灾难这个词被年复一年地用来描述比上一次糟糕得多的情况。当马克最终消失在人们的视线中，整个德国满目疮痍时，仍然可以听到德国人在预测未来的灾难。

因此，我试图将文中的灾难、崩溃、大灾变、垮塌和困境等词的使用数量以及危机和混乱的使用程度，限制在可理解的范围内，读者可以根据自己的感受在脑海中补充更多的内容。

在另外一个问题上，读者还须独立判断。为了说明马克贬值的幅度，书中经常需要将所涉及的马克金额换算成20世纪20年代的英镑或美元。遍及西方各国的持续通胀过程，使得将当时马克换算为现今的价值毫无意义。为了能减少换算量，我仍然使用了12便士兑换1先令和20先令兑换1英镑的英国旧币制。由于年代久远，生活费用的比较是相当无用的；但是，如果需要计算的话，将1920年的英镑乘大约15倍才能得到与1975年中期差不多等值的金额。因此，1919年200英镑的工资今天可能价值3 000英镑；10先令今天价值约7～8英镑。如果是美元，乘6倍或8倍就足够了。如果说1913年的1马克在1975年可以买到约1英镑的商品和服务（显然，有些商品要贵得多；其他商品如劳动力的实际价格要比现在便宜得多），那么，对于英国读者来说，可以想象花148 000 000英镑去买一张邮票，不管这种想象是饶有趣味还是令人苦恼，一个简单粗暴的换算方法是直接把马克当成英镑就行了。

要准确地理解魏玛共和国时期的通货膨胀的后期阶段，没有固定的经验法则。在1921年秋季之前，马克在德国国内的贬值速度有时远远落后于国外，这使得德国成了外国游客的天堂。后来（从1922年初开始），随着公众对马克信心的消退，国内价格随着美元汇率迅速上调，到最后大家甚至对马克的下跌有着坚定的预期。这严重混淆了当时问题的另一个现象，并在之后的许多年里引发了经济学家的兴趣。

我相信，本书讲述的是一个道德故事。这个故事深刻证明了这样一句名言：如果你想摧毁一个国家，必须首先摧毁它的货币。因此，健全的货币制度必须是一个社会自我防御的第一道堡垒。

目　录

第一章　黄金换钢铁

1913年，一战爆发前夕，德国马克、英国先令、法国法郎和意大利里拉的价值几乎相同，其中任意一种货币与美元的汇率均是1：4~5。但到了1923年年末，无论是1先令、1法郎或1里拉都可以兑换高达1万亿德国马克，实际上当时已不会有人再愿意用任何东西去兑换德国马克。贬值了1万亿倍的德国马克已经名存实亡，这一过程只用了差不多十年的时间。

德国马克的陨落是渐进式的。在一战期间（1914—1918），德国马克的外汇价值几乎腰斩，到了1919年8月，又再次跌去一半。从1914年到1920年年初，尽管生活成本上涨了约9倍，德国马克的海外购买力却只剩下了原来的四十分之一。在接下来的一年里，德国马克的价值一直在令人不安地上下波动，随后，它以不断加速的趋势一路狂跌，随之而来的是满目疮痍的社会和动荡不安的政治。直到1923年，可以说在苦撑多月后，德国马克终于越过理性的悬崖边缘，紧步奥地利和匈牙利的后尘，堕入深渊，甚至摔得比两者还要惨。

1923年是通货膨胀飙涨的一年，德国的金融部门陷入了癫狂状态，经济灾难席卷了数以百万计的德国民众。这一年德国见证了各种天文数字、"手推车通胀"[①]以及各种前所未有的金融乱象。1923年

---

① 手推车通胀，指当货币贬值到一文不值时，人们需要用手推车装满纸币来进行交易。——译者注

11月德国马克的寿终正寝，不失为一种仁慈的解脱，因为先前8个月发生的种种事件已经注定了旧德国马克早已无力回天，这些事件还预示了德国将不得不经历异常严峻的金融重建过程，而这本来是可以避免的。重建使数千家企业破产、数百万人失业，让人们陷入无望的境地，还间接地让全世界都不得不为之付出更为可怕的代价。

1923年的通货膨胀是如此荒诞离奇，又结束地如此突然，以至于往往被当作历史奇闻为人们所津津乐道。当然，作为在经济、社会和政治方面具有长久影响力的一系列事件的高潮部分，这次通胀无疑是载入史册的。魏玛时期发生的这次通货膨胀，其成因在许多方面都是绝后的，当然这一点并不重要；政治环境不同了，金融混乱能再次演变到这种地步是不可想象的，当然这一点也不重要。重要的是，或需要认识到的是，通货膨胀，不论起因如何，对一个国家和它的政府、人民、官员以及社会将造成怎样的影响。社会对物质享乐越崇拜，通胀带来的伤害可能就越严重。如果人们能从20世纪20年代初期战败的同盟国的遭遇吸取任何教训的话，那就是货币是自古以来世人所接受和信赖的交易媒介，人们用它来衡量价值，用它来彰显社会地位，用它来建立安全保障，用它来存储劳动果实。而正因为此，货币崩溃的过程会伴随着贪婪、暴力、痛苦以及源于恐惧的仇恨，没有任何社会能历经这一过程而毫发无损。

当然，1922年和1923年不光让德国、奥地利和匈牙利的资产阶级遭遇了灭顶之灾，还给更多的普通民众带来了饥荒、疾病和贫困，偶尔甚至带来死亡。任何挺过那段艰难岁月的人，都无法平静地描述那场灾难。对这几个国家的人民最为致命的打击在于这段时期仍然只是一个虚假的顶峰，而实际上，真正难以想象的各种压力在未来几年才会一一显露。经济上，在大约4年的时间里，终极的灾难始终近在咫尺，每当人们认为它们已如期而至时，总有更大的灾难紧随其后。各种讲话、报纸文章、官方记录、外交电报、信件和日记经年累月地宣传着记录着糟糕的局面即将过去，而事实却总是事与愿违，每况愈下。1921年的人们想象不到1922年还会有更多的噩运。而伴随着下一年的到来，总会发生更糟糕的情况，令之前的灾难相形见绌。

把笼罩在这些国家的绝望完全归咎于通货膨胀，显然会造成误导。1918年冬到1919年春，德国、奥地利和匈牙利在经历了战时的匮乏和军事惨败之后，都爆发了政治革命。因此，即使和平条约允许战败国以十分缓慢的进程重新恢复经济，面对此时的形势，只有以复仇为出发点的措施才能提振民众的士气，而且这种情况也会持续较长时间。我们并不总是清楚哪些事件——哪次民众集会引发的骚乱、盟军最后通牒或政治暗杀——导致了通货膨胀恐慌；也不清楚哪些事件本身是由货币的不断贬值和生活费用的上涨直接或间接造成的。

但毫无疑问，通货膨胀加剧了局势的恶化，毁掉了这些国家复兴或个人成功的所有机会，并最终形成了这样的局面：左右两派的极端分子发动民众反对国家，挑起阶级矛盾、种族矛盾，让家庭反目、夫妻不合，让行业敌对、城乡对立。通货膨胀破坏了本来可以用简单的愿望或需求就可以提振的国家决心。由于通货膨胀天然具有的歧视性，它暴露了人性中最坏的一面——实业家和工人、农场主与佃农、银行家和商人、政治家和公务员、家庭主妇、士兵、手艺人、矿工、放债人、退休人员、医生、工会领导人、学生、游客——尤其是游客。通货膨胀让那些经历过恐惧和不安的人惶惶不可终日。它助长了仇外心理，加剧了人们对政府的蔑视和对法律与秩序的颠覆。它让腐败发生在不为人知的领域，出现在本不该出现的地方。它为几年之后的大萧条以及其后发生的一切拉开了最糟糕的序幕。

我们必须把20世纪20年代初的通货膨胀再次放回其历史背景中。试图将通货膨胀与历史背景相脱离很有可能是不明智的。毕竟，没有人会笃定地认为德国的通货膨胀直接导致了大萧条，甚至也没有人认为它单独催生了纳粹德国（Nazi Germany）。但毫无疑问，通货膨胀使前者变得更加难以忍受，而作为一个促成因素，使后者的到来更加容易。然而，在接下来的内容中，我们的目的不是通过类比，来预测任何处于严重通货膨胀中的工业化民主国家是否会遭遇类似命运，而是通过讲述一个非同寻常的故事，提出一些证据，来说明通货膨胀可能对人们造成的伤害，以及人们由此而造成的互相伤害。

魏玛时期的德国通货膨胀的发生，是根本性的，是不可避免的，既有内部原因也有外部原因。即使在战争期间，德国的金融政策也允许其国家银行系统出现最严重的货币过剩，这最终使战后的通货膨胀变得无法控制，而协约国（the Entente）战争赔偿金的要求，鼓励了德国开动印钞机，从本质和方式上完全排除了其他更理想的政策的可能。同样不能忽视的是，德国的工业家们无情地把德国政府赶上了货币末日之路。

然而，大多数德国人、奥地利人或匈牙利人的自然反应——事实上，就像任何通货膨胀的受害者一样——不是认为他们的钱不值钱了，而是认为他们购买的商品在绝对意义上变贵了；不是认为本国的货币在贬值，而是认为他国的货币在不公平地升值，因此提高了每一种生活必需品的价格，在通货膨胀刚开始时尤其如此。他们相信这种观点就如同有人相信太阳、星星和月亮是一起在围绕地球旋转一样。

多年后，在与赛珍珠（Pearl Buck）的一次长篇采访中，埃娜·冯·普斯陶（Erna von Pustau）（她的父亲是汉堡的一个经营鱼市的小商人）提出了同样的观点："我们过去常说'美元又涨了'，而实际上，美元根本没动，是我们的马克在下跌。可是，我们从来不说我们的马克在下跌，因为它的数字在不断地上升——物价也是如此——这一点很明显，所以我们意识不到我们货币的价值在下降……一切似乎都是疯狂的，它让人们失去了理智。"

换句话说，德国的政治家和银行家们当然也没有意识到，马克贬值的原因与个人或民众对它的反应无关。在经历了无数次的最后时刻后，大多数德国人仍然坚持使用他们所熟悉和信任的马克。他们也别无选择，但所有人都被德意志帝国银行（Reichsbank）"马克的信条"所鼓励或迷惑——不管是纸的还是金的，马克就是马克。如果价格上涨，人们不是要求帝国银行稳定马克的购买力，而是要求得到更多的马克，来购买他们需要的东西。于是，更多的马克被印刷出来，越印越多，越多越好。当旧政权被推翻时，通货膨胀已经进入第四个年头，为伴随魏玛共和国诞生的许多不确定因素再增加了一个新的、压倒性的变数。

尽管德国革命起源于针对无能的军队领导人的军事哗变，目的在于摆脱给国家带来军事灾难的军官阶层，但它也带有明显的经济原因。随着战争接近尾声，德军每个部队单位都成立了士兵委员会

（the Soldiers' Council），经历了个人财务灾难的士兵及其家人大力支持这些委员会的成立。1918年春天，一群经验丰富的反战宣传者来到前线，作为肆虐全德国的工厂罢工的领导人，他们的摇唇鼓舌加剧了士兵们的沮丧情绪。彼时，德国与苏俄签订了《布列斯特-立托夫斯克条约》（the Treaty of Brest–Litovsk）。该条约中无情的吞并条款是又一个政治错误，类似的错误还包括将美国卷入战争的无限制潜艇战，以及将列宁送回彼得格勒，这些都是由德国总参谋部（the Great German General Staff）造成的，而其领袖德皇（the Kaiser，威廉二世）自认为是战争的主宰。整个1918年夏末，失败主义和厌战情绪蔓延开来；当德国终于战败时，德军分裂成了两派，一派是受雇的职业军人，另一派是应征入伍的军人。

德国最高统帅部（the Supreme Command）忙于为自己开脱战争失败的责任。德皇逃到荷兰，而鲁登道夫则逃往瑞典，以任何形式挽救君主制的时机都被错过了，因此签署停战协议的耻辱被牢牢地钉在了德国文官的头上。1918年12月，埃伯特总统在勃兰登堡门（Brandenburger Tor）迎接军队回国时说："从战场归来的不屈不挠的士兵们，我向你们致敬。"

此后，"背后一刀"的流言（即一些懦弱的德国政客和背信弃义的知识分子在军队背后捅刀子的说法）被大肆传播，以至于动摇了民主政治发展的根基。这给新的文官政府造成了巨大的压力，新政府毫无准备，和刚出炉的宪法一起被扔进了民主制度的深渊。政府发现自己不仅要为一场毁灭性的失败承担责任，而且缺乏人力和物力，更没有足够的能力来解决金融和财政问题。这些问题是由纯粹的、傲慢的军国主义者遗留下来的，他们所操控的这场战争实际上是将政治家和经济学家排斥在外的。

现在，新成立的魏玛共和国还背负着军官团（the Officer Corps）的仇恨，左翼在俄国革命后的煽动已经让政府难以招架，这还导致了右翼长久的不满和破坏。德国革命和奥地利革命一样，是一个相对温和的事件。虽然，当停战委员会（the Armistice commission）完成其任务时，柏林正处于叛乱之中，忠诚的军队随时都会加入革命阵营。同时，早在德皇宣布退位之前，全部22个较小的德国皇室就已经被废黜，巴伐利亚（Bavaria）的路德维希三世（Ludwig III）带着他的四个女儿和一盒雪茄，从维特尔斯巴赫（Wittelsbachs）的宫殿仓皇出逃，在一片大雾中开始了流亡，而一个苏维埃共和国宣布继承他的王国。但除了驱逐旧秩序之外，革命并没有其他目标。既没有路障，也没有炮火。

因此，直接的骚乱只发生在贵族和军官团内部，军官团敏锐地意识到由于德皇的逃离，自己将会地位不保。军官们曾经是一个独立的群体，当时也仍然可以不受民事法庭的管辖，他们认识到德国革命是一场暴行，国家的战士被他们所保护的人所抛弃和侮辱。他们认为德国已经濒临混乱，他们为之奋战的社会制度正在崩溃，到处都是无序、沮丧、饥饿和匮乏。更糟糕的是，一直活跃的德国布尔什维克（the Bolsheviks）似乎正在接管这个国家。在亚琛（Aachen）、科隆（Cologne）、埃森（Essen）和其他许多地方，他们和德军发生了冲突。在不伦瑞克（Braunschweig），当士兵和工人委员会（the Soldiers' and Workers' Council）在迎接一个从前线归来的轻骑兵中队时，骑兵们因为内心的愤懑而骑马冲撞了欢迎的人群。

德军命运的转折点出现在停战协议签署前的几小时。斯巴达克同盟（the Spartakists）——后来成立了德国共产党（German Communist Party）的德国布尔什维克——已经在柏林的街道上集结。文官政权（以埃伯特总统为首）担心民主政府已经时日不多，于是与以格勒纳将军（General Gröner）为首的德国最高统帅部（the German High Command）达成协议，合作镇压德国布尔什维克（Bolshevism），恢复秩序，并约束军队纪律。这件事拯救了德军。共和政府，严格说来，是革命政权指示士兵委员会毫无保留地支持他们的军官，在3个月内，魏玛国民议会（the Weimar Assembly）就在军方的保护下召开了。

对于一个因其战略野心和失败，使德国的地位一落千丈的社会团体来说，德军恢复其特权地位的速度是非常惊人的。尽管保护魏玛会议和镇压3月份的斯巴达克同盟起义的还是自由军团（Free Corps）的志愿军，但到了1919年5月，德军本身才完全重组，拥有400 000名接受过武器训练的士兵。

然而，德国并不仅仅是在战场上遭遇了失败。这个早于其他所有国家学会了视战争为美德，军人凌驾于所有其他职业之上的国家，在战争结束时必然会寻找替罪羊。德军在战场上的不败神话之所以被相信，不仅是因为德国人愿意相信它，而且是因为在同等条件下，军事上的失败是令人难以置信的。如果兴登堡（Hindenburg）冷静地称之为"战争的可悲结果"不是最高统帅部的错，那么从逻辑上讲，它就一定是某个人或其他事情的错。然而，当战争结束，人们开始追责时，最高统帅部似乎真的没有想到，战争机器——这个由武器、士兵和士气组成的复杂综合体——的崩溃，在很大程度上是由经济管理不善造成的。因为在整个1918年夏天，他们将文官政府蒙在鼓里，使其对战争的真正前景一无所知。

1914年，德国人毫不怀疑，并真心地希望和期待着，德国经过一场短暂、激烈的战争，能迅速取得胜利。再加上能够从协约国那里得到的战争赔款的愿景，这些可能成了德国罔顾已知的金融法则而采取暂时性的、甚至是激进的金融自由的理由。征服的战利品很可能会超过短期内实行自给自足的损失：德国的确曾公开表示要接管法国的殖民地。然而，当战争显然不可能迅速取得胜利时（财政部门可能对这一问题一无所知），而且在和平到来之时以及此后的几年里，同样的货币政策都没有做出过任何重大的调整。这一事实证明德国的通货膨胀是始于临时的权宜之计的说法是不可信的。虽然，纸币自1910年以来一直是德国的法定货币，通货膨胀也的确因它而起，但是通货膨胀既是德国军方渴望战争、一意孤行，也是联邦议会（Federal Parliament）权力有限但又必须为战争筹款的自然结果。

通货膨胀的第一阶段发生在1915年至1917年财政部国务秘书（State Secretary for Finance）卡尔·赫费里希（Karl Helfferich）主政期间。1914年之前，帝国银行的信贷政策一直受《1875年银行法》（*the Bank Law of 1875*）的约束，根据该法，不少于三分之一的纸币发行必须由黄金作为担保，其余的纸币发行由3月期的贴现票据提供充分的担保。1914年8月，一方面为了支付战争费用，另一方面为了保护国家的黄金储备，德国采取了相关措施。为了实现后一个目标，德国暂停了用黄金赎回帝国银行的纸币。前一个目标是通过设立贷款银行来实现的，贷款银行的资金全部来源于印钞机。贷款银行向企业、各联邦政府、市政当局和新成立的战争企业提供信贷；此外，贷款银行还为战争公债的认购提供资金。贷款银行的票据，其面值从1马克到50马克不等，被视为法定货币；帝国银行没有接收的票据也被立即投入流通。然而，为未来埋下最大隐患的措施，是允许帝国银行将3月期的国库券纳入其发钞担保，这样就可以再贴现，获得无限量的纸币。

为了给战争提供资金，德国政府这样轻率和简单地制定了方案——军费来源不是通过税收，而是通过借贷；通过印钞机放水，源源不断地满足政府的资金需求和私营企业日益增长的信贷需求。在1916年之前，税收成为满足战争开销方面的最小来源。协约国对同盟国的封锁，使半个世纪以来已发展成为最重要的贸易国的德国，只能完全依赖本国的资源来打这场历史上最具破坏性的战争。这些资源将不可避免地被白白地消耗掉：问题是战争何时会进行清算，该由谁来为此买单。

德国的战争开支总额为1 640亿马克，但由于马克的购买力在战争期间不断下降，这一金额只相当于战前的1 100亿马克（55亿英镑）左右。"马克就是马克"的信条已经成为一句空话。战争公债是这笔军费最重要的来源，八期公债提供五分之三的军费。其余的由愿意接受国库券的银行（战争结束时，帝国银行之外的其他银行仍持有近300亿马克的国库券）和税收来弥补。

最后这一点似乎还是不合常理。实际上，赫费里希在1915年3月就对德国国会（the Reichstag）宣布，战争经费将完全由借贷提供，因此，为战争而征收的税收数量不大，甚至在1917年也还不到80亿马克，首先征收的是战争利润税和营业税，继而开征煤炭和运输税。这一金额不仅不能满足通货膨胀造成的额外开支，甚至不够支付战争公债的利息负担，于是，战争开支不出意外地超过了收入。1917年增加的流通的货币是1913年的5倍。虽然生活必需品日渐匮乏，但用于购买它们的钱却随着战争暴利的到来——战争利润税不失为一种政治上的小恩小惠，但却如同空中楼阁一般，远非一种严肃的财政创新——银行对总体经济的影响力也相应地下降了。即使没有输掉战争，德国在1918年后也会面临一项艰巨的任务，那就是重新理顺它的财政状况。

后来成为帝国银行行长的亚尔马·沙赫特（Hjalmar Schacht）博士，不仅替魏玛共和国火中取栗，还掌管了希特勒统治下的德国的财政大权。他这样描述赫费里希的错误：

德国试图通过号召人民的自我牺牲来支付巨大的战争费用。"我以黄金换钢铁"是号召人们捐献金饰和珠宝的口号。"投资战争公债"是对所有阶层的爱国责任感的号召。一期又一期的战争公债将德国大部分的私人财富变成了对国家的纸面债权。我们的敌人，特别是英国，采取了另一种做法。他们向那些因战争而繁荣的行业和团体征税，用以支付战争的费用。事实证明，英国的税收政策比德国的战争公债政策对社会更加公平，因为战争结束后，这些战争公债就失去了价值。

随着昂贵的战争机器隆隆地向前推进，局势和政策交织在一起，令德国人民在财务方面两眼一抹黑，那些损失最大的阶层尤其如此。一战期间，德国所有的证券交易所都关门了，因此帝国银行的政策对股票和股份的影响是不为人知的。此外，德国政府不再公布外汇汇率，只有那些在阿姆斯特丹或苏黎世等中立市场有联系的人，才能猜测到汇率走势。人们不清楚，国内价格的急剧上升在多大程度上是由于经济措施和战争造成的物资短缺，而不是通货膨胀造成的，甚至这些价格的相关性，也因为黑市汇率的大幅上升而变得模糊。直到一战结束，随着协约国的继续封锁和审查制度的面纱被揭开，所有明眼人都明白了，德国已经陷入了一场几乎与其军事失败一样令人震惊的经济灾难。

和平到来后，德国人的忍耐告一段落，但这并不意味着战时通货膨胀所造成的困难和不公可以瞒天过海。投机商人的活动只是社会不满情绪渐增的原因之一。工资差异的旧有模式被打破也起到了推波助澜的作用。两年后，《福斯日报》（*Vossische Zeitung*）在1921年8月发表了这篇"后见之明"的文章：

> 我们在军事上之所以失败，是因为每派1 000名士兵到前线的战壕里，就有两倍于此的逃兵和后勤兵（embusqués）留在国内。这些逃兵与其说是出于军事动机，不如说是出于经济动机。物价上涨是造成入伍者家庭贫困的主要原因……首当其冲的是那些没有享受到纸币收入普遍增长的人，那些工资、贸易利润和战争工业增长都与他们无关的士兵们……他们意识到，自己和家人在战后的处境将是无望的。因此，在战争的后几年里，从前线回

来休假的士兵们，个个都没精打采，意志消沉。

换句话说，即使在打仗的那几年，通货膨胀也在影响着国民的士气。小说《西线无战事》（*All Quiet on the Western Front*）中，一位年轻士兵说："总有人要靠战争来获取利益。"小说最后几页中，苦涩地评论："德国的工厂主倒是已经变得富有了，而痢疾拉得我们的肠子都快化掉了。"《福斯日报》把责任归咎于一些人：

> 现在大家必须承认，德国货币贬值和马克购买力下降的原因，既不是出于战争期间的商业平衡，也不是出于对我国国外军事形势的估计，而是财政部利用德国货币来筹集资金，造成了我们总收入的虚假的增加。由于国家以特别征税、战争公债、国库券等形式发行了数十亿马克，而没有以税收的形式从流通中收回相应数额的货币，于是，国家源源不断地创造出新的纸币收入和财富，而国家的真正财富却因战争而不断减少。

战争使德国经济糟糕透顶了。首先是停战协议，然后是和平条款，动摇了德国经济的根基。1918年11月11日，德军在法国贡比涅（Compiègne）投降时，大家预料中的条件包括从阿尔萨斯-洛林（Alsace-Lorraine）撤军和立即撤出比利时和法国。更令人难以接受的条件是德国必须交出其在非洲的殖民地，让协约国占领莱茵兰[①]

———————

① 德国莱茵河左岸地区。——译者注

（Rhineland）地区。然而，对德国人民打击最大的是，条约规定对同盟国的封锁将持续到和平条款的达成并签署。据估计，德国人的生活水平已经下降到了战前的一半左右。11月7日，慕尼黑（Munich）爆发了第一次街头游行，10万人因为一升啤酒的价格涨了6芬尼（德国硬币，为一马克的百分之一）而走上街头，这说明失去耐心的不仅是被征召的士兵们。

1918年10月，随着鲁登道夫突然宣布，不惜以几乎任何条件达成停战协议，德国的军事独裁统治终结了。在德国国会中坚持了两年之久的多数社会民主党（SPD）、进步党和中央党的联盟发现自己真正掌握了政权，因此有责任收拾残局。在当年秋天的无政府状态下，这个临时政权不可避免地受到来自各方的攻击。它战战兢兢地承担起自己的新角色——革命政府，但它本身并不具有革命性。对左翼而言，德国独立社会民主党因社会民主党一再投票支持战争公债而与之疏远，而斯巴达克同盟则从一个极端走向另一个极端，根本不相信议会统治。对右翼来说，他们不喜欢共和主义，况且，不管怎么说，停战协议是由德国中央党领导人马蒂亚斯·埃茨贝格尔（Mathias Erzberger）签署的，这使他不可能被接纳。

1919年1月，国民议会举行了自1912年以来的首次选举。3 000多万选民（占合格选民的80%以上）选举出了联合政府，该联合政府将面对协约国提出的和平条款。新成立的民主党（Democratic Party）是8月份完成的魏玛宪法的主要起草者。根据约翰·惠勒-贝内特爵士（Sir John Wheeler-Bennett）[1]的描述，1919年的德国人民在身体和精神上都失去了进一步抵抗的能力。

他们缺乏将仇恨转化为积极反抗的力量。相反，他们把仇恨埋藏胸中，用它的愤怒之火温暖自己。

《凡尔赛条约》（*the Treaty of Versailles*）中的条件无疑是这种仇恨的火种。协约国在事先没有与德国进行重大协商的情况下就提出了这些条件，但德国政府在面临进一步的严厉制裁的威胁下，还是不得不接受了这些条件。此前，德国一直抱有这样的幻想：和平将以威尔逊总统（President Wilson）著名的"十四点原则"为基础，而民族自决原则将塑造欧洲的未来格局。人们认为，旧政权的倒台本身就能确保德国的敌人提出合理的条件，但这种想法没有考虑到法国人出于恐惧的复仇欲望或追求报复性正义的决心以及防止德国复兴的心理。

《凡尔赛条约》不仅剥夺了德国的殖民地，还将其战前东南西北四个方向七分之一的领土以及十分之一的人口划了出去。根据其条款，阿尔萨斯–洛林归还给了法国，法国还将占领莱茵兰地区，并拥有萨尔（Saar）地区15年的煤炭开采权，15年后将通过全民公投的方式来决定萨尔地区的未来，而东部的上西里西亚①（Upper Silesia）地区也将面临相似的情况。

这些条件对德国经济的影响当然是巨大的，把德国军队缩减到其规模的四分之一的要求也是如此，因为这意味着又有超过25万名被解散的士兵要被扔到劳动力市场上。德国政府必须不惜一切代价为他们

---

① 上西里西亚，今波兰南部城市卡托维兹（Katowice）。主要种族包括：德裔、西里西亚人、犹太裔、波兰裔。——编者注

找到工作，至少当时大家是这样以为的。让德国遭受灭顶之灾的条款是德国必须对战争负责，以金钱和实物的形式进行巨额赔款、承担协约国的战争费用。1945年的情形再次证明，德国人此前并没有真正认识到战争的罪责。1919年5月，当和平条款在柏林公布时，德国人才开始有所反应。内阁垮台了，而新的内阁最终屈服于协约国的最后通牒。尽管第一届魏玛议会（the first Weimar Parliament）又让德国苟延残喘了一年，但条约仿佛山体滑坡一样，摧毁了德国经济复兴之路。

因此，在停战后的几个月内，工业化国家有史以来最具破坏性的货币崩溃就出现了。德国的工业资源和人力资源[2]严重缩减，并无可奈何地背负起了难以承受的、永无止境的赔偿金。德国必须在自己制造的、如同陷入流沙般的困境中重新站起来，于是就有了赫费里希的金融和财政安排。

与此同时，马克的状况已经成为衡量国际社会对德国的信心和德国民众绝望程度的晴雨表。一战之前，1英镑可兑换20马克。1918年12月，一战结束时，1英镑可兑换43马克。在1919年6月德国接受《凡尔赛条约》的条款之前，1英镑可以兑换60马克。但当12月再次到来时，1英镑已经可以兑换185马克。战时平均每年约20%的贬值率已经趋于稳定。

注释

1. 《权力的复仇女神》（麦克米伦，1953），第1部，第1章（vii）——原注，下同。

2. 除了被没收领土上的劳动力，德国在战争中有160万人死亡，350万人受伤。

第二章　死气沉沉的街道

《凡尔赛条约》虽然削弱了德国的实力，但至少还给其留下了一个差不多完整的国家。同期签订的《圣日耳曼（St Germain）条约》和《特里亚农（Trianon）条约》不仅将哈布斯堡帝国①（Habsburg Empire）完全拆解，还分别将奥地利和匈牙利领土大幅削减，这种处置方式显然对它们所要求的民族自决原则置若罔闻。两国因此都失去了大片领土和数以百万计的国民——德意志奥地利大部分划归新建立的捷克斯洛伐克（Czechoslovakia），匈牙利主要划归罗马尼亚。曾经是帝国首都的维也纳变成了一个没有足够腹地支持的孤城；协约国禁止帝国的残余部分采取任何具备经济意义的措施，禁止其与德国有经济往来（Anschluss）。革命将卡尔一世（Emperor Karl）推下了维也纳的皇位，由一个共和国政府上台掌权。在布达佩斯（Budapest），库恩·贝拉（Bela Kun）领导的政府被取代，1920年初霍尔蒂（Horthy）开始摄政。

奥地利人，特别是维也纳人在一战之后的困境确实令人同情。在匈牙利，只要农民愿意与饥饿的城镇居民分享他们的农产品，就能在生活必需品方面实现自给自足。但被瓜分后的奥地利却不是这样，在一战之后的第一个冬天，寒冷和饥饿就开始了，战败的、愤怒的、疲惫的归国士兵比德国人更容易受到煽动性言论的影响。维也纳及其

---

① 即奥匈帝国，由哈布斯堡王朝统治。——编者注

附近地区的人民常常只能依靠德国能提供的为数不多的物资生存。因此，在一战之后的最初几年里，奥地利克朗的贬值速度远远超过了马克的贬值，而且更无恢复的机会。

在政治上，奥地利也处于绝望的境地，徒劳地期待着新政府能恢复秩序或繁荣。1920年G. M. 杨（G. M. Young）抵达维也纳，18个月后他向英国财政部（the British Treasury）提交了一份报告，该报告被转交给英国外交大臣（the Foreign Secretary）寇松勋爵（Lord Curzon），寇松要求杨做进一步的报告：

> 在一个大帝国的资本和王朝遗产之上，《圣日耳曼条约》创建了一个共和国。至少在名义上，这个由银行家和农民组合成的奇怪社会要对一战的成本负责。在这样一个虚假的世界里，即使是外国人，也不一定能认清新形势的现实。对许多本地官员和政治家来说，更是不可能的……君主制的几乎所有部门的建筑都还在使用，照明、供暖、清洁等服务一应俱全，一个只有600万人口的共和国的官员们仍在办公。奥地利人3年内所经历的变革相当于一个生于狄奥多西（Theodosius）时期、死于罗慕路斯·奥古斯都（Romulus Augustulus）时期的罗马人70年的经历。

> 这个国家的宪法是一种超级民主制度，旨在确保任何人都尽可能少地行使权力。各省公然违抗联邦，而联邦政府不敢动用可以使各省破产的经济武器。总统是一个纯粹的礼仪性人物：他给花展开幕剪彩，使私生子合法化。他不负责任命部长（即使是名义上的），也不能解散议会，也不能解散政府。在法律上，议院

是至高无上的：它通过投票任命内阁；它自己才有权决定解散自己。实际上，所有的事务都是由常务委员会完成的，公众很少知道这些事务，或者哪怕是在俱乐部和政党会议上听到一星半点，都离真相相差很远……政党给我的印象是立案社团（Approved Society）和英国医学会（British Medical Association）最糟糕部分的结合体，我还可以再加一句，泛日耳曼主义者的心理历程不断让我想起那些注册助产士。

事实是，奥地利还没有完全做好准备，接受巨变带来的先进的议会制度。

以上就是人类大量苦难的制度背景。一战爆发时，奥地利克朗的价值几乎与马克平起平坐。到了一战结束时，通货膨胀让它们相差悬殊，这对克朗来说非常不利。不论是哪种货币，官方价格都很少反映出真正的黑市价格，在维也纳，食品短缺严重，黑市是许多人唯一的食品来源地。因此，1914年时，1千克最好的小麦面粉的价格是44海勒（约6英镑），但在1918年12月，由于小麦面粉在任何地方都买不到，但可以以每千克22克朗的价格从非法商人那里买到一种假冒面粉的不明混合物，其价格正好涨了50倍。

1914年，1英镑大约值25克朗。到了1922年5月，1英镑却可以兑换35 000克朗。

1925年，帕布斯特（Pabst）在维也纳拍摄了葛丽泰·嘉宝（Greta Garbo）的早期电影《悲伤的街道》（The Joyless Street），该片生动地展示了这种情况对奥地利资产阶级的影响。嘉宝饰演了一个在匮乏、贪婪和腐败环境中的不容亵渎的纯洁角色，最终在一个美国军人的怀抱中找到了真爱和幸福。这个角色在今天可能缺乏说服力，但是，从可憎的屠夫侮辱和嘲弄店里排队买肉的人，拒绝把肉卖给他认为不漂亮或不喜欢的女性，到投机者和奸商夜夜狂欢的场景，以及饥饿、愤怒的人群对充满欢声笑语的咖啡馆的最终攻击——这部电影是那个时代的真实写照。

安娜·艾森曼格（Anna Eisenmenger）的日记对一战后维也纳人饱受通货膨胀的痛苦进行了细致的描述，该日记为英语读者提供了大量的译文注解。当那些全副武装的前帝国军人带着情绪陆陆续续回到国内，战时的粮食短缺终于变成了长久的饥荒，这位中产阶级寡妇为了维持一家的生计，不得不逐渐借助非法行为。她家有因战争失明的儿子，有患有肺结核的女儿，双腿截肢的女婿，饥饿的外孙。尽管有食品卡，但国家已经无力再供应更多食物，为了购买最基本的食品，她开始花费巨资求助于走私者。"囤积"行为尽管是一种可被起诉的罪行，但也已经司空见惯。可怜的艾森曼格夫人意识到了自己家庭生活水平和社会地位的下降，但拥有投资的她还是幸运的，她的投资在1914年为她带来了近5 000克朗的年收入，相当于约200英镑。

她在日记中写道，1918年10月，当她决心将价值20 000克朗的现金拿来救急时，她的银行经理恳切地建议她，将所有的钱换成瑞士法郎。然而，私人交易外国货币是非法的，她觉得自己已经违反了禁止囤积燃料和食品的法律，就没有听从建议。

（她写道）我必须让自己相信，我过得真的比其他几十万妇女要好得多。因为我有一笔小小的财富，安全地投资在金边证券上，我至少可以不用为物资发愁，还可以帮助我的子女。感谢上帝。

她还有她丈夫留下的大量雪茄，只要有机会就可以换取肉类或其他食物：这在一战后封锁的最初几个月里，是一个足够重要的生存手段。

但是，这个国家现在再也无法获得来自捷克的煤炭和来自匈牙利的食物；在战争结束后的一个月内，奥地利货币开始以比以前快得多的速度丧失其兑换价值。到1918年12月，当所有企业无论是否需要额外的员工，都被迫雇用分配来的复员士兵时，破产成为普遍现象。那个月，艾森曼格夫人失去双腿的女婿收到了35 000克朗的"保证金"，他决定将这笔钱安全地存起来，等待克朗再次升值，于是，他把钱拿去购买了战争公债。12月，作为一项反通货膨胀措施，所有纸币都必须印上"德意志奥地利"字样。艾森曼格夫人拿着她剩下的克朗去银行盖章，记录下了她听到的第一个关于毁灭就在眼前的证据：

　　在偌大的银行大厅里，是热火朝天的景象……我身边，关于货币盖章、发行新钞、购买外国货币等问题的讨论正在热烈进行。总有一些人确切地知道现在最应该做的事情是什么！我去见了那个一直给我建议的银行经理。他说："嗯，我说得没错吧？如果当初听我的建议换了瑞士法郎，你现在就不会损失四分之三的资产了。"我惊恐地喊道："损失！为什么？你认为克朗不会再恢复了吗？"他笑着说："……恢复！你试一下这张20克朗纸币上的承诺，看看能不能换20银克朗就知道了。""好，可我的是政府债券呀，应该没有比这个更保险的了吧。""我亲爱的女士，向你担保这些债券的国家在哪里？它已经不存在了。"

艾森曼格夫人发现她女婿的战争公债已经卖不出去了，于是她听从劝告，把她的政府债券换成了工业股票。她的外孙患上了维生素C缺乏病。圣诞节后两天，第一列食品列车从瑞士抵达维也纳。新到食品虽然是严格配给的，但其价格仍比以前的官方价格高了4倍。其他食物用钱根本无法买到，只能通过以物易物获得。1919年1月1日，她在日记中写道："恐慌视所有的法令如无物"。

> 即使是最可敬的奥地利公民现在也会违反法律，除非他准备为遵守法律而挨饿……未来如此不确定，导致了工业和市政工程的停滞，靠国家养着的失业者人数不断增加……然而，要找到家庭保姆或任何类型的工人却难比登天……

> 此时的政府每天都在向体力劳动者强调阶级意识，大家被各种口号迷得晕头转向，严重夸大了体力劳动的价值。只有这样才能解释体力劳动者现在的工资远远高于脑力劳动者的现象。即使是我们家原来厚道的老保姆，也因为做了点小事而索取一大笔的报酬，所以我宁愿自己去做更重、更烦的家务活……

> 我不放心地打量着我剩下的1 000克朗纸币，它们躺在写字台抽屉里那包未兑换的食品卡边上。如果国家不能履行印刷在每张纸币上的承诺，它们是否也会难逃食品卡一样的命运？国家提供稀少的食品时，仍然接受纸币，但私人商人出售稀缺物资时，

却已拒绝接受纸币，而是要求用真正有价值的东西来交换。我认识的一位医生的妻子最近用她漂亮的钢琴换了一袋面粉。我也用我丈夫的金表换了四袋土豆，这些土豆总能让我们度过这个冬天……卖土豆的农夫把这几袋土豆藏在稻草下面，上面放了一些苹果。苹果果然被偷了，土豆还安然无恙……我不得不给搬运工半袋土豆作为封口费……当农夫的目光停留在埃尔尼（她失明的儿子）正在即兴弹奏的三角钢琴上时，他把我拉到一边说："我妻子一直想要个这样的钢琴。如果你能把它给我，后面三个月保你得到想要的食物。"

奥地利的苦难更多的是由战争直接造成的，德国的遭遇几乎与奥地利完全一样。在这两个国家，快速的通货膨胀导致城市市场上的自产农产品被扣留，饥饿和愤怒是不可避免的结果。所有的奥地利人，特别是那些有积蓄的人，都惊恐地看着自己的资产在贬值，艾森曼格夫人就是其中之一。她在1919年初写道：

国家不得不发行面额1万克朗的纸币——每张纸币相当于我两年的投资收入。一套衣服的价格大约是1913年的6倍，但有些东西的价格，如食品，则是以前的一两百倍……有人在出售纸质衣服。我做梦都没有想过，10 000克朗只能买到这么点东西……羡慕嫉妒在这种氛围中如此泛滥，以致人们一旦买到了一些食物，都得小心翼翼瞒着他的同胞。饥饿无情地摧残着人们，并从中产阶级中挑选出最逆来顺受的人作为受害者。

春天，那些没有政治资源可以交换的奥地利人的痛苦没有得到缓解。而趁机利用他们的无助的不光只有奥地利农民和奸商。家具、配件、钢琴和地毯被所谓的持有"硬通货"的意大利、英国和美国的占领军抢购一空。无数家庭里最后的贵重物品流向了市场，没有人警告它们的主人不要卖掉那些内在价值未受影响的物品。

（艾森曼格夫人写道）一个抱着一大捆克朗的维也纳人，还以为自己变得更富有了，而没有考虑到苏黎世的汇率报价带来的巨大价格上涨，这些报价每天都会给他带来新的"惊喜"。

德国人看的是纽约和伦敦的汇率，而维也纳人的目光则放在了瑞士法郎上。

我们每天都不得不等待苏黎世交易所的两次报价。货币价值的每一次下跌都伴随着商品价格的上涨……奥地利公民对国家货币管理的信心已经荡然无存。不断印制新钞票的国家用面值来欺骗我们……一个没有经历过货币贬值恐怖的家庭主妇，体会不到货币价值稳定是多么幸福，也不知道能够用自己钱包里的纸币，以自己想要的价格，买到自己想要的东西是多么开心的事情。

1919年11月，停战一年后，艾森曼格夫人写道，她的处境在令人震惊地恶化，财务状况超出了她的理解。去年圣诞节时，1克朗可以兑换25瑞士生丁，现在的报价为1/12瑞士生丁。不过，她的股票价格却在上涨。在证券交易所里，投机已经成为一种时尚——这是避免失去所有钱财的唯一途径，或许还能让钱财增值。许多新的银行经理正在给人们提供建议，克朗的抛售支配着所有交易。艾森曼格夫人写道：

> 与此同时，大量的失业者情绪异常激动……一群暴徒企图放火烧掉议会大厦。骑马的警察被从马背上扯下来，马儿在环城大道（the Ringstrasse）上被宰杀，流着血尚未变冷的马肉被人群拖走……暴乱者吵着要面包和工作……在大多数人空前穷困的同时，那些从通货膨胀中受益的人却表现出了惊人的奢侈。新的夜总会正在开张。这些俱乐部大大加剧了无产阶级对资产阶级的阶级仇恨。

1919年12月15日，艾森曼格夫人记录到，虽然苏黎世报价的克朗一直在下跌，但"我的工业股票投资价值正在上涨，其程度似乎让人无法理解，几乎让我感到不安……"她的女儿在美国传教团工作，每天能赚两美元，可以兑换400克朗，只比退休的枢密院议员的月退休金少100克朗。

前公务员和官员无疑是当今奥地利最贫穷的人。他们太高傲了，耻于提出自己的要求，也找不到工作。因此，每天都可以看到退休年迈的高级官员因饥饿而倒在维也纳的街头。

艾森曼格夫人把一个房间租给了美国传教团的一位男士——就像

《悲伤的街道》中嘉宝的父亲做的那样——并收到了10倍于战时房租限制法规定的租金，而她自己则要为整个公寓支付租金。靠着现在已为数不多的可交易的雪茄、女儿的收入、租金，以及靠着她不断增长的股票带来的日益减少的实际收入，她应付了1920年的头几个月。

证券交易所的投机活动已经蔓延到所有阶层，股票价格像热气球一样不停上升……每出现一次新的价格上涨时，我的银行经理都向我表示祝贺，但消除不了我私底下因为日益增长的财富而带来的不安……这笔钱已经有几百万了。

当时奥地利的情况只是预示了德国即将出现的情况。艾森曼格夫人和她家人的苦难将在两国的每个城镇反复出现。然而，德国中产阶级受到的折磨将会更加持久，也更加剧烈。

第三章 战争的账单

1919年6月29日签署的《凡尔赛条约》在德国受到了各方的谴责。然而，多方的一致谴责并没有产生政治上的团结。相反，它为右翼的保守分子和德国军方提供了一根方便的棍子，用来敲打必须遵守条约条款的政府。从那时起，斗争的焦点变成了是否应该履行这些条款。有争议的问题归结为两个：第一，德军的未来，《凡尔赛条约》试图将德国军队缩减为一支没有攻击能力的、象征性的部队；第二，赔偿金的支付问题。

德国陆军没有被摧毁，而且确实在维护魏玛共和国方面发挥了至关重要的作用，因为这个脆弱的政权遭受着通货膨胀的风暴和随之而来的更加激烈的政治冲击。当然，将国防军人数从1919年6月的40万人削减到次年3月所要求的10万人的工作或多或少地在按计划进行，但冯·泽克特将军老练地将陆军从政治舞台上拉开（大体上确保了陆军仍然是一股高效、训练有素、易于扩编的军事核心力量）。1933年，陆军是可能阻止第三帝国（the Third Reich）兴起的最后一道障碍，但最终还是被证明是靠不住的。

陆军所代表的一切也没有被摧毁。兴登堡虽然适时地辞职了，但新当选的埃伯特总统给予了他"德国人民无尽的感激"的称赞。当国民议会调查战争责任的委员会开始工作，内阁希望让旧的军事政权彻底名声扫地时，旧军官团的威望，特别是兴登堡和鲁登道夫的威望，飙升到了前所未有的高度；当"背后一刀"的传言广为传播时，德国战败的责任被永久地压在了当时正在为其后果焦头烂额的政治家们的背上。

随着1919年接近尾声，从夏天便开始的关于有可能发生军事政变的说法甚嚣尘上。1920年1月，当条约生效时，有人试图暗杀埃茨贝格尔（Erzberger），他仍然被右翼认为是造成德国遭受羞辱的罪魁祸首之一。不过，引起事件失控的导火索却是来自外部：2月3日，协约国提交了第一份将被移交的战犯名单，其中包括德皇、兴登堡和鲁登道夫。只有德国极左翼不为所动，所有德国人都认为这是对国家战争英雄——其中大多数人在德国人眼中已经得到了调查委员会的平反——的无情威胁。德国大众的愤怒差一点就会转化为军事行动——3月的卡普政变。

这一事件主要是右翼军国主义分子，在波罗的海诸国（the Baltic States）残酷镇压布尔什维克主义的自由军团，展开了与共和国政府之间的力量较量，而陆军本身则持中立态度，静观其变。以国防部长诺斯克（Noske）为首的内阁决心执行协约国的要求，解散柏林城外的两个自由军团旅。国防军的高级指挥官，冯·吕特维茨将军（General von Lüttwitz），知道自己即将被解除兵权，于是下达了进军柏林的命令，但却没有提前告知另一位右翼狂热爱国者——沃尔夫冈·卡普博士（Dr Wolfgang Kapp），让他在政变成功后接管政治权力。合法的内阁逃到了德累斯顿（Dresden），但卡普还没有准备好取而代之，政变立即因为组织不力和行动草率而开始瓦解。

卡普宣布自己为新的总理，而共和党政府则反过来宣布举行大罢工。这一举措起到了决定性的作用，因为柏林很快就陷入了瘫痪，军队对卡普的热情消失了，冯·吕特维茨被冯·泽克特将军取代。政变结束了，工会取得了胜利。在这段短暂的时间里，军官团的许多人真的以为过去的风光日子又已经回来了——人们看到前军官们在街上游行的队伍中昂首阔步地走来走去——这个时期很快就过去了，陆军短暂沉醉于再度实施军事独裁的想法也破灭了。从那时起，陆军将或多或少地配合国家一起工作。

1920年3月是德国战后的一个分水岭。尽管右翼的反抗和破坏仍在继续，特别是在巴伐利亚，卡普政变与冯·卡尔（von Kahr）政变同时发生，但眼前的革命和反革命时期已经过去。如果其他情况相同，和解和重建可能会随之而来。虽然断言哪些事件最能真正影响一个社会的行为并非明智之举，但我们或许可以认为，在卡普政变惨淡收场之后，德国低落的士气和痛苦与其说是由于战争失败带来的挫折，不如说是由于新的、恶性的经济和金融问题，这些问题已经成为日常生活的一部分。

北方军国主义的一些坏分子被清除后，残余的反动分子主要躲在南方暂避风头。于是，巴伐利亚成了1919年至1922年德国400起政治谋杀案的主战场，这些谋杀案的元凶大多没有受到惩罚，许多案件都没有告破，军国主义右翼可能不需要对其中的绝大部分负责，但那几年就如同是以新共和国的官员和支持者为猎物的狩猎季。尽管右翼中的意志薄弱者仍对旧日的辉煌念念不忘，但新的激进主义的爆发很可能是由政府在和平时期的经济混乱造成的，而不是由战后的忧郁或苦闷造成的。

协约国，特别是法国的掠夺行为无疑是民众暴动的原因。希特勒在慕尼黑影响力的快速上升，主要是靠着攻击那些被认为在1918年背叛了国家的人；而左翼仍然在利用刚刚过去的事件的影响，在任何有机可乘的地方煽动社会动乱。然而，正是由于1921年之前长达5年的通货膨胀，才为煽动者提供了如此肥沃的土壤。正是由于许多阶层发现自己所处的金融困境在持续不断地恶化，才主导了随后时期的社会和政治发展。

由于卡普政变被大罢工击败，人们普遍认为，工人阶级的力量终于得到了证明，无产阶级政府的出现只是一个时间问题。工人阶级已经明确地确立了他们的权力，即使不能插手具体事务，也可以直接干预内阁的组建，但他们却让这些优势付之东流。罢工的情况当然是特殊的，因为它源于政府的倡议并得到了内阁的支持。然而，议会政府为了打败它的敌人，唤醒了一个本不该被唤醒的可怕幽灵。时任英国驻柏林代办的基尔马诺克勋爵（Lord Kilmarnock）[1]认为，"无产阶级已经发现，罢工造成的苦难主要落在了自己身上"。

苦难早已遍布各地，工会的精力很快便只会放在一件事上——为工会成员争取工资增长，以求能跟得上日益增长的生活费用。目前，一个好摆布的政府和一个更加好摆布的货币体系似乎就是他们想要的一切。毕竟，随着1920年圣诞节的临近，生活的现实已经清楚地摆在他们面前了。

自一战爆发以来，生活费用上涨了近12倍（相比之下，美国为3倍，英国近4倍，法国为7倍）。当初食品开支占家庭预算的一半，但现在任何家庭的收入都有近四分之三用于购买食品。在1919年4月，德国一个四口之家每周花费60马克在食品上，到了1920年9月需要花费198马克，到1920年11月上涨到230马克。某些食品，如猪油、火腿、茶叶和鸡蛋的价格上涨到一战前的30~40倍。好的一面是——与奥地利相比——官方的失业数字很低，只有375 000人在领取救济金。

另一方面，人们希望情况会变得更好。随着1920年夏天经济的恢复，德国工人阶级有望能拥有还算过得去的生活水平。当基础服务行业的罢工被规定为非法时，人们感到不满，而且快到年底时，德国市政雇员，特别是邮局和铁路部门的雇员出现了相当大的骚乱，这种骚乱确实导致了更多的罢工并使政府做出了不划算的让步。尽管如此，国民精神的恢复和人们的工作意愿是明显的，甚至在德国的矿工中也是如此。对美好未来的想法实际上是有实质意义的。德国的生活水平在一战期间急剧下降，而法国和英国的生活水平反而还上升了几个百分点。如果德国生活水平提升一点点和英国生活水平下降一点点（尽管英国的生活水平仍然远远高于德国），虽会在英国引起不满，但能使德国人略感宽慰。

英国驻莱比锡（Leipzig）领事，作为一个冷静的观察者，对此持乐观态度。尽管"德国工人阶级仍有许多不满情绪"，但他报告说，工人的纪律已经恢复，而且同样一批工人现在已经变得对政治争端感到冷漠和厌倦，并且感受到了生活条件的些许改善。

（他写道）我的印象是，工资和生活费用现在已经达到平衡，工资的购买力几乎与一战前持平。但是，生命和财产仍然有很多不安全因素，而且经常有暴力事件被报道……中产阶级，即靠投资或养老金有固定收入的人、政府官员，受到的损失也许最大。人们很容易意识到，一战前还不错的收入——我说的是年收入高达1万马克——现在连买最基本的必需品都不够了。

他最后报告说，德国萨克森州的工业状况非常令人满意，虽然实行了新的8小时工作制，但恢复得很好，还有许多等待完成的订单。

事实上，德国工业表现出的明显复苏，是最令人难以理解通货膨胀发生的因素之一。货币的持续贬值已经使德国工业在国际市场上具有很强的竞争力，在一项旨在以各种重要举措补贴工业的财政计划的支持下，德国工业的命运在过去一年里有了实质性的改善。德国工商界刻意向外国人表达了最悲观的态度，他们一致认为，在这种情况下，恢复每天10小时工作制是必不可少的。但事实上，矿工们工作得很好，有了英国和法国同行的支持，他们并不愿意延长他们的工作时间，冯·蒂森（von Thyssen）认为，大多数工人现在已经意识到，解决他们困难的办法是工作，而不是政治主张。

遗憾的是，不仅德国工人阶级的希望很快就破灭了，德国其他各阶层的广大人民甚至连希望都不曾有过，既没有工会来保护他们的短期利益，有组织的劳工的垄断力量也与他们无关。1920年的两项发展是预示未来风暴的警报球。首先是6月的选举，虽然由费伦巴赫（Fehrenbach）担任总理、沃思博士（Dr Wirth）担任财政部部长的中央联盟重新上台，但同时也显示了德国政治的两极化：极右翼的德国国家人民党（DNVP）的选票增加了两倍，而极左翼的德国独立社会党（the Independent Socialists）的选票则增加了一倍。民主党和多数社会党组成的温和联盟已经失去了很多选民的信任。

其次，7月在比利时举行的斯帕会议，这是《凡尔赛条约》签署后众多会议中第一次以讨论一战赔款的支付以及和平条约引起的相关问题为目的的会议。赔款问题自然会直接影响到人们对马克的信心，甚至影响到整个德国经济，但这些问题被推迟到下一次在日内瓦召开的会议上。而在日内瓦的会议上同样也毫无进展，问题被再次提交到了12月在布鲁塞尔举行的另一次会议上。

一而再，再而三的推迟引起的不确定性，在很大程度上造成了这一年里马克的疯狂波动。一战爆发时，在德国流通的纸马克的总面值为27亿马克（还不到政府鼓励人们用金属货币交换纸币的金额的一半）。1918年11月，一战结束时，这个数字上升到270亿马克；到了1920年11月，上升到770亿马克。但此时，1英镑可以兑换240马克，1美元可以兑换60马克。1920年，当协约国的赔偿委员会启动工作时，马克对英镑的汇率从230下降到了152，然后又恢复原价。马克的汇率在几乎是第一次也是最后一次达到低点的时候，正好是实际的最终赔款数额似乎得到了合理解决的时候[2]。随着马克的恢复，失业率迅速上升，1920年夏天失业人数达到了劳动人口总数的6%——"买方抵制"可能是情况恶化的原因。此后，充分就业成为德国政府和工会的首要目标，为此不惜以马克为代价。

1920年6月，英国驻柏林大使达伯农勋爵到任，此后6年多的时间他一直担任此职务。实际上，他比大多数在该城市任职的人更精通财政问题，他在自己的日记和发回英国国内的文件中都尽职尽责地记录了马克越过边缘和跌入深渊的完整过程。被通货膨胀和赔款这两个问题搞得焦头烂额的德国部长们给予他最充分的信任，但他却无法对德国的货币政策产生任何重要影响，只能无奈地看着，尽管他可以发出各种警告，但无限制的赤字融资的恶果终会爆发。

他的警告既针对协约国，也针对德国人。德国的预算只能勉强维持平衡，没有留下任何用于一战赔偿的资金。要筹集足够的资金来满足6月份议定的赔偿要求，就需要几乎两倍于最新税率的税收收入。达伯农勋爵写道："完全无法想象按新税率的两倍进行征税不会引起革命"。

通货膨胀就是这个算式的答案。如果预算不平衡，就必须以某种方式弥补赤字。1920年10月，德国的国债为2 878亿马克。按1914年的旧汇率计算，这一数额相当于144亿英镑，但按新汇率计算，它只相当于12亿英镑[3]。人们普遍认为，在德国的大通货膨胀开始前一年，德国的国债几乎被偿清了。

这对谁有好处？达伯农与"旧帝国外交部"的两名官员交谈时，发现他们的态度是彻底的绝望。他们所有的银行家朋友都在把钱送出德国，这是一个无论怎样限制都无法阻止的行为。他们说，不交税"不再是一种犯罪，而是一种爱国的体现"。国民议会主席，思想开明的洛贝（Loebe）也同样悲观，特别是关于德国国民的营养状况，他认为这无异于是在邀请左翼采取行动：

> 从我自己孩子的情况来看，我知道人们的伙食是多么糟糕。你买不到牛奶，而一个鸡蛋要2.5马克。中产阶级、小老板等的经济状况甚至比我所属的工人阶级的状况还要糟糕。就在今天，我们收到了一份来自德国南部下层官员的备忘录，说如果不增加他

们的工资，他们就要撬公家的钱柜。与一战前相比，工人阶级的工资增加了8~10倍；小人物的工资只增加了2~4倍。当生活费用上升了10倍时，这就造成了一种难以为继的局面。

1920年以布鲁塞尔会议而告终，该会议审议了德国的赔款能力。紧接着是1921年1月底的巴黎会议，在这次会议上，接近于破产的法国开始向德国提出要求，达伯农用"不可思议"一词简单地描述了这些要求。从巴黎传来的供德国考虑的数字，尽管还远远没有达到法国人的要求，但在德国已经引起了轰动。这种反应反过来又促使各国2月份在伦敦再次开会，会上研究了德国的反对建议。讨论一直持续到了3月下旬，法国对德国失去了耐心，根据和平条约规定的制裁方式，协约国占领了莱茵河沿岸杜伊斯堡（Duisburg）、鲁洛特（Ruhrort）和杜塞尔多夫（Düsseldorf）的港口。3月30日，会谈在伦敦重新启动。

不过，赔款问题已经对德国的经济生活产生了严重影响。在莱茵河沿岸港口被占领的几天前，英国驻科布伦茨（Coblenz）高级专员向伦敦报告说：

> 绝大多数德国人民并不知道《凡尔赛条约》所包含的全部内容。可能很多下层民众其至都没有读过该条约，其结果是，目前德国民众才第一次意识到，清算的日子已经到来[4]。

新的军事制裁在德国社会的上层激起了波澜。达伯农勋爵说，

"存在一种明显的回归容克主义（Junkerism）的趋势，我听说在许多军官俱乐部里，那些与前敌人交往的军官都被列入了拟惩罚的名单。军事制裁的实施并没有产生正常或健康的反应——反而激怒了德国人。"

人们对法国的不满尤其强烈。英国首相劳埃德·乔治对白里安（Briand）担任总理期间法国的态度进行了尖锐但准确的总结。一天早上，在赔偿会议开始之前，达伯农在唐宁街的内阁会议室见到了劳埃德·乔治，"像往常一样坐在烧得旺旺的壁炉和打开的窗户之间"。首相说法国人"永远无法决定他们是想要赔偿，还是想要享受践踏德国、占领鲁尔或采取其他军事行动的乐趣。显然，他们不可能两者兼得"。

1921年4月27日，赔款委员会将德国的赔偿总额定为1 320亿金马克，相当于66亿英镑。伦敦会议要解决的是这笔巨款的支付方式以及支付期限的问题。会议决定，要求德国每年支付20亿金马克——合1亿英镑，此外，还要支付相当于其出口额26%的款项。会议将这些条款转达给柏林的同时还威胁说，如果在一周内不遵守规定，将采取进一步的制裁措施——法国人正在极力争取占领鲁尔区。这份"伦敦最后通牒"使马克兑英镑的汇率贬至268∶1，导致了费伦巴赫（Fehrenbach）政府垮台。继而上台的是沃思博士领导的政府，沃思作为新任德国总理，在法军采取行动之前，接受了这些条款，同时，他也知道对德国人民征收大量的额外税款在所难免。随着金融不确定性气氛的缓和以及国外信贷前景的改善，马克兑英镑的汇率升至232∶1。另一个令人乐观的理由是上西里西亚刚刚结束的全民公投，其结果是明显的大多数人赞成加入德国[5]，而上西里西亚的工业对德国经济相当重要。人们还普遍感到欣慰的是，曼斯菲尔德（Mansfield）的矿工发动的武装起义失败了。

不幸的是，随着春去夏来，还有很多事情不顺利。莱茵河沿岸港口仍处于协约国的占领之中。比这更糟糕的是，德国货币供应量比以往任何时候都增长得更快。达伯农在给寇松的信中写道：“印钞厂不仅没有停止印刷纸币，甚至最近的印钞活动还重新回到了相当恶劣的程度。”在赔款的代价还没有开始让人们感受到痛苦之前，这样做的原因很简单，就是德国政府收入不足。

霍华德·霍奇金（Howard Hodgkin）[6]写道：“赋税苛刻繁重。”

（劳埃德·乔治抱怨）说德国人均税收低于英国，即使不是绝对虚假，也算是误导。仅在铁路方面，每年的税收赤字就达170亿马克。人们听说的富人的挥霍行为是非常可悲的，但据说这主要是由于高税收造成的，因为他们认为钱如果不花掉，大部分都归了政府……遗憾的是，最难收税的人是那些最应该纳税的人，也就是说，发战争财的奸商，特别是买卖违禁物资商人，在很多情况下没有记账。

在德国接受伦敦最后通牒的一周后，驻科隆的协约国莱茵兰高级专员皮戈特（Piggott）报告了与市长康拉德·阿登纳博士（Dr Konrad Adenauer）的谈话。市长说，在沃思就任总理之前，自己曾经是总理职位的人选。阿登纳开出的条件是恢复9小时工作制，停止关于社会主义的讨论，以及拥有从任意政党选择部长人员的权力。他认为，德国需要一个拥有近乎独裁权力的政府，能够执行高强度的生产计划和最严格的普遍征税。皮戈特写道：“阿登纳博士的个人野心路人皆知，由他自己担任独裁者的独裁政府的想法无疑符合他的想象力。”阿登纳博士废除8小时工作制的建议，显然是让他在早期就无缘总理职位的原因。无论如何，这意味着德国无法拥有一个能够将征税工作推行下去的政府。

1921年6月，瓦尔特·拉特瑙博士（Dr Walther Rathenau）就任重建部部长，他的名字将会与履行赔款要求的政策密不可分。在当月的第二周，第一批共价值5 000万英镑的黄金和德国国库券被如期支付给了赔偿委员会。6月21日，曾公开反对自由军团的国民议会社会党代表加雷斯（Gareis）被谋杀，这是极右翼打击共和党人士气的运动的一部分。6月底，有人听到约翰·梅纳德·凯恩斯（John Maynard Keynes）预测，在接下来的两三年里，马克对英镑的汇率将平均每天下跌一个点。除了就上西里西亚的未来问题与波兰发生了一些争执外，6月和7月都没有别的重大事件发生。8月上半月召开的巴黎会议将此事急切地提交给了日内瓦的国际联盟（the League of Nations）。在将近9个月的时间里，马克兑英镑的汇率一直在250：1的上下15个点内浮动。1921年7月，是马克经历的最后一个勉强算是相对稳定的月份。

注释

1. 后来成为第21代埃罗尔伯爵。在1921年到1928年，担任协约国莱茵兰高级委员会的英国高级专员。生于1876年，死于1941年。

2. 庞加莱，后担任法国总理，不接受赔偿数额并辞去了协约国赔偿委员会主席职务。

3. 英国当时国债为8.75亿英镑。

4. 寇松勋爵用铅笔在该报告页边空白处批注到："'下层民众''读'条约的说法很幽默。"

5. 赞成加入德国的人数多，但是赞成加入波兰的公社多。

6. 牛津历史学家，女王学院院长（1937—1946）。

第四章　十亿的谵妄

"十亿的谵妄"是拉特瑙创造的一个短语。他写道："大多数政治家和金融家都是在纸上思考问题。"[1]

　　他们坐在办公室里，看着摆在他们面前的文件，在这些文件上写着一些数字，这些数字又代表着文件……他们写下了许多零，9个零意味着10亿。10亿说起来很轻松，但没有人能够想象10亿是多少。

　　10亿有多大呢？一片树林有10亿片叶子吗？一片草地上有10亿片草叶吗？谁知道呢？如果把蒂尔加滕（Tiergarten）全部清空，在上面种上小麦，会有多少根麦秆长出来？20亿!

拉特瑙准确地诊断出，这种精神错乱不是普通人的问题——那是以后的事——而是那些本应控制着国家财政的人的问题，他们从年初开始就把纸币流通量从730亿马克提高到了800亿马克。马克已经从6月的261马克兑1英镑跌落到了到8月中旬的310马克兑1英镑，拉特瑙（和沃思一样）把马克最近下跌的责任完全归咎于赔偿金，8月底到期的10亿金马克——按一战前价格计算——已经筹集到了，但其中在现实条件下以外国信贷或其他方式筹集的资金还不到60%。拉特瑙说："不管是到明年11月，或是明年春天，只要需要大笔赔款，汇率就会再次下降到一个更低的水平。这种情况不能再继续下去了。"

然而，贬值机制滚动得很快。工业家胡戈·施廷内斯（Hugo Stinnes）的一位不愿透露姓名的亲密伙伴，在几周后非常坦率地评估局势时说，在德国政府偿还了门德尔松银行（Mendelssohn's Bank）的曼海默（Mannheimer）先生在英国的贷款后，真正的崩溃点立即出现了，曼海默是鲁道夫·哈芬施泰因的"心腹"，自1908年起就担任帝国银行总裁。曼海默在其主管的指示下，于1921年8月开始不惜代价购买外汇，"因为德国的纸马克要多少有多少，但却没有外汇"。

这是马克价值完全崩溃的第一个信号。从那时起，外国人就不再以同样大的力度投机马克，而是持币观望，等待着某种改善。作为客户和工业家的代理人，银行采取了更进一步的举措，不仅低价抛售他们的马克，而且也开始投机。

鼓励这种政策有四个原因：一是使重工业能够与外国竞争；二是通过用不值钱的纸马克增加工资来满足工人的要求；三是避免政治问题和动乱；四是同时也向世界证明了德国没有能力履行《凡尔赛条约》。

对当年8月发生的其他事件未做考量，这种评估的看法过于短浅。奥地利经济事实上的崩溃已经给巴黎会议蒙上了厚重的阴霾，彻底惊动了奥地利的近邻。18个月前的800克朗还能兑1英镑，现在已经跌到了3 000克朗兑1英镑，而且还在急剧下跌，现在其跌幅显然领先于马克10倍左右。信心在快速消失。在巴伐利亚州的首府慕尼黑，人们对生活成本有了不祥的预感，而农民从牛奶和谷物上获取令人愤慨的暴利以及德国政府将对糖和啤酒再次加税的消息则加深了这种预感。下巴伐利亚行政区的农民协会全力警告他们的成员不要过高收费或囤积他们的产品，但城镇中对农民的不满情绪已被彻底激起。不幸的是，德国政府被认为与农业部门相勾结，因此，在月初时，压力巨大的慕尼黑市政府为了吸引选票，投票反对面包涨价，这必然会受到指责。由于面包一天比一天贵已经是既成事实之一，这一行动势必提前鼓励了人们提出继续增加工资的要求。

与此同时，德国右翼焦躁、恐惧和偏见的情绪变得更加公开化，夏季在柏林举行的战争军队日庆祝活动上，右翼用一场明显具有政治意味的反共和国表演将这些情绪推向了高潮。1921年8月24日，鲁登道夫检阅了由39岁的德皇次子埃特尔·弗里德里希亲王（Prince Eitel Friedrich）率领的2 000名退伍军人进行的分列式。士兵们在刻着"战无不胜"的拱门下行进，迈着正步走过皇家观礼台，埃特尔·弗里德里希亲王把正步踢得像其他人一样高。

然后，在两万名观众面前，随军牧师进行了布道，提出德国只有通过军事力量、君主制和霍亨索伦家族（the Hohenzollerns）才能复兴。在场的三位将军，鲁登道夫、格拉夫·瓦尔德泽（Graf Waldersee）和冯·德·戈尔茨（Von der Goltz）也发表了同样极富煽动性的讲话。曾指挥波罗的海自由军团（the Baltic Free Corps）的冯·德·戈尔茨不厌其烦地攻击"犹太政府"，因此还在人群中引发了一些反犹事件，但无论如何他还是出尽了风头，不仅展示了海军上将舍尔（Admiral Scheer）和海军元帅冯·提尔皮茨（Grossadmiral von Tirpitz）的贺电，还展示了兴登堡和前德皇本人的贺电。这引起了现场"雷鸣般的欢呼声"，以及对霍亨索伦家族的长时间持续欢呼。在进行表演的广场上，两三千名青年男女排成两排，他们整齐划一的操练和军事动作让人吃惊。

这种不合时宜的示威并不仅仅发生在德国首都，也不局限于军队之中。就在同一天，柯尼斯堡大学向鲁登道夫授予了医学博士的荣誉学位。颁发学位证书时，还发表了一段阿谀奉承的颂词："向英雄致敬，在全世界贪婪的敌人的包围之中，这位英雄曾用他那把锋利的宝剑捍卫了德意志民族，直到这个民族相信了欺骗的承诺，背弃了它从未被征服的军队和强大的领袖；向这位德国人致敬，他将照亮我们当前的黑暗，使我们相信未来我们的人民将会拥有一位救世主和复仇者……"

国防部长格斯勒博士（Dr Gessler），一位众所周知的受军方挟制的文官，颇有勇气地公开表示，这些"空刀鞘的虚张声势"很可笑。《柏林晨报》颇为克制地指出，该大学的这种行为"与掌握着德国青年教育的教授们的身份极不相称，说明了整个德国，特别是东普鲁士[①]的文人的反动态度"。

柯尼斯堡大学的阿谀之词听起来确实很刺耳，人们还记得当德国最高统帅部在贡比涅的树林里向法国投降时候，鲁登道夫已经戴着伪装用的蓝色眼镜，逃到了瑞典。德国当然不是一个抛弃了自己领袖的国家，也许不需要对教授们进行太过严厉的评判。学术界和其他阶层

---

① 东普鲁士，普鲁士王国的一个省，1871 年并入德意志帝国。首府位于柯尼斯堡，今俄罗斯加里宁格勒州。——编者注

一样饱受马克贬值的痛苦，他们不习惯于这样一种情况：即（引用一位当时人的话）"学者通过出版作品赚到的钱，还不如扫大街的人挥舞两下扫帚赚到的钱多"。他们和其他人一样，有可能将自己的巨大困境归咎于新秩序，为曾在过去的辉煌年代里掌管国家军事集团做有利的宣传。然而，一位坚定的和平主义者冯·格拉赫（von Gerlach）第二天在《世界报》上毫不犹豫地表达了这种观点：

> 鲁登道夫远远配不上这个荣誉学位，因为他的固执己见和对政治的干预，他不仅应该对战争不必要的延长负责，而且还应该对《凡尔赛条约》的灾难性条款负责。

格拉赫提醒教授们，1918年10月，鲁登道夫曾一次又一次地给柏林打电报，要求必须立即达成和平协议，因为德国陆军再也撑不过48小时了。

> 他们让埃茨贝格尔（Erzberger）担任停战委员会的负责人——这是一个荒唐的决定，但请记住，在贡比涅森林，他是第一个听到德皇退位消息的人，在那里他还收到了兴登堡发来的电报，电报结尾写道："如果你不能迫使对方接受这些条件，无论如何都要缔结一个停战协议"。

战争军队日体现了德国从北到南普遍存在的一种反叛精神。德国人正在为"背后一刀"的谣言添油加醋。两天后，8月26日，马蒂亚斯·埃茨贝格尔（Mathias Erzberger），右翼眼中背叛文官的代表，在黑森林（the Black Forest）被民族主义者杀害了。不难想象，这一行为主要是受到了德国民族大众党（DNVP）领导人卡尔·赫费里希（Karl Helfferich）讲话的鼓动，他是战时的财政部部长，在他的主持下，德国的通货膨胀首次得到控制。埃茨贝格尔不仅是一位文官、一个共和党人，而且还是一个犹太人。

外界带着深深的疑虑关注着德国的局势。一位比利时社会党代表在《人民报》（Le Peuple）的一篇文章中指出

> 暗杀现在似乎已成为德国的规则，军国主义的野蛮人在屠杀了数以千计的比利时人之后，继续采用这种手段来镇压那些反对他们的人……这是严重的集体犯罪，是堕落的迹象，所有仍对人类生命留有尊重的德国人为此而深感震惊。

在德国国内，社会党税收政策的最无畏的代言人埃茨贝格尔的死亡，引发了人们对右翼的强烈谴责。在柏林，多数社会民主党和独立社会民主党联合起来进行示威，抗议"共和国的敌人"。一位被达伯农勋爵描述为敏锐但有些尖酸的观察家哈登（Harden）向英国大使解释说："右翼的追随者们一直在追捕对帝国和旧制度的垮台负有责任的罪人，但他们没有攻击将军们——鲁登道夫和他的同伙——那些真正的元凶，也不去抨击王公和佞臣集团，反而痛斥犹太人，暗杀左翼领导人以及那些不接受他们自己扭曲观点的人。"哈登先生说，自停战以来，发生了三百多起针对左翼领导人的暗杀事件，"但没有人受

到惩罚"。（他本人也接到了50个电话，警告说他将会是黑名单上的下一个，所以他打算逃往美国。）

总理沃思博士向达伯农表示，尽管他承认将对几家报纸，特别是巴伐利亚的报纸，采取查封措施，而且工人阶级"群情激昂"，但他相信公共秩序能够得到维持。事实上，尽管当时政府的收入似乎还不错，而且新的税收计划预计会带来更多收入，政府担心的是经济危机而不是政治危机。人们希望通过再次增加资本税，使左翼能接纳间接税的原则。沃思总结说，最近汇率的下跌和随之而来的生活费用的上涨，迫使他批准增加了大约100亿马克的月薪和周薪。

经济危机也是巴伐利亚动乱的原因之一，食品价格上涨引发的骚动有增无减，社会党人毫不犹豫地利用局势作为反对州政府的武器。英国驻慕尼黑总领事威廉·西兹（William Seeds）[2]在埃茨贝格尔被谋杀的当天报告："德国社会党工会将在今天晚上举行一次群众大会"，

> 以抗议生活费用的增加，抗议冯·卡尔博士（Dr von Kahr）主政下的州政府的暴政。号召"具有阶级觉悟的工人"走上街头进行大规模的示威，不要畏惧警察局长波纳（Poehner）的机关枪和装甲车。这位局长大人因为其强硬的态度，成为社会党人憎恨的对象，他发布了一则简短的公告，强调了政府的警告，公告的结尾写道："如果你不想今晚受伤，就不要上街！"

结果，约5万人参加了当晚的大规模集会，没有引发严重的骚

乱。作为纳粹主义的早期信徒之一的波纳（Poehner），命令手下的人保持克制，只有一名示威者在游行时与警察发生冲突被打死，另一名受伤。赛德随后报告说："社会党人会发现，当对物质的考虑超过政治的鼓动时，无产阶级是最危险、最有用的工具。"集会的人群通过了一项决议，要求工资与世界工资水平保持一致，"永远不要忘记一个事实，即人民的福利完全取决于推翻目前的资本主义制度"。

1921年8月25日，德国和美国签署了单独的和平条约，其中既没有提到国际联盟，也没有试图将战争归咎于任何人，因此这应该是一个令人们感到放心并值得庆祝的信号。然而，无论在德国国内还是国外，条约都没有起到平息恐惧或安抚情绪的作用。事实是，新一轮的马克贬值不仅是由于银行不负责任的行为，也不仅是由于政府注定无法用正统的方法筹钱来支付8月份的赔偿金，而是由一系列的情况引发的，包括了埃茨贝格尔被谋杀，这一事件摧毁了任何仅存的对德国经济可能恢复的信心。

最先认识到这一状况的也许是国际金融界。帝国银行必须接受最苛刻的条件，否则得不到任何援助。9月，瑞士、意大利和德国的银行家在伯尔尼（Berne）召开会议，冷静地得出结论：德国不可能再继续向协约国付款，德国宣布自己破产是迟早的事，（他们认为）将步德国后尘的首先是法国，然后是意大利。8月中旬，马克对英镑的汇率为310马克兑1英镑，到9月中旬已经飞速贬值到400多马克兑1英镑，而且还在继续贬值。

1921年9月20日，英国驻柏林大使馆的参赞约瑟夫·艾迪生

（Joseph Addison）①向英国外交部报告：

> 德国政府为了履行它在国内外的义务（"有义务提供和交
> 付"的服务和商品），每天都要印刷新的纸币，这就不可避免地
> 降低了马克的购买力，并导致更多的纸币需求，这反过来又造成
> 了购买力的进一步下降，如此反复，无休无止。

即使逐步增加税收也不能完全满足这种情况，因为新的征收意味
着生活成本的增加，这将自动降低马克的购买力，并反过来造成更大
的通货膨胀和预算的变化无常。

艾迪生继续写道："正在发生疯狂的投机行为，"

> 据报道，由于对新的税收负担的预期，德国有几百万人
> （我认为这个数字是准确的）正在购买外国货币，并囤积外国纸
> 币……我认识的每一个德国人，无论男女，都在投机外国货币，
> 如奥地利克朗、波兰马克，甚至克伦斯基卢布。由于马克的贬值
> 不可避免地伴随着工业股票报价的上涨，投机者应该有计划地使
> 马克贬值，以便从股票市场的高报价中获得好处。

对于德国人来说，此时有充分的动机去采取措施，对冲加重的税

---

① 后为约瑟夫·艾迪生爵士（1879—1953）。他曾多次担任驻柏林临时
　代办。——译者注

收负担。德国人发现，即使自己的公司可以免除高达20%的公司税，自己仍需要缴纳四种主要税种。1913年至1919年购买了不动产的人，要为增值的部分缴纳一次性增值税；支付完增值税后，要为所有财产的价值缴纳资本税；因为非劳动所得的实际价值的日渐缩减，10%的非劳动所得税已经变得不那么重要了，但一般所得税必然会对越来越多的公众产生更严重的影响，因为货币工资紧跟物价的上涨而增加，使更多的德国人背负上了纳税的负担。

1921年的所得税对最初的24 000马克按10%的税率征收，对但不超过60 000马克的收入部分的税率上升到20%，依次递增，对所有超过395 000马克的收入部分最高需缴纳60%的所得税，这个数字在1921年9月相当于大约1 000英镑或4 200美元——在20世纪20年代是一笔可观的工资。1921年秋天，一个四口之家（两个成年人和两个孩子）生存所需的最低收入约为每年24 000马克（或约60英镑）。随着马克的贬值和工资的增加，对实际收入的征税也成比例地提高了。

然而，达伯农勋爵在9月30日的日记中指出，与上一年相比，德国人民，特别是儿童的饮食和衣着有了明显的改善。他从官方的角度忧虑地表示，战争的贫困会让德国人获得明显的竞争优势，超过了营养和奢侈品消费仍然接近战前标准的地区，对于已经享有了其他重大利好，如政府的各种补助，降低了生产成本的德国工业而言，这无异于是锦上添花。德国煤炭价格低于英国的成本价。面包的售价大大低于公开市场价。铁路运输价格也低于运营成本价。相对于商业和工业获得的巨大的、持续的收益，德国的预算付出了沉重的代价。

并非所有的德国商人和工业家都已经放弃了对马克的希望，但所有人都尽全力地为保护自己的企业而未雨绸缪——这种保护只能以牺牲国家为代价，从而使工商业的担忧变成了一种自我实现。只要有可能，德国工商业会想方设法在国外创造信贷余额，通常通过与客户或商业伙伴直接安排的方式，例如，他们会少开出口到海牙的产品的发票，并多开购买进口产品的发票。这种伎俩还有一个额外的好处，就是可以逃避德国的征税。

这种现象会加剧马克的贬值。长此以往，最终的结果将是德国国家的破产，尽管它的人民可能在国外拥有大量资产。这个过程尤其应当受到谴责，不仅仅是因为出口商的利润就是国家财产的损失换来的，而且还因为这种损失中有一部分是为了确保德国出口产品的竞争价格，而对工人的食品和工业的铁路运输费用的大量补贴。

事实上，少开发票和多开发票的情况可能并不普遍，原因很简单，只要德国出口商不需要把利润带回国，他只需将外汇余额存入国内税务部门鞭长莫及的外国银行即可。总之，只要德国能赚到大量的外汇，并有足够的外汇流回国内，就能对马克产生有利的影响。英国驻柏林的商务秘书F. 塞沃尔（F.Thelwall）发现，德国的困境有更多令人担忧的迹象。10月中旬，当马克对英镑的汇率接近500马克兑1英镑时，他报告说，德国工人的工资太低了，工人没有得到公平的待遇：

目前的劳工动乱是由马克的下跌和即将实施的新税收法案引起的，这两种情况都造成生活成本上涨。德国制造商和贸易商在国内和国外都赚了很多钱，而德国却越来越接近破产边缘。但我认为，这与其说是由于德国出口商在外国积累了大量财富，不如说是由于德国政府在预算方面执行了错误的财政制度，以及政府承担了重到无法履行的债务。

德国的税收制度有两个主要缺点。其一是账面上的税率太高，因此摆在德国人面前的选择是要么破产，要么抗税，他们会毫不犹豫地做出选择；其二是它涉及行政机构的大量重组，这样的重组可能要在若干年后才能真正发挥作用。

1921年10月，德国预算的状况非常糟糕。以纸马克计算，德国政府的正常开支（包括新增加的100亿马克工资）再加上预计支付给协约国的赔款和占领费用，总计是1 130亿马克。上年预算的年收入加上7月新税收法案预计得到的收入还不到900亿马克。这些计算还是基于1金马克对13纸马克的兑换率，但实际兑换率已经达到了22纸马克兑1金马克。现实情况是，仅德国应付给协约国的费用总额就已经等于正常预算和特别预算的实际收入总额，而且只有当沃思总理的15项新税收计划能够有效地执行时，预算才会达到平衡。以当时德国的政治条件和现有的财政制度，新税收法案成了最值得怀疑的政策。例如，社会党人在7月要求征收资本税，希望能借以挖掘不动产价值，但由于评估和交税之间的时间间隔，并没有带来任何大量的实际收入。因此，实际上，任何赔偿金的支付都会使预算再次失衡，并不可避免地会对马克产生影响。

英国大使告诉寇松勋爵："前景令人担忧。德国政府没有真正下决心停止印钞，征税系统的效率低下，德国政府缺乏停发救济金和补贴的胆识……如果能委任一位真正有能力和实力的财政部部长来掌管德国的财政，我想在这个职位上，他会很快扭转当前的局势。"他提出了两个当务之急：一是任何直接税的增加都不应该与上涨的物价相绑定；二是纳税人不应该太了解自己税款的去向，特别是当这些税款是付给了外国债权人的时候。

两个星期以来，维尔特政府经历了惊心动魄的时刻，甚至到了要全体辞职的地步。10月17日，国际联盟宣布了关于上西里西亚命运的决定，将这个属于前德意志帝国的省份进行分割，分别划归德国和波兰，这一决定成了压垮政府的最后一根稻草。广大德国人民无不义愤填膺，这既是出于民族自豪感，也是因为失去了另一个非常重要的工业区后，德国经济复苏的机会将更加渺茫。这项决定也是德国多年无法加入国际联盟的主要原因之一。维尔特总理因此被迫辞职，但10月26日他又重新掌权，继续领导多数社会党和民主党组成的联合政府，在一片抗议声中，接受了从日内瓦传来的协约国照会。与此同时，马克对英镑的汇率跌到了600马克兑1英镑的新低。

沃思并不缺乏维持政府方面的建议。10月25日，巴伐利亚州财政官员在演讲中声称，在可能的情况下，自己并非不反对支付赔偿金，但他同时警告柏林政府："如果不想让国家的经济生活陷于瘫痪，税收要有限度"。他让人们注意税务官员手头的大量新税收立法，表示如果税务官员有时间去稽查逃税的暴发户和其他人，这些立法本可以带来几十亿马克的税收收入。

公众虽然感到愤怒，但总体上没有政界那么沮丧或悲观。柏林的商店还在向德国人和外国人出售大量的商品。随着美元对马克汇率的上升，股票价格也在上涨。银行收到了大量的股票交易订单，有些银行的股票部门甚至对这些订单不能及时地拆封。

达伯农勋爵写道："这种涨势显然是不健康的，是狂热的。"

我们离恐慌不会太远。一旦通货膨胀停止，转而开始紧缩，就必然会付出巨大的代价。德国的贝伦街相当于英国的伦巴第街①（Lombard Street），让我想起了地震后的旧金山。几乎每家银行都在扩建或重建，人们几乎无法在公路上通行。有点像南海泡沫②（the South Sea Bubble）时的情形。

对于没有什么金融知识的普通人来说，很难判断前景是好是坏。但毫无疑问的是，当德国这艘大船顺流而下却要坠入深渊时，事实是前景总会对一些人有利，对另一些人不利。总之，当在一片繁荣景象的外衣之下，德国的存亡却危在旦夕时，人民清楚谁应该对此负责。1921年11月9日，《柏林日报》指出：

我们的进口仍然多于我们的出口。然而，我们必须交出我们出口总额的26%（作为赔偿金）。外国因我们的竞争而感到害怕，正在建造带刺铁丝网围栏。在未来的几十年里，我们被迫承担债务，但却没有任何国际行动来稳定马克。当我们接受（伦

---

① 英国的银行集聚地，指英国的金融中心。——译者注
② 指的是1720年春季到秋季，脱离常规的投资狂潮引发的股价暴涨和暴跌以及之后的大混乱。因南海公司的泡沫而得名。——译者注

敦）最后通牒时，1美元兑换60马克，时至今日1美元可以兑换180马克甚至更多。

《柏林日报》抱怨到："极少数资本主义上层阶级"利用汇率波动赚取巨额利润，同时外国人则利用马克国内和国外价值之间的差异"大量购买我们的商品"。报纸要求对外汇和美元投机的利润征收重税，并继续表示：

> 征收公司税的收入极少，因为公司的各项支出都可以抵扣……包括董事长或董事的私人汽车费用等等……我们所有税收的评估是如此迟缓，以至于几十万富裕阶层连1920年的税款都还没有缴纳。整个税收的大厦如同巴别塔中一间用纸牌搭成的房子，正在摇摇欲坠。社会民主主义要求生产阶级以实际价值的税收形式做出直接的牺牲。工业界则愿意通过信贷方式，协助支付未来的十亿金马克债务，借以逃避税收。

当时，流传着越来越多令人震惊的预测，包括对德国在海外持有的用以应对未知事件的德国纸币的预测，和针对以逃避税收为目的而储蓄、投资或保留在国外的德国资本数量的预测。阿瑟·艾希霍恩（Arthur Eichhorn）在报纸上发表了一篇文章，对资本外逃做了权威性的评论，他首先指出，尽管输出资本的数量连个大概的数都没有，但可以肯定的是自一战结束以来，这些资本的总量一定很大。

逃税、对国有化的恐惧和通货膨胀结合在一起，促使资本从货币贬值的国家流入货币健全或有溢价的国家……这与国际贸易或正常信贷业务无关，而只是加剧了汇率的混乱。

美元、瑞士法郎和荷兰盾是这场兑换争夺战中最受欢迎的对象，但其他货币，包括捷克克朗，也开始受到青睐。瑞士银行中荷兰人名下的信贷，和荷兰与瑞士之间的贸易完全不成比例，人们认为这些是"德国人伪装成荷兰人进行投机的瑞士信贷"。抢购瑞士法郎的一个奇怪副作用，就是瑞士短期货币市场利率低于3%，而长期货币的利率却超过了10%。

由于资本外逃，预算无法平衡，加上没有人愿意持有马克，不可避免的事情终于发生了：到了1921年11月中旬，1美元可以兑换250纸马克，1英镑可以兑换1 040纸马克。马克在其下跌过程中驶过了另一个痛苦的里程碑。德国现在需要在2月底之前筹集到5亿金马克，用于支付给协约国，并且德国人清楚，如果违约，就会面临法国的制裁——鲁尔区将会被占领。如果伦敦不提供帮助，德国就一定会违约。然而，伦敦的银行家们拒绝提供必要的信贷，除非德国把自己的财政状况搞好，并且法国的要求变得更加合理。由于这两个条件环环相扣，互为前提，显然一个也实现不了，德国银行家们现在开始担心马克会跌到奥地利克朗的水平。

从表面上看，德国需要采取三项紧急措施：一是平衡预算，不必再印钞以解燃眉之急；二是停止对工业的各种补贴，包括粮食补贴、低廉的铁路运费和少收的煤炭税（即使按100%的税率，也只能使德国如此廉价的煤炭价格上涨到每吨550马克，远远低于其在国际市场的价格）；三是调整关税，同时建立高效的税收制度。鉴于工业游说团体的强大，这些改革看起来都不太可能实现。

现在，生活费用的上涨已经在鲁尔区引起了相当大的工业动荡，因为即使是新的工资标准也无法跟上物价上涨的步伐。工厂主们大声疾呼，高物价是协约国金融封锁的结果，而上西里西亚的分治就是这种封锁的最新一幕。这种特殊的诉求很难打动工薪阶层。英国驻埃森副领事报告说：

> 目前的食品价格可能会进一步上涨，这是因为从行政的角度来看，完全缺乏组织。尽管这个城市有一个专门处理投机获利的办公室，尽管当地报纸每周都会公布所实施的惩罚措施，但相对来说，很少有违法者受到了应得的惩罚。例如，有人因销售来路不正的白面粉而被逮捕、审判和监禁，但在获释后又能重操旧业……不仅新采购商品的价格每天都在上涨，而且旧库存商品的价格也在天天涨。

11月22日，英国财政部财务总监巴西尔·布莱克特爵士（Sir Basil Blackett）[3]就德国问题向外交部提交了一份令人警醒的备忘录。他在视察过程中发现英国有近200万失业者，而德国却几乎没有人失业，强烈的对比令他感到非常震惊。

> 尽管德国人有很丰富的常识，但他们却开始相信一些居心不良的工业家的宣传，所以他们几乎很容易就认同这样一个错误

的理论：政府利用通货膨胀，使支出习惯性地超过其收入，这对贸易有利；国家如果通过获得赔偿的方式从国外获得了大量的收入，这必然有害……

即使德国工业界也知道，此刻德国工业的发展状况（抑制了其邻国的出口贸易）是过热的迹象，而不是繁荣的迹象。但是，像往常一样，德国的每个阶级都认为税收的负担应该由别的阶级来承担……即使是最有准备的人也倾向于以宿命论的方式让事情顺其自然，等待世界恢复其理性。大工业家们正试图挽回一些损失，把所有的纸马克兑换成外国货币，或者如果做不到这一点，就换成实实在在的东西，如土地、机器等，因为这些东西能够保值……就在国家迫切需要储蓄的时候，人们储蓄的动力却消失了。

备忘录继续写道：马克的贬值正在逐渐消灭中产阶级，他们投资的价值正在迅速蒸发。一笔100万马克的德国战争公债，在购买时相当于约45 000英镑的英国战争公债，现在只值1 000英镑左右，"甚至它的国内购买力也不超过3 000英镑，而且还在迅速下降"。战前，一个收入为10 000马克的德国退休者与一个收入为500英镑的英国退休者相比，是有优势的。现在，德国退休者的这笔养老金仅值10英镑，其购买力还不到30英镑。此外，保单对持有人或其遗孀来说，其价值已低于投保人每年从自己辛苦赚来的储蓄中用于缴纳保险的费用。

布莱克特指出，租金限制法案同样对中产阶级造成了打击，他们"被迫挨饿，以补贴德国工人的工资和企业主的利润"。由以通货膨胀为代价补贴的面包和铁路运费，加上租金限制，使外国人能够以远低于国际市场的价格购买德国商品，如果外国人住在德国或访问德国，无论是旅行、吃饭还是居住，价格都低得离谱。"外国人正在逐渐买空和转移德国的动产、二手家具、钢琴等，整个德国在为此付出代价。"

外国人也在大肆购买德国不动产、工厂的权益以及各种企业。在某种程度上，工人成了牺牲品，他们的工资落后于不断攀升的生活费用，但中产阶级付出的代价更为惨重，他们的资本被侵蚀，主要是被外国人以低价买走了。布莱克特认为，在马克迅速贬值的情况下。有出口业务的工业家尚能勉强维持生计，但其他部分依靠进口材料的生产商由于买不到材料就难以为继了。

报告结尾写道：

一个真正的暂时性优势是，德国的工人有工可做，但即使这种局面也主要不是由于成功的出口，而是由于急于用掉纸马克的人的错误消费，以及由此造成的错误生产，这实际上干扰了出口的正常流动，在一定程度上增加了奢侈品的进口量。

德国政府一直或正在故意奉行一种通货膨胀的政策，事实证明这对于任何政府来说都是灾难性的政策。导致政府无法取得更大成功的原因是软弱无能和缺乏经验。

达伯农应该会完全同意布莱克特的评估，该评估与法国政府的信念，或被影响的信念形成了鲜明对比。法国政府认为德国在虚张声势，为自己的利益而操纵汇率，实际上在迅速促进其繁荣。事实上，在莱茵河畔的协约国占领区，关于德国经济所发生的变化的一切证据都是现成的。

英国驻科隆总领事佩吉特·特斯坦（Paget Turstan）在1921年11月23日的信中指出，科隆的商店每天都客满为患，许多商店为了自我保护，在一天的大部分时间里都在关门歇业。

> 人群在商店外排队等待开门的情景比较常见。在这种情况下，很明显，零售库存很快就会被售空，而补货将导致价格大幅上涨。事实上，我知道现在存在着一种不正常的现象，即批发价格往往大大高于零售价格，某些物品的批零价格几乎相差一倍。显然，只要这种情况普遍存在，以马克计算的生活费用的上涨就没有上限，而增加工资的效果也只能是昙花一现。

四天后，艾迪生在柏林报告了同样的情况，尽管因为首都离边境更远，急于从汇率中牟利的外国人的涌入也要少得多。

> 许多商店宣布自己的商品已经售罄。有一些商店下午1点到4点大门紧闭，而且大多数商店禁止顾客购买超过1件的同种商品。总体上，因为价格已经上调，与新的汇率水平相一致，抢购风潮现在实际上已经过去了。然而，在几乎每家相机店中，都还是能见到一两位外国人急于购买相机的景象。但总体来说，就柏林而言，在商店里购买和徘徊不去的大部分是德国人，因为他们担心物价还会上涨或库存完全售空。

艾迪生随后与总理进行了会谈，维尔特总理沮丧地表示，物价的持续快速上涨，终于令人对公共秩序的维持产生了直接的担忧。沃思说，所有合理的需求都必须得到满足，但情况每天都在迅速恶化，不断反复出现的问题需要纠正，这需要投入大量的额外费用，但苦于没有资金，致使政府的负担变得过于沉重。

艾迪生认为："德国总理正在想方设法稳定局面。"

> 工人阶级除非支付过高的价格，否则连生活必需品都买不到，再加上严冬的到来，可能会造成严重的问题。总理正准备主持一个内阁会议，处理柏林市政雇员新提出的增加工资的要求。因部分电力工人的罢工，总理和我坐在一片昏暗之中，直到第二天政府承诺全面增加工资，该罢工才得到了解决，为此政府需要额外支出4亿马克。

艾迪生忧虑地总结道："沃思博士是一个安静而又坚定、心向乐观的人。"

虽然艾迪生认为，德国人几乎都有用放大镜看待所有困难的缺点，但他也接受了这样的事实：不仅中产阶级处于严重的困境，而且工人阶级也把他们的标准降到了可以承受的最低限度。他和所有他认识的德国人都坚信，1921年年底，导致动乱和革命的主要因素会再次出现在德国。11月下旬，当柏林因食品短缺而发生骚乱，并影响到德国大部分地区时，马克跌至了1 300多马克兑1英镑。

骚乱对奥地利也产生了影响，奥地利克朗的下跌速度越来越快，食物越来越少。价格持续上涨引起愤懑，同时引发了人们对所有发奥地利国难财，或被认为发国难财的人的强烈不满和仇恨——黑市商人、外汇市场的投机者，以及注定会被仇恨的犹太人。

12月2日，维也纳人因克朗再次严重下跌而暴发了示威行动，后来演变成了一场暴动。当天，城市中被砸碎的玻璃数量惊人。30 000人参与了这次示威，他们当中的许多人破坏和抢劫了各处的食品店、餐厅和咖啡馆，并袭击了主要街区的酒店。仅在布里斯托尔酒店（Bristol Hotel）——赔偿委员会奥地利代表处前主席威廉·古德爵士（Sir William Goode）下榻的地方——人群闯到了二楼，把他的公寓洗劫一空。一份报告显示，威廉爵士在"阻止暴徒进入几位英国和美国女士避难的房间长达一小时"之后，他的所有物品都被抢走。

示威者对奥地利政府的要求包括没收所有外币（大多数商店为了自保而坚持只接受外币购买）和由国家来控制证券市场。他们希望所有的黄金都被收归国有，包括属于教会和修道院的黄金。他们要求实施累进财产税税率，立即建立儿童保险制度，并系统性地减少食品补贴。奥地利总理除减少食品补贴的要求外，在所有其他问题上都做出了让步，因为放弃粮食补贴明显会使生活的成本进一步提高。

这一天是个警告。当克朗无情地下跌时，英国驻维也纳的商务专员仍然能够写信报告："我担心这些骚乱预示着将要发生的崩溃。"在局势稳定下来之前，任何人都可以确定的一件事是奥地利财政会崩溃，但政治不会崩溃。奥地利人长期忍耐痛苦的能力确实非同一般。换作欧洲任何其他国家的人民，都会在很久之前就多次爆发了，而奥地利承受了连续四年的金融危机，到目前为止，奥地利人民还相对比较平和。中产阶级受到的冲击最大，却没有采取任何有效的公共行动来改善他们的处境。事实上，12月的骚乱似乎暂时缓和了大多数维也纳人的情绪。随着克朗兑换英镑的汇率超过了2 000∶1，奥地利很快又恢复了一贯的冷漠状态。经费紧张的维也纳大学因为寒冷而只能停课以熬过严冬。奥地利证券交易所因为政府对其会员征税而举行罢工。铁路票价提高了3倍。当富人的夜生活越来越疯狂的时候，退休的大律师们和曾经的将军们却只能在多瑙河边靠砸石头赚钱。

注释

1.《柏林日报》，1921年2月9日。

2. 后为威廉·西兹爵士，1939—1940年英国驻苏联大使。

3. 后为英格兰银行的董事。他于1904年加入财政部。生于1882年，死于1935年。

第五章　滑向恶性通货膨胀

社会动荡是通货膨胀的明显特征之一。奥地利和德国的金融界似乎都认为，如果没有国际善意和大幅减免《凡尔赛条约》规定的债务，这个问题本身是无法解决的。因此，德国的政界在可能的情况下开始着手纾困。德国政府采取了更多的措施，以让人们看到其在处理民众关心的问题。巴伐利亚州总理甚至向国民议会提交了一份法案，拟将贪食定为刑事犯罪。

就该法案而言，贪食者被定义为"在民众普遍痛苦的情况下，经常过度沉迷于美食的快乐，引起人们不满的人"。规定对这样的人"初犯可以疑罪从有，并处以监禁和/或最高100 000马克（约75英镑）的罚款"。再犯将被处以5年以下的劳役，最高200 000马克的罚款，并剥夺公民权利。此外，法案还有针对教唆或纵容犯罪的餐饮业者的惩罚规定和一项特别条款，外国人一旦被定罪，将受到被驱逐出境的额外惩罚。[1]

这让人联想到奥地利最近的一项举措，即对任何举办午餐会或茶话会的人征税。虽然该法案最终没有被通过，但是，它说明了德国的奸商和利用马克贬值谋利的外国人蜂拥而至所引发的不满，而且还说明了政客们已经被逼到了绝望甚至是荒谬的地步。

就马克的下跌是直接或间接地由于德国无法履行赔偿义务造成的这一观点而言，人们普遍认为，即使暂时减轻这些债务，也会使马克迅速回升。第三次伦敦会议于12月18日召开，通过会议的公告，人们认为协约国终于认识到德国实际上无法支付1922年1月和2月到期的黄金赔款。这一认识让人们相信德国金融系统终于可以摆脱无法承受的困难，交易所出现了一波因风险降低带来信心反弹的局面。1921年12月1日，马克汇率飙升，恢复到其11月价值的四分之一。当马克对英镑的汇率达到751马克兑1英镑时（11月马克的平均汇率为1 041马克兑1英镑），许多股票和股份的纸马克价格，虽然仍然远远高于1920年12月的水平，但已经跌去了一半以上，[2]而德意志帝国银行正在大量买入外国货币。

西兹报告了慕尼黑出现的类似的恐慌，当地的一些小银行和金融机构遭到了严重的打击。他写道："新闻界表示，伦敦的金融谈判没有理由突然提高利率，而且谈判正在试图阻止投机行为。"

但在这方面，糟糕的局势让人看不到希望，公众将继续被谣言所左右，继续在商品或股票和股份上进行投机。

在股票交易方面，所有阶层的人几个月来都在进行投机，完全不顾常理。有时候，人们随意购买完全不知名的公司的股票，目的是将毫无价值的纸币换成所谓的优质证券，但一般来说，都是希望通过股票的上涨来获利。比如，那些支付20%股息率的知名企业的股票被越推越高，而最后的持有者甚至连1%的回报率都得不到，其结果是，马克汇率的回升带来的不是满意的结果，而是恰恰相反的结果。

之前马克汇率的下跌也产生了不幸的结果，它迫使人们成群结队地进入商店疯狂抢购。德国人一边指责外国人利用汇率买光德国产品，一边毫不客气地抢购商店的库存……许多人认为，自己的钱很快就没有价值了，必须抓紧时间把钱换成商品；另一些人则意识到，抢购潮会导致汇率下降，从而造成涨价，因此出于投机的目的而购买。

新闻界指出，一旦人们的购买力耗尽，贸易就会出现灾难性的滑坡，而与此同时，更贫困的阶级也会因此而雪上加霜。然而，所有试图使恐慌的人们恢复理智的努力都是徒劳的，商店里的物品价格眼见一天比一天高。

德国马克当然背上了毫无价值的废纸的污名。不过，一个令人惊讶的事实是，连比较拮据的德国人也总是有足够的钱花在奢侈的享受上，如看歌剧、看电影、溜冰、到乡下游玩，等等。在购买热潮中，花费的金额想必也少不了。通常的解释是，这些钱都出自资本和储蓄。前几天，商业部长在与我讨论这个问题时，给出了同样的说法，并强调了他认为这种状况最严重的地方，在于严重地破坏了德国人民对国家的信心和忠诚：在一战期间支持政府，购买了国家债券的人，由于马克贬值而损失惨重，现在全体人民都在逃避税收，把钱用于投机，要么购买地毯之类的商品，要么购买所谓"证券"。

德国政府现在面临着（用裁军控制委员会一位成员的话说）全体纳税人都在尽其可能地进行虚假申报的问题，这情形已经够糟糕了。巴伐利亚州商业部长表示，全体人民对政府本身越来越不抱任何希望，这使情况变得更糟。

12月6日，《柏林日报》率先发难："监管松弛，"

> 没有人能够说清楚这套税收提案会变成什么样子……（因为）财政部是由粮食部长"管理"的，是个摆设……11月最后一个星期发行的新钞票比以往任何时候都多：45亿马克——这几乎是一战前我们全部钞票流通量的两倍。如果我们不下定决心整顿我们的财政，我们将不得不接受债权人的强制管理。

达伯农勋爵对德国总理维尔特也得出了大致相同的结论。他在1921年11月24日的日记中，不无故作幽默地写道：

> 我越来越相信，沃思根本不懂数字，主要把数字当作华而不实的套话。我与他讨论德国预算的细节时，他的注意力就会下降，似乎连我陈述得最清楚的局势发展都听不进去。

当时，沃思可能和其他人一样，认为平衡预算是一个学术性问题，而非切实可行的考量，与此同时法国却在呼吁德国，用沃思的原话说："把几十亿的黄金一袋袋地垒在桌子上"。12月16日，《柏林日报》忠实地报道了他的讲话，说他认为当前德国经济状况是因汇率下跌造成的繁荣，在接下来的几个月内我们从幻觉中醒来，面对现实会让人非常痛苦。他说："敌人经常指责我们的这种虚假的繁荣，在其他国家以完全不同的形式显现出来；而在英国和美国，它却表现为失业。"

沃思宣称，随着整个东欧都处于崩溃状态，当类似东欧人民无力购买商品的情况在向中欧国家蔓延时，世界经济，尤其是欧洲的经济体系就不可能复原。他认为，唯一的希望是，世界、特别是"英国大型融资机构"，终于听信了德国的解释，清楚了为什么德国无法支付协约国所要求的东西，了解了伦敦的最后通牒使德国失去了信用，并且这个问题与世界经济体系息息相关。

新闻界对他的讲话反应冷淡。一个历来尊重法律的国家，历经了自己人民的大肆掠夺后，需要的是行动，而不是鼓励掠夺的借口。不幸的是，德国社会党政府要将其改革付诸实施，只有完全依赖于最反叛的官僚阶级，而官僚阶级的善意已经随着储蓄和收入的减少而消磨殆尽。结果是，能做的事情越来越少，德国政府正在失去工人的支持，工人们甚至懒得投票了。对他们来说，政治已经变得无关紧要：在1921年圣诞节，如何应对生活费用的上涨已经成了工人们唯一关心的问题。

自1913年以来的8年中，黑麦面包的价格上涨了13倍；牛肉的价格上涨了17倍。这些商品的情况还算是好的。糖、牛奶、猪肉，甚至土豆分别上涨了23~28倍不等；黄油则上涨了33倍。这些还只是官方价格，实际价格往往还要比上述价格高出三分之一，而仅在2个月前的10月，所有这些商品的价格都大约只有其现在价格的一半而已。

12月马克汇率的短暂回升并没有减轻人们的痛苦，反而导致失业率短期内就增长了2倍，到达3%的水平，这再一次发出了警告，那就是当有一天印刷厂不再按命令印刷钞票时，人们将注定要遭受何等样的苦难。一战前，在马克价值稳定时，德国通常每年约有9 500起破产案件。随着一战时通货膨胀的加剧，这个数字逐步下降，从1914年的7 739起，到1918年的807起。1921年，在马克汇率比较稳定的前7个月里，破产案件有2 975起，相当于1920年数量的两位多，约3倍于1919年的数量。[3]1921年的数字最能说明问题，因为比较这一年各个月份的破产数量，便可以看出，马克汇率下跌时，破产案件数量就减少，反之亦然。当年春季，当马克汇率维持在最高点时，破产案件最多，达845起；但在11月马克汇率跌到最低点后，破产案件只有150起。《法兰克福日报》（*Frankfurter Zeitung*）评论说："这让人隐约看到，如果马克汇率真的迅速、长期回升，可能会出现多么可怕的崩溃。"

伦敦会议上，英国首相劳埃德·乔治和法国总理白里安你来我往，没有解决任何问题。赔款问题被推迟到新年之后，届时将在戛纳举行另一次会议。戛纳会议的主要决议是允许德国暂停支付1月和2月的款项，但强迫德国在重新调整之前每10天支付3 100万金马克。然而，戛纳会议在外交上的进展令人沮丧。由重建部长拉特瑙博士（Dr Rathenau）率领的德国代表团，在会议前4天里受尽了法国人的冷落和忽视。当人们发现白里安在高尔夫球场上接受劳埃德·乔治的指导时，他的法国同事指责他屈从于英国政策。在会议结束的前一天，白里安被米勒兰总统（President Millerand）召回了巴黎，并由庞加莱接任。庞加莱上任的原因很简单，就是要让德国清偿赔款。或者，用他自己的话说："坚决维护法国在《凡尔赛条约》中的所有权利。"

劳埃德·乔治带着一丝讽刺地写道："战争法庭的费用都是按最高标准收取的。"德国作为败诉一方，必须支付全部费用。然而，对于庞加莱来说，要实现的正义不仅是预防性的，而且是报复性的。劳埃德·乔治对1922年的法国领导人有这样的评价：

> 他在戛纳会议上毫无建树。他知道如何从德国弄到钱——通过鞭打！……白里安是布列塔尼人。庞加莱出生在洛林，一个屡次被条顿人①（Teutonic）占领的省份……他本人曾两次目睹自己珍爱的家园被德国军队占领……他冷漠、矜持、刻板，满脑子没有想象力的、无法控制的律法主义。他没有任何幽默感……他不关心公正的和平，也不关心宽恕的和平。他想削弱德国，使其未来无力再进行侵略……白里安先生的下台将世界推向了危险的境地，1931年，灾难最终爆发了。

马克汇率的崩溃、德国的幻灭、世界关税的逐步提高和贸易的中断，使世界滑向萧条和衰退，甚至更加可怕的境地。但劳埃德·乔治到了1932年才写下了上面的话⁴，那时最终的灾难似乎已经席卷了欧洲，这在很大程度上是法国拒绝让德国从战争中恢复的结果。

德国为了解决赔款问题，在1921年7月实施了新税收法案，这一努力仍然没有显示出产生预期效果的迹象。英国驻柏林的商务秘书写道，德国需要的不是更多新的赋税，这些税款不但收不上来，而且还会使负担已经很重的财政机构更加混乱，德国需要的是对现有的税收进行重新调整和强力执行。他认为，应该对德国富人，特别是工业

---

①　条顿人，古代日耳曼人中的一个分支，后世常以条顿人泛指日耳曼人及其后裔，或以此称呼德国人。——编者注

家，施加强大的压力，使他们公开他们的外国资产。

早些时候，当德国政府提议征收一部分股息附加税时，人们的反应表明了这种方法可能产生的效果。德国工业界不希望国家直接下场，为了避免国家今后对实际财产动手，于是他们提出了协助国家的建议，将他们持有的一部分外国资产和外国信贷交由国家处置，用于支付赔偿金，作为回报，国家将减免他们未来的一部分税收。1921年9月，德国工业家们向政府提出的这一建议，既不像是公民对国家的建议，也不像被征税者对征税者的建议：事实上，这些德国工业家们开出的条件是想让国家把铁路移交给他们。政府理所当然地拒绝了此交易。

戛纳会议结束后，法国显示出了在赔偿金问题上可能采取的新的、更强硬的立场，于是马克汇率又再次开始下跌，在1922年1月的最后一个星期跌到了850马克兑1英镑。一位被达伯农勋爵在日记中直接描述为"德国最有影响力，但他的名字不能被提及的人"，将德国比作一辆无法在5码①内停下的汽车。他说，随着人们失去工作，工厂关闭，每个人都认识到了，货币贬值将是令人不快的，而且对纸币的印刷必须要有限制。但是，他补充说："不要让这辆车停得太快。要让车有足够时间停下而不至于侧翻。"

由于德国政府和商业界都相信，任何仓促之举都是不明智的，各个阶层的人都陷入了对财务问题的焦虑中。拉特瑙在寻找有商业经验的人担任德国驻华盛顿的代表，为此他抱怨说，很少有商人有外交经

---

① 1码 =0.9144 米。——译者注

验，而有经验的商人都宁愿恢复他们的私人财富，也不愿进入政府工作。现在有大量财富的人已经很少了，例如，古诺（Cuno）先生，他在下一年将成为德国右翼政府的领导人，本来他可以胜任驻华盛顿的工作，但同时他也希望自己的财务状况能得到保障。

在巴伐利亚州，人们主要担心的是，当冬天的旅游季到来时，其他的德国人和外国人，特别是被在奥伯拉梅尔高上演的宗教戏剧吸引而来的游客会把市面上的食品都吃光。于是巴伐利亚州采取了一些措施，把相对昂贵的进口食品分配给游客，把本地的农产品留给当地居民。2月初，柏林的市政雇员举行了一次大规模的罢工，导致铁路和日常服务都中断了。柏林人对这类事情已经习以为常了，在柏林停水之前，用水量已是正常供水情况下的3倍，因为每个人把浴缸和其他容器都装满水以应付停水的情况。

被严重的通货膨胀笼罩着的德国人，自然会四处寻找可以指责的对象。他们指责其他阶级、其他种族、其他政党和其他国家。他们在指责游客或农民的贪婪，或是劳工的工资要求，或是工业家和奸商的自私，或是犹太人的精明，或是在货币市场上发财的投机者时，很大程度上他们指责的不是疾病本身，而是症状。

很重要的一点是，工会的要求仍然是提高工资来应对价格上涨，而不是先稳定价格和马克价值。可以听到少数有金融头脑的人在指责德国政府，特别是指责财政部部长，但典型的观点是，价格上涨是因为马克汇率上涨，而马克汇率上涨是因为证券交易所的投机活动，这显然是犹太人的错。尽管人人都在讨论美元的价格问题，但在大多数德国人看来，是美元的汇率在上涨，而不是马克的汇率在下跌；食品和衣服价格的日渐高企是被逼无奈，而不是因为纸马克的泛滥稀释了流通中的马克的购买力，从而导致了马克价值长期下降的结果。

奇怪的是，协约国赔款委员会的设想也同样模糊不清。1922年2月至3月，汇率从1金马克兑换45纸马克下降到70纸马克（或从900马克兑换1英镑下降到1 400马克兑换1英镑）时，赔款委员会要求德国政府再增加600亿的税收。他们没有想到要求德国恢复汇率水平，他们更没有看到，即便把税收增加到不现实的水平，也几乎不可能弥补这样严重的贬值。

拉特瑙解释了德国没有人失业的原因，他指出，有100万人在努力工作以支付赔款，100万人在生产产品以购买外国食品，还有100万人只是为了弥补实行八小时工作制以来的产量损失。他竭力向国民议会解释马克汇率的情况，长篇大论地提到了贸易严重失衡的恶性循环，随之而来的是必须向国外出售德国马克，结果造成马克贬值，以及汇率下降和德国房价的必然上涨，导致原材料和劳动力成本的上涨，从而造成预算失衡。拉特瑙明确地公开否认印钞机在这一系列螺旋式上升的事件中的任何责任，他把国家的弊病主要归咎于赔款造成的贸易逆差，他完全罔顾这样一个现实：德国已经入不敷出，靠印钱来支付超支部分，其中包括了过度就业、对工业的过度补贴、进口和制造奢侈品以供国内消费，以及严重低效的征税系统。

然而，德国大多数成功的商人都乐于相信这一错误观点，即只有通过持续下降的汇率，德国才能在中立市场上竞争，否则就会遭遇灭顶之灾。不幸的是，除了极少数人以外，无论是商人，还是政界人士，或是银行家，都根本没有认识到通货膨胀和马克贬值之间的直接联系。然而，随着印钞机不断印出钞票，马克汇率继续迅速下跌。德国政界人士普遍认为，如果货币匮乏，就一定会引起社会动荡。他们看不到或故意忽略了持续的通货膨胀所带来的明显危险：社会同样会出现动荡。

1922年的前3个月，德国经济形势明显恶化。暂停支付赔偿金的两个月，只不过是将1月份马克的下跌推迟到2月底——第一次"十日付款"到期时为止。整个3月，马克汇率一直持续下跌；直到4月，马克汇率才出现反弹。同时，由于欧洲金融圈抓住救命稻草的意愿丝毫不受频频失望的影响，他们认为，预定于当月在热那亚召开的国际会议，可能会带来解救之道。结果，这次会议带来了一场外部的危机，给五周的商议工作平添了不快——由于德国和苏俄都担心自己会被排除在欧洲的未来之外，于是经过秘密谈判后，两国签署了《拉帕洛条约》（the Treaty of Rapallo）。热那亚会议结束后，德国的实际资源又再次面临着每个月被压榨三次的前景。

1921年下半年，德国官方统计的食品价格已经上涨了50%。单身工人的实际工资多少还能应付这种涨价。但是，已婚工人的境遇则每况愈下，因为他们对衣服和保暖的需求更多，而这些东西的价格上涨得更快。实际上，大多数物品的价格高低取决于购买者的运气或技巧。英国驻慕尼黑总领事西兹曾要求他的德国司机仔细记录家庭开支。西兹说，像黄油这样的商品只能以大大高于定价的价格才能买到。1921年12月，慕尼黑的牛奶价格为每升4.5马克，到1922年3月涨到6马克，到4月涨到7马克。1921年12月的黄油为每磅42马克（比定价高9马克），而到1922年4月，只能以50马克的价格买到。鸡蛋从每个2.5马克涨到3.6马克；啤酒从每升3马克涨到5.6马克；糖、肉和土豆的价格都翻了一番。

对于那些收入赶不上或接近于这种涨价速度的人来说，风暴已经来临。协约国的封锁仍在对年轻一代造成伤害，通货膨胀造成的贫困，其影响已经放大到了危险的程度。1922年2月法兰克福进行了一项研究，结果显示，每个阶层的所有儿童在身体和智力上都比他们的实际年龄要迟缓两年。儿童们很难弥补失去的岁月，因为在冬季，只有病人才能买到牛奶，而且面包的价格也在不断上涨。在较富裕的社区，经常可以看到一些愁眉苦脸的母亲在翻捡私家住宅的垃圾桶，希望能找到一些残羹冷炙。

在有组织的工会的垄断力量保护下的幸运儿尚能得到庇护。他们对自己的雇主——德国制造商——提出了理论上会使工厂破产的工资要求。雇主们的选择是，要么同意这些要求，要么准备好面对类似英国正在经历的大规模的罢工和动乱。在《拉帕洛条约》签署约九个星期后，尽管马克汇率相对稳定在1 300马克兑1英镑，但食品价格却急剧上涨。前一年下半年50%的涨幅，现在反倒成了可望而不可即的目标。在汉堡，4月、5月和6月监测到的食品价格涨幅就分别为46%、51%和56%[5]。仅在5月份，肉类价格翻了一番，生活费用的上涨是如此突然和令人震惊，以至于工会在一段时间内无法决定应该提出什么样的要求。

鉴于劳动力成本急剧上升，制造商们急于扩大他们的工厂，更新他们的厂房，并开始实施大规模改革，这些做乍一看来是有些不寻常。从社会角度来看，在一个缺100万套以上住房的国家，有如此之多的商业建筑是不利的，这种不利部分是由于租金限制法案扼杀了私营的建筑企业的积极性。但是，德国的工业家们一直无法积累起可保值的流动资金，又不能以外币形式在国外非法持有这笔钱，所以他们像巴莱尔·布莱克特爵士所说的那样，通常都将现金换成房地产或固定资产。由于这个原因，工业家们非常害怕马克升值，就连热那亚会议后的几个星期里，马克的"稳定"也会导致经济的停滞。工业界面临着现金变得比货物更有价值的危险，以及当每个人都试图把他们的资产重新换成货币时会出现的资产价格急剧下跌。

5月底，莱茵兰高级委员会的一位成员在一份报告中指出了工业界对马克升值感到恐慌的深层次原因。马克升值将使缴税不再停留于理论层面，而变成一个实际问题。比如说，1921年作为1马克收入的实际平均价值是1便士。一年后，当需要为这1马克缴税时，它的价值已经只值1便士的1/5或1/6，而在此期间，收入即使没有同比增加，至少也已经大幅增加。因此，缴税的时间越迟，收益就越大。

报告指出，"大利益集团认为，马克作为一种货币注定已无法再起死回生，所有支撑马克的举措都是昂贵而无用的，而且会危害他们自己的利益，或像他们所说的一样，危害德国的利益。"

境况较好的德国工业企业有特别的理由对自己的运气感到满意。这些企业从财务上看起来不强，但大都拥有金额巨大的隐藏积蓄，因为企业的债券股份和其他优先偿付债务是以金马克为基础签约的，而已经收到了与金马克等价的商品和服务。强大的施廷内斯集团就是其中之一，它仍然在靠金马克运作。然而，纸马克价值的下跌抵消了98%的原本需用金马克偿还的债务，与其交易的对手公司因此受益，而它的股东蒙受损失。即使在1923年危机最严重的时候，德国企业也能以非常低的贴现率从帝国银行获得信贷，这些新借款也以同样的方式自动抵消了：马克快速贬值导致偿还的实际价值小于原始贷款，价值少多少则由偿还时间和汇率的跌幅决定。

胡戈·施廷内斯本人是德国最富有、最强大的企业家，拥有1/6以上的德国工业企业，他的工业帝国正是建立在通货膨胀的基础之上，而他却厚颜无耻地标榜自己为社会良心。他认为通货膨胀是保证充分就业的手段，通货膨胀虽然不是大家想要的结果，却是一个仁慈的政府所能采取的唯一途径，也是维持人民生活的唯一途径。

帝国银行行长虽然与工业界并没有太大的利益瓜葛，但在本质上也不背离这一论点，1922年5月，他关于德国货币的一次演讲让达伯农勋爵大为恼火，因为他（用这位大使的话说）"在最短的时间里，发表了最多的谬论，犯了最多的错误"。却好像对经济造成的破坏还不够大似的，在赔偿委员会的要求下，并期望货币供应会因此与政治上的权宜之计相分离，帝国银行在同一个月宣布自治，哈芬施泰因成为帝国银行的无冕之王。哈芬施泰因很快就表明，他认为汇率的下跌与纸币发行量的大幅增加毫无关系，并且还将继续"愉快地转动印钞机的手柄，丝毫没有意识到其灾难性的影响"。达伯农认为，有证据表明，德国每100个银行家中就有90个持与其相同的观点。总之，德国金融媒体都在异口同声地报道这些观点。

虽然许多德国人穷困潦倒，但不断增长的工资和企业家们的高额支出计划，误导和蒙蔽了许多外国人的眼睛。1922年4月18日的《泰晤士报》刊登了一位最近在德国的"商人"的辛辣报道：

德国正在上演世界历史上最大的欺诈阴谋，还得到了六七千万德国人民的完全拥护和积极支持。而且这个阴谋是在协约国的眼皮底下明目张胆地上演的。德国遍地都是财富，像蜂巢一样嗡嗡作响。德国人民的舒适和富足绝对令我震惊。贫穷几乎是不存在的。事实完全与此相反……但是这个国家却铁了心不偿还自己的债务……德国全国上下都是演员……如果不是因为德国人没有幽默感，人们可能会以为整个德国都在精心策划一场恶作剧。

当然，对一些人来说，富足不仅确实存在，而且一望可知。花得起钱的人可以在餐厅里大快朵颐。由于存起来的钱就像夏日里的冰块一样会消融，所以人们有充分的理由把钱花在美食、美酒或寻欢作乐上。巴伐利亚州政府前一年秋天的贪食法案在其序言中，清楚地区分了习惯性贪食和在节庆场合偶尔的放纵。这位商人肯定忽视了穷人的烦恼和痛苦，正如他也可能会忽视英国国内的穷人一样：他完全没有注意到领退休金的人和靠收租过活的人的困境。

在汉堡，德国政府特别关注消除社会不公，以免加剧社会痛苦。汉堡为遏制投机暴利而制定的法规收效甚微。在1922年的前三个月，国家提起了175起诉讼，罚款总额达347 000马克的（当时价值不到1 500英镑），判处监禁的时长总计达1 635天。在这些处罚中，最高的罚款是针对面粉投机行为处以的50 000马克罚款，最长的刑期是针对煤炭投机行为判罚的21个月监禁。到6月，打击投机倒把办公室加强了处罚力度，处理了该月报告的185起案件，收取了140万马克的罚款——现在只值约1 000英镑。

除了较长的刑期之外，这些数字可以让汉堡人略感安慰。同一个月里，市政典当机构收到20多万件抵押物品，平均下来每件抵押物值105马克（按官方价格计算，仅够四口之家吃一天）；从4月起，汉堡人的马车费上涨了20倍，出租车费上涨了25倍；而且他们的生活费用，和其他地方的人一样，现在每四个星期就上涨50%以上。

1922年春天，德国多地出现了民众普遍绝望的迹象。对大多数人来说，在原有的分配制度之下，这个国家至少是自信的，也是繁荣的。无论如何，让老一代中上层阶级感到不安的是，他们意识到了普鲁士文化的肤浅性。年轻人主要是感到困惑和幻灭，其中一些人后来回忆起那几年时，并不觉得这段时间是噩梦，而是一次冒险。国家的繁荣不再，国家的自信也随之消退，其机构开始堕落。随着安全感、归属感和爱国主义的逐渐消失，悲观主义和不安情绪也在滋长。德国的国家结构连同它的道德价值观都在崩溃，而通货膨胀对道德水准、物质生活和社会稳定的破坏，使两者的状况正在产生动摇和不可估量的恶化，在这种情况下，无论是对法国军国主义抽象的仇恨、对整个法国的仇恨，还是日益增长的复仇欲望，都不足以将欧洲这一曾经最守法的群体凝聚在一起。

的确，一些人对被战争、苦难和屈辱所蹂躏的德国灵魂的重生，产生了一种执念。不仅仅是阅兵式中的军国主义分子和柯尼斯堡大学的学者，还有许多受通货膨胀折磨的各阶层人士，都开始渴望一个伟大的领袖：（一位同时代的观察家认为）不是德皇或提尔皮茨那种类型的统治者，而是拥有条顿民族早期历史中传奇人物的特质和斯巴达式的价值观的领袖。热爱瓦格纳（Wagner）的希特勒完全理解这种渴望，而且他的国家社会主义工人党（NSDAP）已经在慕尼黑利用这种渴望。当一个国家分崩离析，其旧有的价值观受到新形势的挑战时，总有一些人会抓住任何有凝聚力的手段。

埃娜·冯·普斯陶（Erna von Pustau）告诉赛珍珠："战争引发了道德败坏，这一过程的终点就是通货膨胀。"

> 这是一个十年以上的缓慢过程，如此缓慢，以至于真的有一种缓慢死亡的味道……其间有几次，马克似乎停止了贬值，而每次都让我们的人民感到有一线希望。人们会说："最坏的情况似乎已经过去了。"就在这种情况下，母亲卖掉了她（用于出租的）房子。看起来她做了一笔好买卖，因为她得到了两倍于她当初所支付的现金。但是她买的家具……价格上涨了五倍，……最糟糕的情况还没有结束。很快，新的通货膨胀又来了，一点一点地吞噬了母亲和数百万人的存款。

冯·普斯陶解释说，有一所房子被卖掉是因为住在那里的夫妇的两个儿子在战争中丧生，没有人照顾他们，他们一生的积蓄都被贬值了，所以就用煤气自杀了。她接着说："这个时代使我们变得愤世嫉俗。蛋糕越来越小，更多的人想分一杯羹，因此以前'好邻居'的气氛已经荡然无存。每个人都把别人看成敌人。"她的父亲抱怨说："我们中产阶级没有组织起来反对批发商，而工人们却组织起来反对我们"。换句话说，德国中产阶级正在遭到大企业和工人这两大阶级的挤压。

1922年夏天，德国小商人把大商人视为敌人，大商人的化身是施廷内斯，正如达伯农勋爵所描述的那样，他是"货币改革的最大障碍"。德国右翼把共和政府视为敌人，在柏林为霍亨索伦家族的复辟、在慕尼黑为维特尔斯巴赫家族的复辟而蠢蠢欲动。更不妙的是，德国右翼认为执行清偿赔款债务政策是叛国行为，而拉特瑙就是叛国贼的代表。拉特瑙和施廷内斯都不信任对方，但6月28日清晨也许是他们彼此最了解的时刻，当时他们在柏林的美国大使官邸，就向协约国运送煤炭的问题争论到了深夜，两人走在回家的路上。拉特瑙和埃茨贝格尔一样是个犹太人，刚刚才在国民议会受到了右翼领导人赫弗里希的尖锐攻击。

几个小时后，当拉特瑙从家里坐车去外交部时，他的车被另一辆车故意挡住了去路，而一直跟在后面的第三辆车上的两名刺客则近距离向他开枪射击。刺客怕他不死，还扔了一枚炸弹进他的车里，几乎将他炸成了两半。

注释

1. 载有这份报告的外交部文件上有寇松勋爵潦草的评语"有趣"，并建议将其送去转移国王的注意力。

2. 例如：戴姆勒，（1920年12月）295；（1921年11月）800；（1921年12月22日）490。通用电气公司，319：1，100：657。德国银行，327：701：475。

3. 从1912年至1921年7月，德国每年的破产案件数量分别为：9 218，9 725，7 739，4 594，2 279，1 240，807，1 015，1 324，2 975。

4. 摘自《关于赔偿和战争债务的真相》，大卫·劳埃德·乔治，海涅曼出版社。

5. 菲利普·卡根（Phillip Cagan）认为在首次价格上涨超过50%（相当于600%的年增长率）的月份，恶性膨胀就发生了。参见他在《货币数量理论研究》中的文章，由米尔顿·弗里德曼（Milton Friedman）编辑，芝加哥大学出版社，1956年。

第六章　1922年之夏

拉特瑙极力主张"履行条约"，是秉持超越狭隘民族主义世界观的政治家，他的被害如同拦水大坝的垮塌，马克汇率从4月初以来一直盘踞的高位狂泻而下。马克汇率再次崩溃——尽管崩溃这个词被再次使用，却还不足以充分描述即将发生的事情——从1 300马克兑换1英镑，跌到1 600马克兑换1英镑，并在一周内又跌到2 200马克兑1英镑。

马克的最近跌势，不单单是因为拉特瑙的死亡，柏林还举行了大罢工，既是庆祝也是对德国右翼的警告。例如，在巴伐利亚，因为税务官员没有能力处理巨额的欠税，州政府的财政已经处于难以为继的状态，而且1922年的估算赤字已经翻了一番。削减开支在巴伐利亚和在世界其他地方一样容易宣扬，也一样难以实施，但马克购买力的持续急剧下降使问题变得十分棘手。到了1922年6月，德国政府还没有处理好1920年的联邦税收——这也反映了德国政府自身困难。（巴伐利亚州议会不顾现实条件，决定将鼓励体操的年度补贴增加一倍，其对局势的理解可见一斑。）

马克的暴跌也有一些外部因素。一是（通过摩根委员会）在巴黎举行的关于国际贷款进一步安排的谈判，以失败告终，这与人们的期望和希望背道而驰；二是德国金融管理部门失去了抵御货币市场突然波动的能力。7月7日的《法兰克福报》指出，对德国内部动乱的恐惧似乎已经引起了恐慌，较大的工业公司开始大量购买外国汇票，以保障未来的原材料供应。该报震惊地指出，自停战以来，外国首次拒绝向德国提供贷款，而此前，德国可以通过在国外出售纸马克来获得贷款："马克暂时已经卖不出去了。"

这时出现了一个新的形势：物价紧随汇率之后迅速上涨。直到初夏，马克在国内和国外的贬值之间都有相当大的差距。就在拉特瑙遇刺后，越来越多的行业宣布，他们的生产成本已经达到了世界市场的水平，因此他们无法再在国外竞争。不用说，对于注意到德国的劳动力成本仍然较低，其他工业补贴仍像以前一样照发的人来说，这种局势的确令人费解。有人指出，实际上，德国远没有出现失业，而是出现了用工荒，原因之一是许多德国劳工跑到比利时、荷兰，甚至在法国的边境地区去寻找工资更高的工作。

1922年春天，流动债务的增长速度和货币流通量的增长速度之间出现了明显的差距。这背后的原因是：第一，私人银行不再有能力提供维持工业和商业运转所需的贷款；第二，帝国银行认为自己有责任缩小这种差距。从夏天开始，帝国银行对商业票据持和国库券一样宽容态度，而以极其优惠利率提供给企业的贷款，是私人银行无论如何也无法企及的。整个8月，商业票据的贴现率保持在6%，而在同一个月里，马克兑英镑的汇率下跌了250%。在六个月内，商业票据的总金额就已接近帝国银行所持国库券总额的五分之三。帝国银行的行为刺激了对额外信贷的需求，对通货膨胀起到了推波助澜的作用，在这一方面它几乎可以和政府的慷慨大方等量齐观。

令德国金融界，尤其是《法兰克福日报》的作者最为不解的是，人们完全没有把不断发行新钞票视为是马克行情变化的原因之一。马克最近的下跌被认为对魏玛中央政府和地方政府的财政都是灾难性的：所有旨在恢复联邦预算秩序的努力都已失效。这意味着包括德国官员在内的固定收入阶层的进一步贫困化，以及（正如另一份报纸所担心的那样）右翼激进分子会从这些"社会贫民"中招募到更多的人员。

身在柏林的达伯农在1922年7月10日的日记中写道："这里有严重的不安感"。

> 天空阴云密布，黯淡无光。马克仍在继续下跌——今天跌到了2 430马克兑换1英镑，价格大约是一个月前的一半。物价在上涨，很快就会涨到6月1日的两倍，薪酬必须调整。但调整到什么程度呢？

达伯农指出，德国目前的财政状况和一年前的维也纳一模一样，汇率在2 000至2 500之间马克兑1英镑。"今天，维也纳的汇率约为95 000克朗兑1英镑。一年后的柏林也会降到这个水平吗？"

达伯农勋爵像其他人一样将目前的局势归咎于德国政府。他认为政府在纸币问题上的鲁莽行事是最盲目的愚蠢行为。他写道："需要用手铐铐住转动印钞机的手"。然而，尽管情况不容乐观，人们却发现，在那些日子里，只要赔偿委员会一有举动，就会把马克汇率恢复的那一丝希望抹杀殆尽。赔偿委员会在柏林的存在本身就会造成恐慌。达伯农勋爵说："他们一出现，马克就狂跌。"

1921年9月，当赔款委员会下属的担保委员会访问柏林时，马克对英镑的汇率从350马克兑1英镑跌到了650马克兑1英镑。现在，在委员会漫长的仲夏之行中，马克从1 800马克兑1英镑跌至2 400马克兑1英镑，而德国政府也很乐意提醒他们这个事实：委员会六周访问期间的费用，包括这期间一直在柏林待命的专列费用，都是用面额20马克的纸币支付的，这需要7个人用巨型废纸篓，才能把钱送到火车站去。同时，委员会坚持让帝国银行独立于政府控制（1922年5月实施）之外，在达伯农看来，这就像让疯子控制了疯人院一样。他在7月10日的日记中写道："幸运的是，上周印钞工人罢工，纸币的印刷被迫中断，但哈芬施泰因把工人找了回来，让印钞机又重新开动了起来。"

印钞工人罢工的背后，还有比达伯农的简短叙述更多的详情。6月份，政府需要大量的纸币，于是帝国银行发行了113 000亿马克的新钞。由于罢工，这些纸币没有像往常那样流入银行，所以银行的金库里都没钱了。一份递交给德国总理的机密备忘录显示，大约六个月前，帝国银行签订了采购一种新的特殊纸张的合同，这种纸可以快速印刷出带有无法模仿的简单印记的钞票。7月7日，用于印钞的纸张出乎意料地送到了印钞厂。印钞厂应该可以在7月13日（星期四）前印刷足够的面额为500马克的纸币，以便在发薪日交付。尽管各个行业协会已经准备好了使用新纸币，但印钞工人却突然反悔，拒不开工。

备忘录写道："很明显，除了单纯地因为工资或为博取同情而举行罢工，还有其他力量在背后捣鬼。似乎很有可能躲在暗处的非法领导人正试图扼住德国的咽喉。"

如果在半个月一次的发薪日里，大工厂无钱可发，德国政府将面临民众骚乱的危险。即使有工人自愿上工，也存在着柏林的罢工工人破坏机器的危险，于是德国政府决定破坏罢工。

7月下旬，英国驻法兰克福领事报告说，生活必需品的价格瞬间上涨。工人的工资自然也按比例提高了，一个熟练的工人现在要价100 000马克年薪——以一战前的货币计算，这个收入相当于每年5 000英镑，但这在当时也只够勉强维持生计。体力劳动者的工资也是依据同样的基础计算出来的。领事说："工人的工资标准远超专业人员、医生、教师和银行职员这样的工薪阶层。例如，一个训练有素的银行职员，最高年薪只能达到12 000马克"——如果在伦敦，这大约能兑换到5英镑。

在7月的4个星期里，98种食品的批发价格指数已经从9 000点上升到14 000点，月涨幅又一次远远超过50%。《法兰克福报》报道说，自一战前以来，"商品"的批发价格上涨了139倍；皮革和纺织品的批发价格上涨了219倍。与这些数据相比，代表国际市场价格的美国指数，除了谷物价格比一战前下降、金属价格比一战前上涨以外，一直保持稳定。有媒体估计，当时德国"维持四口之家最低生活水平的费用"与1914年时相比，涨了86倍，而平均工资只增长了34倍。一个鸡蛋过去只要4芬尼[①]，现在要7.2马克，涨了180倍。仅在7月的第一周，四口之家每周用于维持最低标准生活的费用（伦敦为略高于1英镑，纽约为5美元）就从2 300马克涨到了2 800马克。因此，一个德国银行职员一年的薪水只能够养活家人一个月左右。

因此，在奥地利发生过的情况正在德国无情地重现，教育程度较高的阶层，大多被剥夺了体面地生活和养家糊口的权利，变得越来越

①　德国货币单位，100 芬尼等于 1 马克。——译者注

敌视魏玛共和国，越来越接受反对派意见。英国驻法兰克福的领事报告说，反犹太主义的恶毒情绪日渐滋长。

可以毫不夸张地说，社会地位高、有教养的德国人公开主张把对犹太人在政治前途上进行扼杀作为一种合法的防御武器。虽然他们承认，谋杀拉特瑙的好处值得怀疑……但他们也表示，要拯救德国，必须消灭另一些人。甚至在犹太人口占优势的法兰克福，反犹太主义运动都是如此激烈，以至于有社会地位的犹太人被要求辞去他们在公司董事会的任职。

埃娜·冯·普斯陶回忆说，汉堡也出现了同样的现象，在汉堡人心目中，"股票交易所"和"犹太人"是密不可分的两个词，没有人能真正理解情况，这使那些失去储蓄或财富的人成为反犹太主义宣传的对象。她的父亲开始越来越反对犹太人，主张"创造性资本是我们德国人的资本，寄生性资本是犹太人的资本"。

埃娜对她的朋友说："你应该知道我父亲以前是什么样的人"，

我接受的政治教育都是他教给我的。他向我解释了反对德皇和我们的议会的原因。但现在他已经不再思考和讲理，而这对我们家人的伤害比对犹太人的伤害更大。

1922年7月底正值危机的高峰期，但赔款委员会却决定放暑假，这实际上是将解决外汇动荡的时间推迟到了8月中旬；（人们认为）

庞加莱一如既往地想要毁灭德国，他向柏林发出照会，指责德国政府故意拖欠债务，并威胁要"报复"。这一事件对金融状况的影响是灾难性的。物价上涨加剧了德国政府和其他雇主对货币的需求。私人银行根本无法满足需求，被迫对支票的兑现采取限额措施，因此，未兑现的支票被冻结，而它们的购买力却在不断流失。因此，你不可能说服任何人接受任何种类的支票，许多业务很快就陷入了停顿。恐慌蔓延到了工人阶级，因为工人们意识到自己的工资根本无法兑现。

由于帝国银行的印钞机和纸币发行安排不足以应付这种情况，议会通过了一项法律，允许国家和地方政府以及工业企业，在帝国银行无法满足雇主的工资发放需求时，凭借许可证和适当的资产保证金，发行紧急代用货币。这种做法其实已经广泛存在了数年，该法律的目的主要是对其进行规范和管理，不同之处在于授权的紧急代用货币现在有了帝国银行的担保。但是不久之后，随着这种担保变得越来越不受重视，无论是否得到帝国银行的批准，紧急代用货币在当地都开始流通，这对德国纸币泛滥成灾起到了推波助澜的作用。在通货膨胀加速的时代，私人拥有可以印钞的能力，使得私人利润只受限于人们接受它的意愿，这个过程只是在积蓄通货膨胀的火苗，今后注定会变成熊熊大火。

由于这几周生活费用的过度上涨，只要是能对发放薪水的人造成影响的阶级，都提出了更加迫切的提高工资的要求，罢工往往伴随这些要求同时出现。8月8日，法兰克福的商店雇员举行了一次罢工，两天后，他们的工资从7 200马克增加到9 600马克，加薪时间从7月初算起。紧随其后的是排字工人的罢工，这次罢工使得报纸停刊了两周，然后劳资双方达成和解，报社承诺在9月1日前每周增加500马克的工资， 9月1日之后到9月16日之前每周增加800马克的工资，届时再通过进一步谈判，议定新的工资标准。政府官员的工资从8月1日起增加了38%，政府工作人员每小时的工资增加了12马克——这给预算又增添了1.25亿纸马克的负担。政府除了从9月1日起将铁路运费提高50%和再次提高邮资以外，没有任何计划来解决这一负担（1916年新发行的邮票面值，从灰色邮票的2芬尼到红黑色邮票的4马克不等，1922年底发行的邮票面值，最低为蓝色邮票的50马克，最高为红色邮票的10万马克）。

西兹从慕尼黑来信说，他的司机现在每周的食品支出是一年前（1921年8月）的5.5倍。但是，他的工资和前一年相比却增加了近6倍。由于他的工资是根据支付给他这个阶层的工人的平均工资而确定的，所以他并没有受到太大的影响，只有在每个月工资的上调时会受一定影响，因为工资的增长总是稍稍滞后于价格的上涨，而价格即使不是每天在涨，也是每周都会涨。西兹说，广大工匠和工人的情况都是如此，但是包括官员和记者在内的中产阶级的情况，当然远非如此令人满意。他指出，外国人主要靠记者的报道获取信息，这也就是为什么国外关于通货膨胀的报道总是十分悲观。

然而，在《多伦多每日星报》（*Toronto Daily Star*）工作的年轻的海明威（Ernest Hemingway），大约在那个时候越过了法国边境，报道了德国的情况，在他的笔下，德国的情况一样十分惨淡：

在法国斯特拉斯堡（Strasbourg）没有马克可换，不断高涨的汇率使得银行的马克在几天前就被换光了，因此我们只能在克尔（Kehl）的火车站换了些法国钞票。我用10法郎换来了670马克。10法郎相当于加拿大货币中的90分。这90加拿大分够我和太太在德国一整天的开销，到最后我们还剩下120马克！

我们第一次消费是在一个水果摊……我们挑了五个非常好看的苹果，给了老太太一张50马克的纸币。她找给了我们38马克。一位英俊的留着白胡子老先生看到我们买苹果，向我们举帽致意。

"打扰一下，先生，"他胆怯地用德语说，"这些苹果多少钱？"

我数了数找零，告诉他12马克。

他笑着摇了摇头说，"我买不起，太贵了"。

他在街上走着，和每个国家的白胡子老先生走在街上的样子并无二致，但他看着那些苹果的样子，却充满了渴望。我真后悔当时没有给他几个苹果。12马克，在那一天，换算起来还不到2美分。这位老人的毕生积蓄可能和大多数非奸商阶层一样，都投资在德国一战前和战争时期发行的公债上了，所以他花不起12马克。他就是那种在马克和克朗购买力下降时，收入没有增加的人。

根据海明威的记录，由于1马克兑换1美元的汇率为800，即8马克对1美分，1磅咖啡可以花34马克买到。啤酒是10马克1大杯，相当于1.25美分。克尔当地最好的酒店里一顿五道菜的大餐，价格为150马克，相当于15美分。

法国人不能过境来随心所欲地买光德国所有廉价商品。但他们可以过境来吃东西……这种汇率的奇迹造成了疯狂的景象：斯特拉斯堡的年轻人挤进德国的糕点店，把自己吃到撑，狼吞虎咽地吃5马克一片的德国奶油蛋糕。糕点店的蛋糕在半小时内就被扫荡一空……

老板和店员都哭丧着脸，似乎并不为蛋糕销售一空而感到高兴。马克下跌的速度比他们烤蛋糕的速度还快。

同时，一列小火车从街上颠簸而过，载着工人和他们的晚餐盒，回到城郊的家。奸商们的汽车呼啸而过，扬起一片尘土，落在树上和所有建筑物上。在糕点店里，年轻的法国小混混们大口吞下最后几块裹满奶油的蛋糕，法国母亲们擦着孩子黏糊糊的嘴。此情此景让人对汇率有一种全新的认识。

当最后一批喝下午茶的人和吃糕点的人过桥，向斯特拉斯堡方向走去时，第一批趁汇率下跌之便，准备打劫克尔廉价晚餐的人又到了。

马克暴跌。8月16日，沃思在与达伯农勋爵共进晚餐时说，马克兑美元的汇率，跌破1 000大关那天，是德国历史上最糟糕的一天，也是他经历的最糟糕的一天。维尔特被来访者团团围住，其中许多人陷入了对金融危机的恐慌状态中，对解决国家的问题提出了各种不可行或不实际的办法。

德国总理不承认货币贬值与印钞有关。事实上，内阁、银行、议会或新闻界基本上不承认这一点。8月16日的《福斯日报》宣称：

纸币泛滥是贬值的真正根源的观点不仅错了，而且错得离谱……民间和公共统计数字早已表明，在过去两年里，马克在国内的贬值是由于汇率的贬值……今天，人们应该记住，德国的纸币发行，虽然在账面上看起来多得可怕，但实际上并没有过高……我们不但没有"纸币泛滥的危险"，相反，纸币的总发行量至少比和平时期少3~4倍。

达伯农勋爵将这些奇谈怪论描述为"并非罕见的倒行逆施"，反而代表着柏林有识之士的意见。几天后的《柏林交易所信使报》（*Berliner Börsen Courier*）对纸币贬值的社会后果表现出了更大的关注，但对其原因却知之甚少。该报感到遗憾的是德国马克贬值到其面值的三百分之一，现在已经沦落到与匈牙利克朗同一水平。该报说，无产阶级开始躁动不安，而德国的税收是基于1美元兑换500马克的平均汇率来估值的，几乎毫无用处。

但是，贬值的真正悲剧或许可以称为"道德影响"。国外预测马克价值的下跌明显看不到尽头，这将在德国国内增加更多难以忍受的不确定性。任何经济讨论既无法安抚群众，也隐瞒不了面包的价格。

人们早就意识到，纸币的印刷是贬值的结果，而不是原因，人们也知道货币数量的大量增加，实际上会导致货币贬值。货币的贬值现在已经到了这样一个地步，即货币的缺乏比贬值本身具有更坏的影响……即使纸币的数量增加到现在的3倍，也不会对稳定造成真正的影响。

因此，在这样的时刻到来之前，让我们继续印钞票吧！

这家顶级的金融日报显然对目前的局势非常清楚：由于纸马克的发行总量从1919年12月的350亿马克增加到了1922年7月的2 000亿马克，相当于英镑的价值从1.93亿英镑降至8 300万英镑。一战前流通的60亿马克价值曾约为3亿英镑。然而，个中原因对人们而言仍不过是各种臆测。

年轻但有影响力的巴登州（Baden）州长胡梅尔博士（Dr Hummel）公开表示，他本人并不想为停止印钞机而承担责任。他把马克的下跌归咎于道德和心理原因、庞加莱的态度、战争赔款的负担以及纸币的印刷。毫无疑问，这些都是促成马克下跌的因素。达伯农本人把庞加莱的态度比作一个没有意识到学生已经奄奄一息，却还在不断地指责学生的老师。然而，奥地利的灾难是有目共睹的客观事实。达伯农写道："除非造成马克下跌的直接原因，德国政府源源不断印刷纸币的印钞厂停止工作，否则很可能会出现对马克的持续恐慌。要想把这一点放进德国政府的脑子里，需要进行外科手术，给脑袋开孔才能做到。"

8月24日，沃思比以往任何时候都更加紧张，他告诉达伯农，他担心在即将到来的冬天里，德国将无法找到足够的食物来养活人民，在德国还要继续支付战争赔款的情况下，就更不可能了。达伯农写到，就在他们谈话的时候，"有人送来一张卡片，上面写着马克兑美元的汇率为1 837——自昨天以来的又一巨大跌幅"。

面对如此完全缺乏确定性的金融问题，德国人和政府都无所适从，外交层面上也出现了这样的混乱。达伯农8月26日的日记中，记录了一个典型的例子：

今天下午和美国大使会晤，他说："我得知了很多事情，你知道多少？"但我无法从他口中得知到底是什么事。他说："我们几乎要开战了。"但他究竟指的是美国和英国要开战，还是法国和德国要开战，抑或是其他什么复杂的情况，我没有一点头绪。

第七章　哈布斯堡的遗泽

　　毫无疑问，在一战后的几年里奥地利的财富和收入经历了彻底的再分配。由此引发的主要问题是，奥地利工人阶级所得到的过高比例的收入可以逃税了。奥地利政府无法找到一种对工资征税的方法，由于工资随着物价的上涨而机械式地增加，而工人又不能立即将工资传递给雇主（特别是当雇主是国家或维也纳市政府时），雇主又不能将工资传递给消费者，由此工资不能流回印钞厂。英国驻维也纳公使馆商务秘书欧文·菲尔波茨（O. S. Phillpotts）[1]，描述了由通货膨胀造成的自私和经济不确定性所造成的政治动荡的可怕景象：

　　　　奥地利人就像遇难船只上的乘客，他们无法驾驭船只，只能不断地发出求救信号。然而，在等待救援的过程中，大多数人开始从船舷和甲板上取下木板，为自己制作逃生的木筏。尽管船开始漏水，但船还没有沉没，那些通过这种方式获得木材的人可以用它们来做饭，而那些看起来像船员的人则又冷又饿地在一旁看着。人们缺乏勇气和精力，也缺乏爱国主义精神。在最近的铁路罢工中，奥地利政府向一个汽车俱乐部征求志愿者，但没有一个人站出来；奥地利政府又向当地一家公司申请借用货车，但遭到了拒绝，除非政府愿意买下这些货车。

　　因此，尽管达伯农勋爵还在担心马克很快就会跌到和奥地利克朗一样的汇率水平，但克朗的崩溃仍然大大超过了马克的跌势。1921年5月，克朗对英镑的汇率是2 000克朗兑1英镑。1922年5月跌到了35 000克朗兑1英镑。其根本原因与以往一样，国际社会的怀疑加上其国内公众悲观情绪的引导，促使奥地利人用他们所有的现金购买一切能够买到的东西，即使实行了更严厉的惩罚，他们还是决心囤积所有可以买到的食物。最近施行的一项新法令强迫店主们接受奥地利的纸币；但由于这项法令同时也允许继续使用外国货币购买商品，商人通常会找借口不接受本国货币。此举造成了相当严重的问题，维也纳的每家商店都被挤得水泄不通，成千上万的农民涌向这个古老的帝国首都，以求能花光所有的克朗。

热尔曼（V. W. Germains）[2]写道："即使物价涨得厉害，妇女们也会大量购买糖、咖啡和其他商品，或者买衣服和家具。"

其他人则肆无忌惮地挥霍钱财，反正明天的酒一定会更贵！在美元上涨的日子里，商店会出现抢购现象。物价每个小时都在涨，公众陷入了购买的狂热中。有这样一个故事：因为当地的商店没有其他东西可卖，于是一个老单身汉买了一堆襁褓……店主们借各种理由，如生病、家庭变故、盘点等，关门歇业。

也有一些人，特别是城里人，没有闲钱可以挥霍。

1922年5月中旬，英勇的舍贝尔博士（Dr Schober）作为总理，几乎是单枪匹马地恢复了奥地利的经济秩序，给奥地利的政治注入了克制和常识，但好景不长。本来，协约国为了保证奥地利支付占领和赔偿费用，持有了奥地利国家财产的优先抵押权，舍贝尔在热那亚说服了协约国放弃了这一权利，为奥地利举借贷款清除了所有障碍，然而，仅仅4个星期后，他领导的政府就在议会中遭到了失败。政界可能觉得舍贝尔已经完成了他的使命，但奥地利最强有力的政客被解职，立刻为奥地利在自主控制财政情况下的信用度打上了问号。随着其警察总长辞职的消息传出，劳埃德·乔治承诺的英国贷款用光，法国和意大利承诺的贷款根本没有兑现，克朗再度开始下跌。因为奥地利严重依赖外国进口，所以情况比匈牙利或德国尤为严重。

6月1日之后，克朗出现断崖式下跌。6月5日的汇价是52 000克朗兑1英镑，10 000多克朗兑1美元，这造成了一些恐慌，在接下来的两天里，克朗进一步下跌了40%。6月9日，1英镑可以兑换70 000克朗，1美元可以兑换15 000多克朗。6月底拉特瑙在德国被暗杀后的一个月内，克朗与马克双双下跌，克朗对英镑的汇率从100 000跌到了125 000。伴随汇率下跌而来的是物价的大幅上涨，1921年7月确定的以100为基数的价格指数上涨到了2 645。

维也纳的政界处理这种情况的能力，成了流传在其首都的一个笑柄，而在维也纳以外的地方，人们对奥地利中央政府的蔑视和厌恶则进一步增加。在斯蒂里亚（Styria）州和蒂罗尔（Tyrol）州，人们普遍认为与意大利结盟是更好的选择。在维也纳，关于与德奥合并的讨论仍在继续，由泛德主义者支持的这种主张，是被和平条约所禁止的，而且现在柏林方面对此嗤之以鼻。沃思总理曾经问道："以马克现在的这种情况，有谁会愿意加入我们呢？"国际联盟理事会拒绝发出德奥合并所必需的许可。

1922年8月，舍贝尔的继任者伊格纳茨·塞佩尔博士（Dr Ignaz Seipel）绝望地发出了新的请求，要求协约国提供1 500万英镑的贷款。劳埃德·乔治以最高理事会的名义拒绝了这一请求，并遗憾地表示，自一战以来奥地利"已经从协约国获得了太多的贷款，但结果却令人失望"。奥地利问题被毫不隐讳地提交给国际联盟处理，到了月底，克朗对英镑的汇率已跌至350 000，正好是其5月份价值的十分之一。奥地利人在彻底的绝望中等待着天塌下来，好像克朗过去十多次贬值，天还没有塌下来过一样。奥地利警察总长公开宣布，他可以靠着20 000名警察，解除危险的奥地利左翼军队的武装。驻维也纳的美国公使发出警告：非公务人员不要来此。罢工和示威频繁发生，有人预言还会出现更大的混乱，英国公使馆报告说，"胆小的商人"正急于准备好自己的护照。人们被饥饿的、失业的暴徒抢劫的风险日渐增高，因为自7月以来，生活费用指数已经增长了124%。仅仅在7月份，奥地利就只能通过分期付款来发放积欠雇员的1 500亿克朗的工资。8月的工资增加使得将这笔欠账达到3 440亿克朗，而奥地利当月的全国工资总额约为7 000亿克朗——无论如何，都远远超过了现有的流通货币的总量。政府所有机构的崩溃一触即发。

这种情况当然反映了奥地利的基本财政问题——超额的官员工资和过度支出的薪水（在战争年代，领取工资的人数大大增加），由于工资随着价格指数自动上浮，只能通过印刷更多的货币来满足开支。7月底，奥地利工会抗议说，根据前一个月生活费用的上涨而每月调整的指数，已经跟不上物价上涨的步伐，因此印刷更多货币的压力在不断增加。仅仅在8月份，额外发行的没有担保的纸币就达到了5 600

亿克朗——这个数字使7月份通过的一项法案成为无稽之谈，该法案拟新成立一家资本为8 000亿克朗的发钞银行，该银行的资本一半来自强制贷款，一半来自新的税收。虽然该计划得到了赔款委员会的支持，但最终还是胎死腹中，原因很简单，就是贬值的幅度使其已不合时宜。

7月，在克朗崩盘后，维也纳推动设立奥地利外汇局，取代交易所，这是一种管理外汇交易和流动的手段，几个月内，德国和匈牙利也都效仿了奥地利的做法。但外汇局不仅没能阻止克朗崩溃，也没能带回对奥地利至关重要的价值1 800万英镑的黄金，人们认为，这些黄金现在被存放在瑞士。外汇局没有减轻奥地利中产阶级的痛苦，也没有改善下层人民可怕的生活状况。就这一点而言，奥地利外汇局对投机者的炒作、奸商的盘剥或货币贬值的过程，也没有产生任何显著的影响。随着克朗因为变得没有价值而被拒收，作为主要交换媒介的外国货币的持有者开始完全拒绝把手中的外国货币投入使用。奥地利人又回到了一战结束时的状况，几百万破产、饥饿的人民在苦苦挣扎。

然而，1922年，奥地利在动荡的欧洲大海上勉强还能漂浮之际（航海的比喻很适合奥地利的状况），突然发现踩到了陆地。不甘心坐以待毙的塞佩尔最终下定决心，决定用一部分独立主权来换取奥地利的生存。一位评论家说："你现在看到的是前所未有的奇观，奥地利总理在欧洲各国巡游，向最高出价者兜售自己的国家。"

塞佩尔依次访问了奥地利的每一个邻国，紧接着这一微妙的外交前奏之后，他于9月初在日内瓦向国际联盟发出了感人的呼吁。他向国际联盟明确地表明，如果得不到财政援助，根据《圣日耳曼条约》

建立的奥地利将会四分五裂。他宣布，在国际联盟帮助奥地利恢复秩序的过程中，维也纳准备接受任何所需的纪律约束。塞佩尔以奥地利解体相威胁，但这种威胁的恐怖程度，还不如奥地利与德国、意大利等邻国中的任意一个建立关税同盟的威胁可怕，更不用说组成政治意味更强的实体了，而且这种结合很快就成为唯一可行的另一种解决方案。奥地利可能成为意大利的保护国，变成大意大利的一部分，这让法国不得不三思。

奥地利和国际联盟的谈判开始后，整个形势发生了奇迹般的变化。8月25日跌到最低点的克朗在9月的第一周略有回升，从350 000克朗兑1英镑升至335 000克朗兑1英镑，奥地利政府在谈判所激发的信心的帮助下，成功地稳住了汇率。《日内瓦议定书》（*the Geneva Protocols*）在一个月内准备完毕。议定书首先保证了奥地利的政治和领土完整；其次，议定书规定英国、法国、意大利和捷克斯洛伐克保证为奥地利提供6.5亿金克朗贷款；最后议定书要求奥地利保证整顿财政，停止国库券的贴现，并成立一家新的发钞银行。所有议定书的规定将由国际联盟任命的总代表，凭借国际联盟赋予的绝对财政权力来予以保证。

1922年9月15日，奥地利的物价指数在达到最高点后，一直持续下降到了这一年的年底，在此期间一共下降了20%。更值得注意的是，9月2日之后，尽管货币供应的增加又持续了两个半月，纸币的发行量增加了两倍多，但克朗对美元的汇率却再也没有出现波动。11月中旬，新的奥地利国家银行成立，奥地利的银行家们忠实地认购了短期国内债券，奥地利才开始有了收入，而此前，其国家支出的赤字都是靠着印钞机印钞来填补。日内瓦激起的希望让政府能够靠贷款勉强度日，但前路仍如同一条最细的钢丝。

当时的经济学家们饶有兴趣地指出，实施稳定化计划后的通货膨胀是一种矛盾现象，是由于需要用克朗纸币取代流通中的大量外国纸币而造成的。实际上，当时存在着印钞厂无法弥补的现金短缺：1922年8月，流通中的货币量仅有8 000多万金克朗，而一战前在同一地区的货币流通量为5亿金克朗（尽管情况略有不同）。有两个因素造成了物价的下跌：一是物价不需要定得过高，就可以确保盈利；二是由于在长期的消费狂潮中，商品市场已经饱和，价格自然会随着需求的减少而下降。

11月中旬以后，当行动的成功对国内外所有人来说都成了明显的事实，奥地利政府的政策主要是防止克朗价值的回升。维也纳目睹了德国人投机性购买捷克克朗，粗暴地破坏捷克斯洛伐克财政的可怕后果。到1922年，奥地利已经极为适应持续的贬值，以至于仅仅是稳定本身就足以造成严重的经济危机。奥地利政府需要的是克朗，而这些克朗是以从国内或国外收到的外汇作为储备金来发行的，这些外汇会造成银行的储备金膨胀。事实上，银行被迫买进了超出自身所需的外汇。

信心和稳定得以迅速恢复，尽管还达不到繁荣的程度，但也表明奥地利的特殊问题在很大程度上是由其民众心理和行政效能问题引发的。奥地利人民从一开始就缺乏自信并对政府极度不信任，以及对外国援助和控制的极度依赖。在很大程度上，这也许是因为革命扫除了传统权威，同时促进了贫穷官员和统治阶级的觉醒，而由此造成的权力真空却令人遗憾地没有得到填补。

塞佩尔因为用奥地利的主权换取黄金，而必然遭到政敌最强烈的攻击；但到了10月中旬，墨索里尼在意大利发动政变，最终社会党人遭到压制，这让他们意识到，如果国际联盟的贷款不能到位，奥地利就会落入法西斯的魔掌：当时法西斯主义得到了许多奥地利人的追随。然而，国际联盟财政委员会很快就明白了，没有一个奥地利政府在议会中有足够强大的力量，能够制定必要的经济政策，或者在没有帮助的情况下，使奥地利从无政府状态的前景到饥荒的威胁等各种困难中解脱。奥地利在依靠短期国内贷款成立新银行之后，立即获得了短期国际贷款，而且越来越多的国家急于为这些贷款提供担保。而奥地利则安下心来等待仍在讨论中的长期国际贷款。1922年12月中旬，国际联盟的总专员齐默尔曼博士（Dr Zimmermann）[3]抵达维也纳，并立即开始创建和维持日内瓦议定书所要求的经济条件，他承认奥地利自身在稳定货币方面已经做了很多工作，使得这项任务更加容易完成。

当务之急是扭转一种违背经济学的制度，这种制度建立在政治上的权宜之计和社会党的心慈手软之上。人们发现，作为一个只有650万人口的国家首都，维也纳的政府雇员人数比一个5 000万人口的国家首都的还要多。税收的征收完全没有成效，奥地利所有的国有企业都出现了巨额亏损。其铁路部门每年亏损600万英镑，占其全国亏损额的三分之一，亏损的原因不仅是由于人员过多，也是由于收费过低。在奥地利，平均每一英里的铁路需要三个运营人员，而瑞士只需两个人；而且铁路员工的工资随着生活费用指数的上升而增加，但运费却只占铁路相应收入的五分之一。奥地利各部委、铁路、邮局——都需要进行大幅度的精简和改革。其政府支付的补贴是惊人的慷慨，只有不到一半的铁路乘客支付了全额票价；这个破产的国家甚至以远远低于生产成本的价格向奥地利民众供应雪茄。

然而，奥地利的财政状况显然已经在好转。尽管失业率飙升，但随着其民众信心的恢复，大量囤积的外汇又流入了市场。这个国家终于有了可以进行建设的基础；或者应该说，奥地利摆脱外部援助的独立性已经足够大，才可以在此基础上建设国家。

到了1922年春天，在金融和商业的混乱程度上，作为哈布斯堡[4]二元君主制的另一个部分，匈牙利的情况介于德国和奥地利之间。作为一个农业国家，匈牙利的问题不同于德奥两国，因为，理论上匈牙利除了能够自给自足，还能有一些盈余。考虑到匈牙利有较好的物质条件，匈牙利居然一步不差地沿着同盟国过去的道路走向财政灾难，这的确令人惊异。

从1913年到1921年底，在匈牙利流通的货币总量增加了64倍。1914年时，平均可以用100匈牙利克朗买到的家用品，现在要花8 260匈牙利克朗才能买到。一战前，在构成新匈牙利的地区，其收入大约比支出多十分之一，停战三年后，其支出比收入多三分之一。到1921年，由于战争以及最后海军上将霍尔蒂（Admiral Horthy）的摄政，其正常货币标准出现混乱，匈牙利人民为此感到极度沮丧，以至于但凡有一点钱的人，通常的想法是把钱换成更稳定的资产——外币、工业股票、古董或珠宝。匈牙利与德奥两国的情况如出一辙，其每一个阶层都热衷股票投机，买卖所有类型的股票，每天热衷于关注外汇的汇率。

其财政部部长黑格杜斯博士（Dr Hegedüs）公开表示，他1921年的首要任务是阻止匈牙利克朗汇率的飞涨。尽管其1月份的汇率是2 100匈牙利克朗兑1英镑，但他声称，他将把汇率稳定在400匈牙利克朗兑1英镑的水平。事实上，1921年4月，在卡尔皇帝首次试图复辟的六个星期后，克朗对英镑的汇率被拉低到了800匈牙利克朗兑1英镑。然而，黑格杜斯仅持续9个月的改革由于过于猛烈和苛刻，最终导致了他在9月辞职。在他任职期间，匈牙利国民议会通过了29项财政法案，其中包括征收20%的资本税，以及对"战争横财"、股票、各种奢侈品和不动产进行严厉的财政打击——人们对于这些法案的反应或是惊恐或是喜悦，取决于受法案影响的是什么人。禁止提取20%银行存款的法案，犯了严重的心理层面错误，因为匈牙利公众，特别是农民，此后变得不愿意把储蓄存进任何金融机构，而是把它们囤积在家里，导致后来出现了流通货币的不足。

黑格杜斯把自己的失败归咎于德国马克的下跌、农业歉收和战争赔偿的不确定性。但他的最后一次行动是为工资远低于一般劳工的公务员，争取了960 000 000匈牙利克朗（60万英镑）的加薪；随着印钞机自3月以来第一次全力开动，这项措施成了匈牙利新的通货膨胀和新一轮贬值的官方理由。

黑格杜斯的财政政策对匈牙利贸易的影响，就如同教科书中所描写的一般。随着1921年春天匈牙利克朗的升值，此前还可以忽略不计的失业率大幅增加，因为以2 000匈牙利克朗兑1英镑的汇率向外国采购的商品与原料，到汇率升为800匈牙利克朗兑1英镑时，除非冒着严重亏损，否则无法出售。换句话说，随着匈牙利克朗的升值，商人和制造商的处境恶化；黑格杜斯辞职后，匈牙利克朗汇率下跌，商业界松了一口气，失业的产业工人也恢复了就业。另一方面，其官员阶层和其他有固定收入的人对汇率暂时的上升深表欢迎。相比之下，占其人口三分之二的农民总体上对这一切持漠不关心的态度，因为其农民总是能够以接近于世界市场的价格出售农产品——他们的境况可能好于欧洲任何其他国家的农民。

在1921年的最后几个月里，匈牙利政府不得不再次面对官员阶层的生存问题。以低于成本价的价格向他们供应食品和其他必需品，略微减轻了官员阶层的痛苦。例如，像副国务卿这样的高官，仍然领取和一战一样的2 000匈牙利克朗的月薪，在一战前这笔薪水足以让他过上中等富裕的生活，也足以让他抚养子女和让子女接受教育。虽然他现在每个月能领到3 000匈牙利克朗的补贴，但起码要花20 000匈牙利克朗，才能勉强生存。1921年9月（就在卡尔再次试图在布达佩斯复辟前），这笔钱还相当于每年120英镑的收入，到了圣诞节时，就变成不到70英镑。文职人员的报酬也只有战前的一小部分，文职人员的生活也同样艰苦。

英国驻布达佩斯高级专员霍勒（Hohler）[5]报告说：

> 在这种情况下，即便贿赂行为猖獗，人们也不会感到惊讶。相对而言，官员腐败的情况很少，这是匈牙利公务员值得称道的地方。官员和知识分子阶层是生活最为贫困的群体。缄默不语使他们无法确定自己实际上需要多少比例的工资。然而，有如此多的人已经十分潦倒。

即便如此，许多匈牙利官员，特别是年轻的官员，都在秘密社团的破坏活动中找到了宣泄情绪的渠道，这些社团大多数都是极端反犹太主义的。这些社团也得到了年轻军官的支持，他们同样需要一个为之而奋斗的事业，并找出致使他们贫穷的罪魁祸首。

1922年6月，匈牙利财政部长可以重建匈牙利预算秩序的机会已经失去。自1922年1月以来，匈牙利纸币发行量增加了28%，价格指数增长了36%，匈牙利克朗对外贬值了52%到75%——这个差额代表了其在6月一个星期内的贬值幅度。6月中旬，1英镑可以兑换4 500匈牙利克朗，新任财政部部长卡莱博士（Dr Kallay）表示，这反映了德国和奥地利的财政状况。匈牙利与德国一样，人们不认为印钞机与贬值率有多大关系，主流金融界人士指责"苏黎世缺乏信心"，并认为由于贬值幅度远远超过纸币发行量增加的幅度，因此后者最多只算是前者的促成因素之一。同样，许多个月来，匈牙利克朗在国外的贬值一直是出现在新的货币发行之前而不是之后，这一事实导致匈牙利的财政部门忽略了苏黎世的影响，因为他们知道预算赤字总是可以用纸币来补足的，而且每次物价上涨后总是会发行纸币来满足货币需求。总之，匈牙利政府和德国政府一样，都认为尽管赔款债务尚不明朗，但仍是有可能实现稳定的。自《特里亚农条约》最终被批准以来的一年里，匈牙利的货币发行量翻了一番。

1922年6月底，明显的动荡正在酝酿，对生活费上涨的抗议的数量也在增加。因为一轮幅度从12%到75%的普遍的工资增长，布达佩斯市政清洁工和污水抽水工放弃了原本要举行的罢工。卡莱宣称，只要物价上涨和工资增加之间螺旋式上升的趋势不被打破，不管增加纸币的发行量有什么危险，他都必须这样做。因此，7月17日匈牙利克朗跌到6 000克朗兑1英镑，一周后，又跌到了7 000匈牙利克朗兑1英镑（拉特瑙遭到暗杀后，匈牙利克朗曾和马克一起大跌过），食品价格也在同步上涨，人们随即提出了新一轮的涨工资的要求。

同时，国家财富的大部分是由农村生产的，尽管黑格杜斯博士试图加税，但是以金额来说，农村的税收与一战前相同，也就是说，农村实际税收还不到一战前的二分之一。光是这种财政上的不平等，就足以加剧城市与工商业之间、农民与地主之间的相互敌意。然而，当时的赚钱机遇鼓励了农民尽可能久地惜售粮食，以使需求得不到满足，从而进一步提高平均价格。匈牙利的厄运主要是自己造成的。

匈牙利克朗继续以惊人的速度贬值。9月，纸币流通量比8月增加了25%，匈牙利克朗跌至11 000兑1英镑，其财政部解释说，最近一轮增发的纸币不会导致任何贬值，因为增发纸币只是对国家资产随着农业丰收而增加的体现；新发行的纸币将在年度农业收成流入市场后立即被回收。不管这种希望是出于空想还是一厢情愿，都是徒劳的，因为农业收成不可能按当时的价格流通。

在恐慌中，匈牙利政府仿照奥地利的模式，设立了一个控制外汇的机构——外汇管理局，以抵御金融灾难。当人们所说的"儿童病"，即初期的困难，持续存在时，情况大为恶化。由于匈牙利官方规定的克朗汇率低于其市场价值，因此无法促使外汇持有者卖出，外汇管理局无法帮助商人付款给外国债权人。以前，匈牙利商人们根据当天的汇率在海外销售，随即用债权人的货币换进外汇。根据新的规定，每份外汇的申请都要送交到一个组织混乱的机构，往往会被拖延两个星期之久，而由于缺乏外汇，只能得到申请金额的一部分。因此，对外贸易迅速放缓，这导致了更多的失业。

另一方面，到了11月，由于匈牙利克朗被人为地稳定在12 000匈牙利克朗兑1英镑的水平上，匈牙利外汇管理局的工作相当顺利，据说投机者十分反感这个机构，因为他们在国外操纵克朗汇价的机会已经一去不返了。这种外汇投机立即被证券交易所的投机所取代，人们疯狂涌进交易所购买工业股票。春季时，报价为8 000匈牙利克朗的股票飙升至100 000匈牙利克朗以上；公司趁机开始增加资本，稀释股权。公众则继续买入。有人指出，即使是保守的投资者也不打算保留他们的新增股票（相对于购买时付出的资金而言，这些股票的股息少得可笑），而是卖掉持股赚取利润，牺牲掉他们不那么精明的同胞。然而，货币汇率一连两个月几乎保持稳定，再加上禁止外汇投机的预防性法律，迫使投机者变现他们持有的股票。股票报价开始再度下跌，许多人损失惨重。

在一旁观望的大众，尽管因为太穷而不能加入股市的赌博，看到这一景象也高兴不起来。虽然匈牙利克朗价格坚挺，但物价仍在不断上涨，在11月1日之前的两个月里上涨了60%。11月13日，匈牙利政府大幅提高了铁路票价和运费，此举对整体物价产生了直接而严重的影响。霍勒写道："就成本而言，所有阶层都完全失去了任何比例感。一个匈牙利人面对售价为5 000匈牙利克朗一瓶的起泡葡萄酒时，只会耸耸肩，嘟囔着抱怨一下《特里亚农条约》，但有轨电车票价上涨了5匈牙利克朗，就会让他气愤不已。"

霍勒向英国外交部提供了一份详细报告，说明匈牙利人如何应对新的财务负担。他说，匈牙利政府官员受到了极大的打击，他们不能举行罢工，只能靠微薄的工资，外加以优惠价格购买火车票和廉价购买某些必需品的特权，才能勉强生存。即便如此，还是"很难理解他们中那些没有'变通办法'获利的人如何生存"。匈牙利军官的情形也好不到哪里去，例如，其军队少校在一战前每周有575匈牙利克朗的工资，现在每周为17 000匈牙利克朗（约1.5英镑），而现在每周需要184 000匈牙利克朗才能达到以前的购买力。实际上，中尉每周只能靠1英镑的工资勉强度日，军团司令周薪大约有2.25英镑。已婚军官的妻子和孩子，每人每月可获得3 500克朗（6先令）的津贴。

除了少数在中立国拥有资本的幸运儿，靠着利息生活的人的境况"最为凄惨"。年轻人找到了工作，但老年人却一贫如洗。匈牙利的医生和律师这一类的专业人士，与德国和奥地利的同行一样，因缺少病人和客户而苦恼，但还可以在一定程度上调整其收取的诊疗费，不过所有的医院都因缺少从病床到便盆之类的最基本的必要设备而无法营业，无法改善医疗专业人士的生活现状。靠固定工资生活的专业人士已经"沦落到绝对赤贫的境地"。文职人员在其首都是一个举足轻重的阶层，工资却完全不够用，他们的工资从每月12 000匈牙利克朗到20 000匈牙利克朗不等（一年12~19英镑），而且还一直在缩水，但他们中的大多数人仍然可以用优惠价格买到任职机构提供的午餐，不至于被饿死。然而，对于那些需要养家糊口的人来说，"物价上涨60%令这个阶层的境况不忍细述"。

有工会支持的匈牙利工人像往常一样，情况没有这么糟糕，他们的工资经常调整。不过，他们也不是完全幸运。1914年，购买一套衣服需要工作80个小时，到了1919年需要141个小时，而到了1922年7月则需要381个小时。同样，购买一打鸡蛋所需的工作时间从1小时增加到了3小时，购买1千克面包的工作时间从半小时增加到了2个小时。

在匈牙利农村，地主和农民受到通货膨胀的影响最小，因为大部分必需品他们都可以自己生产，并可以像商店老板一样，定期提高农产品价格。匈牙利无地农民的情况就不那么好了，大量的临时工，由于匈牙利新的边界限制了他们的流动，形成了一个特别贫困的阶层。霍勒的报告最后说，许多人在经济危机中致富，成了营造出布达佩斯表面繁荣景象的人，他认为，这些人主要是占其人口大部分的犹太人。

很明显，随着1922年圣诞节的临近，物价的上涨超出了大多数城市阶层的承受能力，危机不可能被长期拖延，对克朗的支持也难以再有效继续。秘密组织的力量日渐增长，极端民族主义兴起，甚至官员阶级里也出现了明显的反犹太主义，匈牙利已经接近悬崖边缘。

注释

1. 欧文·菲尔波茨有长期在该国生活的经验，从1906年到1914年，他曾先后担任驻维也纳副领事、领事。

2. 《今日奥地利》的作者，该书由麦克米伦出版社于1932年出版。

3. A. R. 齐默尔曼博士，鹿特丹市前市长。

4. 根据《特里亚农条约》，匈牙利失去了所有最好的领土，在64个县中只保留了14个县。英国外交部虽然没有公开承认，但在其内部还是完全承认了"在已经有了割地的情况下，赔款有点多了"。

5. 后为托马斯·霍勒爵士，生于1871年，死于1946年。

第八章　纸币泛滥之秋

只有德国的乡下人还算活得舒服：任何靠土地生活的人都能最轻松地获得实际价值。这也就难怪他们确保自己农产品换来的货币在购买力上不低于过去的水平时，会被指责为敲诈勒索，如果他们在充分了解价格会越等越高的情况下，推迟销售农产品，受到的指责就会更严厉。

埃娜·冯·普斯陶去乡下住时，直截了当地问房东们，他们如何使用从市民身上榨取来的钱财。房东坦率地回答说，他们拿这些钱来支付抵押贷款。"马克就是马克"的原则对农业的帮助是巨大的：对于乡下人、地主、农民或佃农来说，生活又开始恢复生机。1922年8月底，当1马克对美元的汇率跌破了2 000，对英镑的汇率跌破了9 000时，七年或八年期的抵押贷款就偿还掉了399/400。冯·普斯陶回到城里的家里时说，

> 家人之间的谈话总是围绕着物价的上涨、减少的贷款、中产阶级的宴会，大企业和总是要求涨工资的工人……乡村和城市之间如同天壤之别的差异，没有经历过的人根本无法理解。

汉斯–格奥尔格·冯·德奥斯滕曾在冯·里希特霍芬男爵的特技飞行表演团里做过飞行员，后来短期担任过戈林（Goering）的副官，因为射杀了戈林最喜欢的雄鹿而被解职，他回忆说，1922年2月，他

用一位友好的银行家给他的贷款，以400万马克（当时相当于4 500英镑）的价格在波美拉尼亚购买了与自己房产相邻的一处庄园。当年秋天，他卖掉自己一块土豆田里不到一半的土豆，便还清了贷款。同年6月，当物价领先于马克疯狂上涨的时候，他以800万马克（当时约为5 000英镑）的价格从一位经销商那里购买了100吨玉米。一周后，在玉米还没有交货前，他就以双倍的价格将整批玉米卖回给了那位经销商，不费吹灰之力就赚了800万马克。他说："我用这笔钱，给新庄园的大宅添置了古董家具，买了三把枪，六套衣服，还有三双柏林最贵的鞋子，然后还在柏林玩了八天。"

这是很简单的商业行为，当时的人只要有钱，唯一能做的事情就是尽快把现金变成其他东西。储蓄是愚蠢的行为。然而，毫无疑问，就像在奥地利一样，许多农民的行为是令人气愤的。沙赫特在对通货膨胀年代的记述中提到，农民"用他们的纸马克尽快购买各种有用的机械和家具，还有许多用不上的东西。在那个时期，在最不懂音乐的家庭中也能看到三角钢琴和立式钢琴。"他说，任何清楚通货膨胀现实的人，为了让自己免于纸币贬值的损失，都会购买能保值的资产：住宅、其他类别的地产、工业产品、原材料，等等。

不但富人大量购买具有实际价值的产品，让自己的资产保值甚至是增值，投机倒把的人尤其如此……由于这种以利用大众的无知为基础，充实自己的财力、保护自己财务的行径，商业生活的各个方面都受到了损害。

将个人在如此混乱的环境下的挣扎求生指责为自私、反常或错误，在许多方面都是不公正的。当人们不清楚实际情况或背后的原因，而且不知道该如何应对，也没有人告诉他们真相时，必然会产生恐慌。即便如此，德国农村居民的行为自然不会让城镇居民感到安慰，因为他们没有货物可供交换，所以他们的收入没有变化。

到了9月，一位赫斯州的教授哀叹，教授、教师和科学工作者不再有生存的权利，许多人可能会在即将到来的冬天里，因缺乏食物和无法取暖而死亡。他担心这些人的孩子们无法像过去几代人那样子承父业，而是迫于形势转而靠从事体力劳动来维持生计。

这种看法显然可能过度悲观：在关键时期通过体力劳动谋生，并不一定会将人永久地束缚在体力劳动中。然而，这位教授的抱怨表明德国学术界已经陷入了绝望。

> 受过完整或部分教育的劳工，已经开始统治德国，德国不需要脑力，也就是说，脑力不再有市场价值了。其结果只能是德国的灾难和中欧文明的衰落，甚至是整个世界文明的衰落。

然而，经济危机中已经掺杂了一个新的因素。支付给德国工人的工资第一次开始明显而严重地落后于物价的上涨，哪怕工会对此已经做出了一切的努力。埃伯特总统恳求寇松设计一个进一步暂缓战争赔偿的方案，他指出，德国劳动人民的生存条件已经变得"完全无法忍受"，德国经济活动的崩溃迫在眉睫。

1922年4月，1升牛奶的售价为7马克，8月为16马克，到9月中旬已涨到26马克。啤酒从每升5.6马克上涨到18马克，再涨到30马克。4月份，一个鸡蛋要卖3.6马克，现在要卖9马克。仅仅在9个月内，西兹的司机每周为相同的食物所支付的费用就从370马克增加到了2 615马克。

（领事报告说）过去4周内，物价突然暴涨了近100%，以至于人们不能妥善地设计出一套同步增加工资的方案来应对物价上涨。例如，在周末刚批准通过的涨薪，到了下个星期二就已经赶不上物价的上涨，而工薪阶层的工资尽管在不断增加，却受到严重影响……目前的工资状况混乱不堪，已经无可救药了。

9月9日，德国财政部门宣布，在过去的10天里，已经印刷和发行了230亿马克，占德国纸币总流通量的10%。报纸尽职尽责地记录到，"联邦印钞厂的日产量已经提高到了26亿纸马克。本月，日产量将增加到接近40亿纸马克，凭借这样的产量，货币短缺的问题将得到彻底解决"。

流动现金的确严重短缺，7月出台的德国《紧急货币法》正在发挥其作用。大型工业企业开始用部分纸币和部分自己印制的票券来发放工人的工资，本地的商人知道这些票券会在很短的时间内被赎回，也愿意接受它们。德国各地方政府也开始发行自己的货币，因为地方政府知道，工人最关心的是在工资贬值之前将其花掉，但如果不能及时发放工资，就会激怒工人们。德国各个城市和乡镇同时出现了对失业的恐惧，因为大规模的失业可能会引发混乱，因此城镇开始人为地给员工创造就业机会。法兰克福的市民们震惊地发现，城外路况良好的道路正在被维修，高架电话线系统正在被改造成地下系统。

帝国银行9月份的计划如期实施，但到了10月份的第二周，马克似乎进入了自由落体状态，在六个星期内，从9 000马克兑换1英镑跌到了13 000马克兑换1英镑，现金需求可以得到补足的希望迅速化作泡影。凯恩斯在15个月前曾预测，马克将每天下跌一个点，直到跌至1 000马克兑换1英镑，但在不到三分之二的时间里，马克的跌幅就已经超出其预测13倍。凯恩斯在9月29日的《曼彻斯特卫报》上写道，预期德国一年最多可以支付20亿金马克（约1亿英镑）的赔款，超过这个数额就属于"幻想"，甚至连这个数额都还不一定能支付。他把法国提出一年支付30多亿的要求，说成是"基于欺骗了许多法国人的谬论：法国的极端索取能扩大德国的偿还能力"。然而，与此同时，凯恩斯与其他一些独立专家迅速受邀前往德国，就阻止马克下跌的措施提出建议，但他认为德国在恢复支付适当的战争赔偿前，必须要得到一点"喘息空间"。

阿尔伯特·爱因斯坦也认为赔款问题是造成马克现状的根本原因，并把一篇《柏林日报》的文章转给了霍尔丹勋爵（Lord Haldane），该文章建议英国和法国投资德国工业，占股30%。爱因斯坦希望霍尔丹能妥善安排，"不会让我的名字和这件事联系在一起而被公开"，爱因斯坦认为这是一个皆大欢喜的解决方案。

遗憾的是，虽然人人都满怀希望，但爱因斯坦的建议却没有带来成果；11月，专家们的报告公布于众，建议采取包括稳定货币（大约维持在14 000马克兑1英镑的水平）、平衡预算、外国贷款和暂时免除赔款在内的一套合理方案。然而，不管是债务国还是债权国都未能对该报告给予足够的重视，事实上，大家都在忙于应付各种其他的状况。当年10月，在英国，劳埃德·乔治领导的联合政府被博纳·劳（Bonar Law）领导的保守党政府取代。在意大利，墨索里尼发动了政变。

在德国国内，人们通过以物易物的方式进行贸易活动，并逐渐改用外国货币作为唯一可靠的交换媒介，德国政府因此制定了关于购买外汇和使用外汇结算国内支付的新法令。除了监禁之外，现在还可以处以高达10倍于非法交易金额的罚款。为了进一步防止资本外逃，从那时起，资本的转移不光要报告，还必须得到批准，而且进口商的交易将受到严格的监管。不幸的是，这些举措除了使合法贸易更加困难之外，并没有考虑到在外国证券交易所仍然可以进行投机的事实，因此不可能阻止马克的下跌趋势。

在奥登堡（Oldenburg），为向公众提供一种可以取代外汇的安全投资标的，帝国银行发行了"黑麦票据"，于1927年到期偿还。发行价格等于当时125千克黑麦的价值，到期兑付的价格与1927年第一季度150千克黑麦的平均价格一致，多出来的25千克为四年的利息。这种票据是无记名债券，附有证券交易所的报价，并由银行的总资金作担保。

与此同时，9月26马克每升的牛奶涨到了10月的50马克每升。4月50马克一磅的黄油到了10月要卖到480马克。两个月内，一个鸡蛋的价格翻了一番，涨到14马克。一把能放在口袋里的梳子要卖2 000马克；一罐蜂蜜要卖8 000马克；一条儿童长裤要卖5 000马克；一打厨房用的盘子要卖7 500马克；一双丝袜要卖16 500马克；一卷卫生纸要卖2 000马克；一双童鞋要卖2 800马克。然而，为去世亲人做三首弥撒曲的价格还和以前一样是150马克。

巴伐利亚州议会的议员们不论政治立场如何，都争先恐后地敦促联邦政府救济该州数十万似乎正面临着饥饿威胁的穷人。他们的困境随着慕尼黑啤酒节的到来而变得更加严峻，啤酒节是慕尼黑一年一度的盛会，为期3周，届时将会消费大量的啤酒和猪肉——在最好光景时这些东西将会卖出非常高的价格。随着马克对英镑的汇率从9 000跌到12 000再跌到18 000，啤酒从每升30马克上涨到了78马克，来啤酒节寻欢作乐、庆祝丰收的乡下人，代替了大部分已经回国的外国游客，成了谴责的对象。驻慕尼黑领事馆的西兹评论到：

> 议员们有充分的理由对啤酒节的过度消费进行严厉的谴责，但是如果一个外国观察员注意到成千上万的狂欢者完全都是工人和中下层阶级，那么他就有理由怀疑大肆宣传的饥饿人口是否真的存在。除了中产阶级的某一部分人外，大家很难不这样想：食品补贴只是把本应由工业家支付的部分工资转嫁给纳税人的一种手段。

1922年11月，在科隆与英国商人的一次会议上，资本主义冷血无情的化身，施廷内斯本人，在被问到德国的工业家准备对这种状况袖手旁观多久时，他回答说，工业家们会尽可能长久地观望，"如果有必要的话，会持续到法国政府下定决心，奉行谅解政策的那一天"。施廷内斯善于抓住任何可能的机会在法国和英国之间挑拨离间，但他可能真的认为，与失业造成的风险相比，马克实际上会下跌到什么地步是次要的。他断言：“在中央政府没有力量或权威的情况下，面对严重的经济困难和怀着复仇心理想要浑水摸鱼的邻国，我们工业家将尽一切力量保证工人的就业。”

果然，鲁尔区的许多工厂都在想方设法不让工人流落街头。例如，埃森的波鸿联合钢铁公司雇用了1 500名工人为铁路部门制造没有迫切需求的库存物品。然而，只有金融实力雄厚的公司才可能这样做，小公司已经在少量解雇工人了。随着11月物价的上涨——黄油的价格是800马克一磅，鸡蛋价格22马克一个——商店也因为销售额下降而开始裁员。

现在，生活费用上涨和工资增长之间的差距已经变得非常明显。自战争以来，生活费上涨了大约1 500倍，而1922年11月工资最高的工人——矿工的工资却只上涨了200倍。11月中旬，马克对英镑的汇率为27 000：1，对美元的汇率为6 400：1，而物价则十分规律地一直跟随两种汇率的走势，不仅总体上工人的工资没有跟上物价，工人甚至连该得的工资也没拿到手。由于缺乏各种纸币，工人们发现当他们拿到以联邦紧急代用货币发放的欠薪时，它已经贬值了一半。收入最高的工人也买不起最基本的生活必需品。其他人和那些靠固定收入或储蓄过活的人，和以往一样，日子也不好过。

民众的苦难已经很严重，但这还只是许多个月以来不断增加的苦难的累积，更糟糕的情况还未降临。柏林的情况可能不能代表德国每个城市社区，但至少表明了普遍的糟糕状况。潘科市市长发布的1922年数据显示，近25%毕业学生的体重和身高都低于正常指标，30%的学生由于健康原因不适合工作。在舍内贝格，1913年时，有8%的毕业学生患有肺结核，而1922年这一比例上升到了15%。市长的报告显示："贫穷正在逐渐扼杀所有对整洁、干净和体面的需求，只留下抵抗饥饿和寒冷的想法。"

工资跟不上物价上涨，甚至连最幸运的工人也因此而陷入贫困，这对工会产生了直接影响。由于工会基金的价值不断下跌，而且在如此艰难的时期也不可能提高会费，普通的罢工变得越来越不可行。同样地，工会领袖也越来越没有能力争取到符合工人要求和他们的处境所需要的更高的工资，因此他们首先丧失了影响力，接着失去了对工会的控制，尽管工会领袖并不愿意承认这一点。在日益紧张的态势下，他们发现有必要反复呼吁其成员维持纪律，并遵守工会的决定。

另一方面，工人们很容易被煽动起来，有可能失控并开始暴动，特别是当他们认为革命的最大成就——八小时工作制——正受到大工业企业的攻击时。因为许多地方政府会毫不犹豫地向暴徒开火，所以这种复杂的情况异常不稳定。11月的第三周，曼内斯曼工厂的雇员要求工资增长一倍，并试图在该市宣布大罢工，但这最终导致警察和愤怒的工人发生了严重的冲突。科隆也发生了类似的示威活动。德累斯顿爆发了一场抗议生活费用上涨的激烈暴动，粮食商店被洗劫一空，损失估计达1亿马克；在外国人经常下榻的主要的旅馆前，人们通过声势浩大的示威展现排外情绪，他们认为外国人到德国来是造成物价上涨的原因。在不伦瑞克发生了因食品短缺引发的骚乱和商店洗劫，在柏林则发生了更多的因食品短缺造成的骚乱。虽然大部分骚乱都在可控范围内，但无一不是痛苦和不安的反映。

一战前德国流通货币以黄金计算的价值差不多接近3亿英镑，到

1922年7月时，其价值只相当于8 300万英镑，到11月时已经下降到
2 000万英镑。纸币印得越多，其价值就越低——说明了波兰国王西吉
斯蒙德（Sigismund）在1526年阐述的哥白尼理论，即"货币量在过度
增长时就失去了价值"。令许多观察家大为不解的是，在实际货币如
此之少的情况下，德国的商业活动是如何运行的，这或许能够解释银
行印钞压力不断增加的原因。尽管如此，贸易仍在继续，但通常的解
释是，货币流通的速度在加快。人们持有纸币的时间越短越好。没有
人愿意再接受私人账户的支票。任何收到货款的人都会迅速将钱换成
其他商品，钱的流动从未停止过，并快了10倍的流动速度完成了10倍
金额的流通。

11月中旬，沃思总理领导的政府在压力下垮台了，在这个月中，
马克对英镑的汇率经历了从30 000∶1到32 000∶1，再到34 000∶1的
下跌过程，马克对美元的汇率跌到了8 000∶1。帝国银行正在实施先
前宣布的无限制印钞计划。越来越多的印钞机被投入使用，到12月，
马克的发行量只受到印钞机的产能和印刷工人疲劳的限制。达伯农勋爵
向伦敦报告说："外汇市场和帝国银行就像一位无能的骑手驾驭着一
匹脱缰的野马——彼此都加剧了对方的愚蠢行为"；又如他突然想到
另一个比喻所说："纵观整个历史，没有一条狗能像帝国银行那样快
速追逐自己的尾巴。德国人对马克不信任的速度，甚至比流通中的纸币
数量增加的速度更快。后果不堪设想，就如同狗尾巴的速度比狗快"。

货币的稀缺是工业股票的实际价值——当然不是货币价值——
急剧下跌的原因之一。到夏天结束时，以黄金计算的股票的价格已经
跌到了战前价值的十分之一左右，长期持有这些证券的人损失惨重，

但是这些损失还比不上那些持有战争公债和其他固定收益股票的人的损失，因为他们持有的证券已经完全没有价值了。8月，《柏林日报》估计，德国所有上市公司的总价值不超过40亿金马克（约2亿英镑），并指出德国公司的股票有被外国人全部买光的危险，该报表示："德国工业繁荣的景象与伦敦和巴黎的某些报刊中报道的景象大相径庭"。

按名义价值计算，1914年7月至1922年7月，一批没有进行过融资或以其他方式改变其在和平时期已有资本的公司股票，上涨了13.4倍。其中包括矿业股（盖尔森基兴，从181马克升至1 374马克；穆尔海默，从155马克升至1 990马克），以及各类工业公司（施韦尔默公司，从135马克升至2 800马克；德意志武器弹药制造厂，从331马克升至1 605马克；杜塞尔多夫钢铁公司，从131马克升至2 550马克；柏林酒店公司，从136马克升至2 100马克；益格鲁大陆鸟粪工业公司，从119马克升至1 776马克）。但是，与此相比，金马克对纸马克的价值却上升了143倍。在战争结束时，股票价格指数按实际价值计算已经下跌到1913年水平的三分之一左右，1921年，跌到五分之一的水平，1922年10月，甚至跌到了3%。这时，用327辆汽车的价格就可以换到戴姆勒汽车公司、工厂、土地、储备金、本金和组织，这对投资者来讲是一种安慰。但此时对股票的需求也很小，原因是股票的平均股息率只有0.25%——因为最大的股东希望这样——也因股东若想要获得与这相当的资本回报，存在着很多方便获得的替代品。

德意志银行1921年的报告清楚地表明，与高额的纸面股息所造成的繁荣假象相比，通货膨胀大大降低了股息换算成黄金的价值。1921

年，银行的纸面营业额为21 250亿马克，实际价值只有850亿金马克。1913年，当该银行的分支没有那么广泛时，营业额为1 290亿马克。1922年4亿资本的股息相当于150万金马克，而1913年2亿资本的股息分配率为12.5%为2 500万金马克。

然而，1922年10月是股东们最艰难的时候。从那时起，不仅资金重新回到了股市，而且那些能够获得廉价贷款或无法把钱送到国外的人，开始用真实价值几分之一的价格，大量买进本国工业股票和其他资产，以从中获利。虽然按实际价值计算，股票市场开始回升，但马克的购买力却继续下降。

埃娜·冯·普斯陶说：

> "到了年底，我的津贴和赚的所有钱都不值一杯咖啡。你可能早上去面包店，花20马克买两个面包卷；但下午再去时，同样的两个面包卷就要卖25马克。老板搞不清楚为什么会这样……顾客也不知道……这多少与美元有关，与证券交易所也有关，或许还与犹太人有关。"

西兹的司机和人们一样心中充满困惑。他和千千万万像他一样的人仍然直觉地认为，马克就像黄金一样值钱，没有意识到马克已经病入膏肓。11月的第一个星期里，78马克一升的牛奶价格已经令人难以置信了，但一个月后的价格涨到了202马克。黄油从每磅800马克涨到2 000马克；糖从每磅90马克涨到220马克；鸡蛋从每个22马克涨到30马克。虽然土豆仍然是8马克一磅，只涨了1马克，但他不得不花1 400

马克购买1磅可食用的香肠来配土豆。

现在，在德国大部分地区，授权发行的紧急代用币与帝国银行的纸币一样普遍。这些紧急代用币可以印成任何面额，最高可达500马克，在某些情况下甚至可以是1 000马克——这些面额上限必须定期提高——并且可以在两三个月后换成帝国银行的纸币。到11月中旬，仅在占领区内就有40家发行机构，涉及化工、银行、钢铁和造船等各种行业，如路德维希港的阿尼林公司和索达夫公司、杜塞尔多夫州银行、贝克-维利希钢铁厂和马克西米利安索油毡厂。用自己印刷的货币发放员工工资的城镇包括克雷菲尔德、科布伦茨、杜塞尔多夫、杜伊斯堡、沃尔姆斯、特里尔、美因茨、波恩以及钞票上印有康拉德·阿登纳签名的科隆。

正是在这种物价猛涨、德国国家政府和地方政府发行多种货币的背景下，第四次伦敦会议为1923年这个手推车通胀之年拉开了帷幕。这次会议是巴黎另一次会议的预备会议，于12月举行，审议是否应该批准德国暂停赔款的问题。这次会议之所以引人注目，不仅仅是因为墨索里尼代表意大利出席了会议，还因为庞加莱向博纳·劳坚定地宣布："无论如何，我都将在1月15日进军鲁尔区。"用埃里克·格迪斯爵士（Sir Eric Geddes）1918年的名言来说，是法国，而不是英国，"打算像榨柠檬一样榨取德国的一切"，法国决心"压榨德国，直到听到柠檬籽都被榨得吱吱作响"。

劳埃德·乔治对庞加莱四个月前在伦敦提出的建议的看法是，他们表现出"对于决定一国向另一国付款的经济条件的最基本的知识，要么是完全没有能力理解，要么就是居心叵测，决心设计让德国违反条约，为法国侵占威斯特伐利亚的矿场提供理由，并别有用心地将威斯特伐利亚从德国分离出来"。

博纳·劳完全理解，马克的稳定对德国来说意味着失业、工业危机和巨大的财政压力，而不稳定则意味着灾难，但他现在同样无法说服法国总理，让他相信，通过报复性或勒索性措施来获得大量德国纸马克是毫无用处的。德国海关的协约国赔款账户已经收到了15 000亿马克，而赔款委员会却不敢兑现，因为兑现后各国几乎得不到任何实际价值。劳埃德·乔治写道，庞加莱固执地认为，在协约国军方的监督下，可以轻松地开发德国的森林，而且协约国控制帝国银行并迫使马克升值是实际可行的。对鲁尔区的入侵将证明他大错特错，不管这样做的目的是否为了永远摧毁德国，这项政策最后造成了法国法郎跌到了战前价值的五分之一。

12月10日，伦敦会议收到了德国新任总理威廉·库诺的照会，提出了稳定马克的各种措施，包括暂停支付赔偿金两年。该照会遭到拒绝。庞加莱坚持要求柏林做出"富有成效的承诺"，在圣诞节前，德国提议签订30年的和平条约，进一步激怒了他，他认为这不过是德国的一种花招。

直到巴黎会议前后，局势不可阻挡地推进。1923年1月4日，法国和英国分道扬镳。1月9日，赔偿委员会的法国、比利时和意大利成员（英国持反对意见）决定，德国未按照和平条约规定完成煤炭和木材的交货，已经自动违约。当时没有任何法律途径可以阻止庞加莱将他的威胁变为现实，而美国进行调停的希望也最终落空。事实上，1月10日，来自美国的占领军已经撤走。1月11日，庞加莱派遣的一个由工程师组成的管制委员会进驻鲁尔区，"以便确保交货"，部队随行，"以保护该委员会并确保其任务的执行"。另外，庞加莱还警告说，如有必要，将使用制裁和强制措施。

表面上看，入侵鲁尔区的目的，用通俗的话说，是"让德国恢复理性"，迫使德国支付赔偿款。但这无法解释让德国暂时失去主要的工业区，如何能更容易地实现这一目的。劳埃德·乔治的观点得到了夏季的多起事件的有力印证，他认为法国的真正的动机，是要建立一个亲法的莱茵兰联盟。劳埃德·乔治称侵占鲁尔事件是"对一个手无寸铁的国家进行的军事侵略行为，既非正义，又无好处"。该事件造成了影响长远的结果——让许多德国人相信，应该尽早进行重新武装。然而，它同时给德国带来的影响既是推动性的，也是灾难性的。德国上下群情激奋。由于没有一支强大的军队来进行反击，德国以唯一能想到的方式进行回应：在新占领区采取消极抵抗政策。

因此，著名的"鲁尔斗争"呈现了一幅悲惨的、具有启发性的经济景象。德国的工业心脏几乎停止了跳动。没有人工作，一切都停止了运行。煤炭开采并未完全停止，一些煤矿主呼吁应该保留煤炭储量（这些煤炭储量总是被法国人夺走）。鲁尔区的人口——包括200万工人在内的600万人——必须靠德国的其他地区来养活。然而，德国经济在被要求补贴、无期限大罢工的情况下，不但失去了最重要的国内产品和原材料——特别是煤、焦炭、铁和钢——而且还失去了以前从莱茵河–鲁尔区出口中获得的巨大外汇收入。德国财政部也丧失了从占国家工业很大比重的地区征收的正常税收，以及煤炭税和鲁尔区铁路的收入。此外，由于鲁尔区矿产在国际上的重要地位，德国现在必须进口的煤炭和钢铁的国际市场价格不断上涨，使得情况雪上加霜。

几乎可以肯定的是，德国消极抵抗的政策迫使法国采取超出预期范围的行动。从那时起，法国法郎急剧下跌，法国获得的战争赔偿金比以往任何时候损失得更多。然而，法国不能让自己输掉这场战斗，就像德国政府不能屈服于不可抗力因素一样，德意志民族不会容忍这样做，尤其是在最初的几个月里，鲁尔区各阶层的团结一致令所有人感到惊讶。因此，双方都完全投入到了这场斗争中，而且德国政府知道自己只有这唯一一种武器。鲁尔区的斗争是法国和德国之间的较量，法国靠的是经济、外交、军事、政治等多种形式的压力和颠覆，德国靠的是印钞机。只要纸币可以换取食物，斗争就会继续下去。当纸币换不到食物时，斗争就结束了。

在鲁尔区遭到侵占之前，德国通货膨胀的原因可以归结为两点：第一，战争后果的不确定性；第二，新上任的人由于经验不足和软弱而给予的默许。德国工业界既不希望缴纳重税，也不希望在国内或国外的扩张受到限制，所以德国政府让步了，通过印钞来补充失去的税收收入。无论是德国工业家还是普通民众，都不准备支付铁路、邮局、甚至面包的真实成本，所以德国政府顺从民意，印钱来替大家支付这些费用。德国的国民是否曾因为战争，或者因为和平条约而提出各种更高的诉求？联邦中某个州或最贫穷的地区，是否曾寄期望于柏林来满足自己的财政需求？德国政府印制纸币来满足每个人的需求，并相信由于通过支票授予信用的情况大大减少，实际流通的货币就必须多出许多。只有富人和强者得到了最好的结果。

无限制的通货膨胀的结果之一是破坏了德国的国家信用。1922年底，其他后果开始显现。由于德国强大的竞争优势，德国的商品再次卖到世界各地，尽管数量仍然只有战前的三分之一，由于每个人都尽可能快地花掉大部分收入，德国的国内市场吸收了大量的本国产品，使工业的短期利益更大。

自1922年中期以来，德国内外的私人支付和私人信贷问题变得更加困难，但出口商因为可以使用国外销售的收益，在补充原材料方面通常处于有利地位。将德国的各种出口产品，例如化学品、陶器或金属器皿，与其他国家的同类产品进行比较，会发现德国产品的出口价格往往低得离谱；尽管部分原因是出口商很小心，让自己不在产品出口时获得利润，而是在随后的转售中获利，从而避开了必须将在外国取得的收入汇回国内的规定。因此，许多出口利润免受从资本税到马克严重贬值的一切影响。但是，那些进口原材料到德国国内市场上销售的企业则处境不佳。每月25%的高额利率和普遍的资金短缺，意味着正常的商业活动受到严重阻碍。雇主和雇员一直在不断地开会，确定工资标准，而新的工资标准通常在生效时就已经过时了，而且所有的内部价值已经变得极度扭曲，以至于所有的商业活动都彻底乱套了。

德国汽车行业的状况反映了制造业在通货膨胀的金融环境下普遍存在的困难。1922年，德国的汽车数量为每360人一辆，与法国（每176人一辆）、英国（每91人一辆）或美国（每10人一辆）相比并不算多。但汽车的销售规模却相应地更大，而且需求非常高。通常的买家包括外国人、暴富的商人，以及由于发现汽车的保养费用比养马便宜而买车的地主，自战争以来，为了乐趣而养车的车主实际上已经消失了。1922年1

月，汽油的价格为每升17马克（0.5便士），到年底时涨到了686马克。

大量的需求对经销商来说作用不大。例如，10马力的汽车（包括车灯和启动设备，但不包括轮胎，因为轮胎通常需要单独购买）在1922年1月的价格为22万马克（约270英镑），8月的价格为125万马克，到了1923年1月的价格为1 140万马克，价格或是跌了一半还是涨成两倍，取决于购买时间是在这个疯狂的月份的月初还是月末。同样，在1922年1月至1923年1月，一辆载重四吨的卡车（无轮胎，但有车身，有电石车灯）的价格从26.5万马克（320英镑）上涨到1 290万马克。充气轮胎（一个防滑外胎和一个内胎）从4 920马克（6英镑）涨到161 000马克，实心轮胎涨幅更大，从3 691马克（4.1英镑）一条涨到了202 095马克一条。

车商不可能预先报价，客户自己也不会冒险在合同中承诺所谓的"滑动条款"，否则，在支付了不可退还的订金之后，根据交货日期的不同，最终的账单几乎可能是无上限的。因此，承受了巨大财务压力的经销商们，经常与客户和供应商发生不愉快的沟通。此外，汽车行业花了很长时间来解决经销商和制造商之间关于订金的纠纷。通常经销商必须向制造商支付行情价格的三分之一作为订金，但交货速度非常慢，到了交货时，订金已变成最终价格的一小部分，制造商坚持经销商应补齐全部名义上的尾款。总之，整个行业都发现，从汽车销售中得到的金额连库存都补充不了。

德国国内商业不如人意的状况所造成的影响，促使其财政部相信，必须采用不平衡的预算。1922年最后9个月的税收、出口税和关税收入总计为3 240亿马克，按当时汇率计算约为1 000万英镑。另一方面，同一时期德国政府的支出为11 730亿马克，约为4 000万英镑。德国财政部通过发行近8 500亿马克的钞票来增加流动债务的方式填补了这一赤字。支出和收入的实际水平都非常低，说明了对于德国这个拥有6 000多万人口的高度工业化国家而言，其财政状况已经破碎不堪到了何种程度。圣诞节时，马克在德国国内的价值是战前的一千七百二十三分之一，国外价值只剩战前的一千九百二十三分之一。

在一片凋敝的景象中，德国政府只能看到两个相对光明的希望。一个是国家的内债已经贬值到了一钱不值的地步，令债券的持有者痛苦不已。另一个是几乎不存在失业现象。当然，自从陆军开始解散以来，失业一直是社会党政府最担心的事情，而这种担心在很大程度上也是通货膨胀政策的原因。

然而，即使在巴伐利亚，对大多数人来说，1922年的结束意味着回到了战时状态。德国人再次收到政府发放的面包票和糖票，而供应受到了燃料极度短缺的双重影响。对于这些物资匮乏，官方的解释是马克的下跌——但很少有人相信，因为人们发现在马克暂时稳定的时期内，物价同样会飞涨。每个人都把煤的短缺完全归咎于协约国根据和平条约提出的实物要求。

西兹说，除了寡妇和退休人士以及其他弱势群体等，巴伐利亚的人口还没有处于饥饿的边缘，英国城镇的贫困区也有很多明显的贫困案例。他认为，中产阶级虽然生活艰难，但还不至于贫困——在700万人口中，仅有16 000人没有工作。然而，巴伐利亚却比以往任何时候都更加成为孕育反动运动的温床，德国纳粹党在过去12个月中的发展，是这一年最引人注目的现象。希特勒的冲锋队（the SA）在1921

年11月成立，一年内在册人数就达到了6 000人，并被允许与帝国国防军一起训练和演习。

西兹向英国驻柏林大使馆报告：

> 以前，人们只有通过巨大的红色标语牌，才知道纳粹党的存在，这些标语牌宣传希特勒要发表公开演讲，结尾总是写着"犹太人不得入内"。反犹太主义似乎是希特勒纲领中的主要内容，但总体来说，希特勒反对一切：协约国、帝国政府、资本家，有时还有巴伐利亚政府、社会党等——全都被他描述为人民的叛徒。公众起初对此抱着一种娱乐的态度，但随着时间的推移，政治和经济条件越来越差，出现了一种趋势，人们相信希特勒总是正确的。

西兹解释说，希特勒的光芒开始逐渐地盖过鲁登道夫的奖章。对大多数人来说，挽救经济已经成为更迫切的需要。生活费用高昂和工资薪水的低廉令人们对政治失去了兴趣，只有希特勒能够根据各种风向调整他的船。总之，中产阶级正在走向纳粹。

这一切和鲁尔区遭到占领一样。由于战争失败，德国失去了十分之九的商船和所有的殖民地，失去了上西里西亚的煤炭和锌、阿尔萨斯的钾和洛林的铁矿石。法国夺走了对萨尔矿区的控制权。德国还失去了14%以上的耕地——原来15%的小麦作物的和18%的土豆都是这片土地上出产的。德国在海外的所有资本都被没收了。

从最坏的角度来看，就像当年晚些时候，施特雷泽曼博士作为德国总理呼吁海外援助时说的：德国已经是一具被截肢的尸体，受尽了折磨，每天只工作8小时。1月11日德古特将军（General Degoutte）率领的法国和比利时军队进入鲁尔，索要他们丢失的电报杆时，施特雷泽曼也说过同样的这番话。 1923年，人口数量只占德国总人口的10%的鲁尔区提供了德国近85%的煤炭资源，80%的钢铁和生铁产量，70%的货物和矿物运输。因此，失去鲁尔区的生产以及它所代表着的一切，如同失去了最后的一捆救命稻草。1922年圣诞节时，马克对英镑的汇率为35 000：1，但在鲁尔遭到入侵后的第二天，就跌至48 000：1，1923年1月底马克对英镑的汇率跌至227 500：1，马克对美元的汇率远远超过了50 000：1。

就在那时，帝国银行发行了它的第一张10万马克面额的纸币。它的购买力相当于两美元多一点，或者等于10先令，大概相当于这种纸币在设计时的面值的十分之一或十五分之一。不过，这已经不重要了，因为帝国银行正在准备面额为100万马克的纸币，三个星期内就会发行。

第九章　鲁尔斗争

对任何一个民族群体而言，无论它内部的意见分歧有多大，外部威胁都会促使它团结起来。从各方面来看，法国和比利时军队进入鲁尔区，对四分五裂的德意志民族产生了激励作用。正如提尔皮茨在一篇不受欢迎的悼念盎格鲁–撒克逊人的文章中所说的那样，命运似乎赋予了法国"一次又一次地将我们人民中的各种分歧力量团结在一起的历史角色"。在支持莱茵河流域兄弟的信念感召下，不仅所有德国人立即团结了起来，连这个工业区原来的社会政治狂热也在同仇敌忾的民族激情洪流中消退了。

一个显著的特点是阶级仇恨的突然消失，促成这种现象的原因是一些工业家——特别是矿主和公司董事——愿意与他们的雇员一起因不合作而被逮捕和监禁。工业家们成了民族英雄。在柏林，甚至连左翼的独立社会党也乐于暂时支持库诺领导的政府。事实上，德国人所说的"德意志民族精神的复兴"成了街谈巷议的话题。只有鲁登道夫没能从这种新的觉醒中获益，他把团结的呼吁一直带到了维也纳，尽管奥地利克朗还算稳健，但奥地利人民仍然处于极度贫困之中，他们很清楚自己的利益所在，迎接他的是"你该被送上绞刑架！"和"打倒杀死数百万人的刽子手！"的呼声，最后，鲁登道夫只得偷偷溜回德国。

埃娜·冯·普斯陶说："所有爱国主义的老歌都在被传唱，甚至连我父亲也在为鲁尔区捐款。有人收集旧衣服。煤炭开始短缺，房子变得冰冷，但我们愿意为祖国忍受寒冷。"

由于矿场和森林的管理人员缺位，他们要么进了监狱，要么待在德国未被占领的地区，占领军开始时（至少表面上是）的行政管理演习，迅速升级为赤裸裸的，而且经常是残酷的军事占领。鲁尔区的煤炭集团由法国和比利时的官员接管了。整个新占领区的森林、海关和出口许可证的管理都被接管了。莱茵河–鲁尔区和未被占领的德国之间，设立了一道海关封锁线，所有煤炭出口都被禁止通过。未被占领的德国和瑞士之间的铁路被切断，法国和比利时人员进驻鲁尔区铁路。在这些外来人员的操控下，德国工人几乎无事可做，而以前的管理层和官员也相应地遭受了损失。

1923年1月11日以后的两个星期内，各级市长、海关官员、警察局长和警长、地方议员和税务官员都被解除职务、驱离家园。森林局局长和驻克莱夫、斯佩耶、美因茨和特里尔的助理局长被撤职。威斯巴登海关总署署长被撤换。为了抗议占领军逮捕埃森市市长，埃森所有商店和餐馆都在中午时分罢市，直到法国军队开始镇压时才恢复营业。

这些例子表明鲁尔区主要是由底层官员在治理，但这些治理人员的规模却远非小数。在占领期间，德古特将军把147 000名德国人赶出了鲁尔区，其中包括5 764名铁路工人和17 237名工人家属。超过2 000人受伤，376人死亡。德国的每个城镇——连最东边的布雷斯劳——都负担了大量来自鲁尔区的难民。鲁尔区的斗争，除了经济上的损失外，还为本来就很可怕的人类苦难添加了无法估量的痛苦。

消极抵抗并不像德国政府真正希望的那样消极。破坏铁路成为一种流行的娱乐活动，铁路桥梁、车站和道口经常被炸毁。信号被干扰，铁路官员还专门丢掉或销毁货运单，特别是与后来会遭到抢夺的生鲜货物有关的货运单。法国军用列车脱轨，船只在运河中沉没，除了零星几次之外，煤炭根本无法运到西边。

法国入侵德国后，民族主义浪潮席卷德国，反法运动在德国军队的默许支持和工业家的资金鼓励下，迅速公开化。国家社会党、德国国家人民党和法西斯主义组织利用"鲁尔爱国主义"赚取了巨大的资本——希特勒亲自现身鲁尔区参加招募活动，并和所有人一样，在导致该地区的混乱中发挥了巨大的作用。这些运动中的大多数，特别是"奥尔赫施组织"（据说得到了施廷内斯的支持），都得到了军队和学生的强力支持，而且都以巴伐利亚为基地。一些未受影响的人和鲁尔区的失业者在阻止占领军方面也做出了自己的贡献，这些人当中甚至还有来自德国其他地区的高薪工人。在鲁尔斗争的激励下，德国掀起了盲目爱国主义热潮，愿意利用年假，长途跋涉来到鲁尔，为的是能杀一名法国军官或炸毁一列法国军需火车。

作为对这一切反抗的回应，法国人和比利时人的办法是逮捕、监禁和处决。在外交上，两国和德国政府陷入了僵局，以至于大家都无法在不失面子的情况下摆脱困境。不出所料，苏联人开始涌进鲁尔区，但他们发现，同期出现的纸币狂潮，至少在开始的时候，比他们更有说服力。到了3月，苏联人停止了在鲁尔区的宣传，因为苏维埃不想表现得对德国民众的苦难没有同情心。相比之下，法国人则开始在当地直接行动，以颠覆德国。法国对在莱茵河–鲁尔区活动的"红色世纪"的鼓励，与1917年德国最高统帅部采取的政策相呼应，即在战争期间采取行动，以加速沙皇俄国的解体。

在民众的爱国主义问题上，慕尼黑与德国其他地方不同的是，从鲁尔遭到占领第一天开始到之后的几个月内，人们都严格遵循表达哀悼和愤慨的做法。公共或私人场合都禁止跳舞，尽管这使以跳舞为生的人蒙受了损失。法国人在餐馆、商店或其他公共场所现身，不能保证安全无虞。而柏林在这方面的做法要宽松得多。此外，正如西兹所报告的一样，人们不断高唱德国国歌《德意志之歌》，外国人如果因疏忽或厌烦而没有起立，常常会遭到野蛮攻击。

德国政府和帝国银行虽然致力于无限制印钞的货币计划，但也充分认识到，如果马克的价值继续不断下跌，那么鲁尔区人民能够维持怠工的日子就会非常短暂。为此，到2月中旬，帝国银行向国内外市场投放了大量的外国钞票，以支持马克汇率，由于德国政府已经在敌对行动期间暂停支付战争赔款，才能立即实施这一政策。随着大量过剩的纸币被收回，马克的价格急剧上升，到2月20日回升了一半以上，从50 000马克兑1美元升至20 000马克兑1美元。一个令人鼓舞的结果是批发价格出现了有利的变化。令人痛苦的结果是，由于所有的投机计算都出现了巨大的错误，交易所相应地受到重挫。

然而，值得注意的是，帝国银行印制的纸币越来越多，根本没有想过恢复理智。2月份，纸币的流通量每周增加4 500亿马克。3月初，帝国银行通过国库券贴现的方式，使流动债务一天之内就增加了8 000亿马克。

马克汇率在世界市场上的暂时稳定、德国国内通货膨胀的失控以及随之而来的物价上涨引起了人们的注意。《柏林日报》严厉谴责了帝国银行的信贷政策，指责它"顽固坚持久已失去保值甚至是衡量价值功能的纸马克，以牺牲社会为代价给个人带来好处"。这段话主要是指工业企业和其他企业一方面为了避税，但更重要的是为了不持有马克，而把所有多余的马克都用于扩建、更新或改进厂房设备的持续趋势——许多个月以来，法国人一直在观察这种做法，而且越来越不赞成，无法将这种现象和德国所称的国家贫困联系到一起。

然而，在整个3月和4月的前两个星期，马克对英镑的汇率维持在略低于100 000马克兑1英镑的水平。马克挺过了很多不利消息，包括3月13日，法国军队越过莱茵河进一步入侵，占领了曼海姆、卡尔斯鲁厄和达姆施塔特的部分地区以及日本人将新的造船订单交给英国而非汉堡。马克经受住了法郎崩溃的考验，战前法郎对英镑的汇率在20法郎至25法郎兑1英镑，现在法郎对英镑的汇率从66跌至77，使得靠利息过活的法国人又失去了六分之一的购买力[1]。马克熬过了镇压慕尼黑的巴伐利亚分离主义阴谋造成的麻烦以及针对在国民议会所在地希特勒指挥8 000名士兵的演习，国民议会一再表示的忧虑。马克甚至在德国政府宣布70 000亿马克，即7 000万英镑（约为1月份水平的4倍）的预算赤字时，也幸存了下来，因为所有人都清楚，只有印钞才能弥补这一赤字。

尽管德国困难重重，莱比锡春季交易会依然在4月初举行，结果却让出口商感到失望，主要原因是现在的出口价格太高，无法获得订单，而且由于马克在外汇市场上表现稳定，如果用外币结算，国内的价格往往高于出口价格。在货物还处于生产阶段的前几个月里，马克价值大幅波动，意味着整个交易会上的商品价格差异非常大——同样的货物的价格差异高达60%。出口商们唯一有希望卖出去的是玩具之类的产品，还有在品质上德国仍然享有垄断地位的精密机械仪器，但诸如德国的皮革制品、玻璃和水晶等产品，现在正遭到英国产品极为严重的低价竞争。

参观展览的人发现，德国企业似乎集中生产大量的低档商品——从这一点可以推断出，德国企业的生产目的是确保最大限度的就业、迎合国内大大降低的购买力，此外，还能满足德国人急于用掉手中所有纸币的需要。这段时间，德国普通公民宁愿买三双中等品质的皮靴，也不愿买一双高品质的皮靴。在莱比锡春季交易会上，有人兜售相当于17先令一打的口琴，或者10.5先令一只的六角手风琴。在许多方面，德国正在变成一个兜售廉价商品的国家。

帝国银行耗尽支持马克的能力只是一个时间问题。德国政府试图通过发行美元国债（三年后以120%的比例偿还）来筹集黄金贷款，但发现与债券相比，人们更愿意持有他们所拥有的任何外国货币。当3月的最后几天官方宣布认购结果时，结果发现仍然有75%的公债无人认购。这一消息所引发的信心不足，导致对外汇的需求比以往任何时候都要大；到4月18日，胡戈·施廷内斯要求帝国银行兑付93 000英镑的外汇时，帝国银行的干预政策最终失败。马克失去了支持，终于崩溃，帝国银行决定让汇率处在一个更实际的水平上。于是，在24小时内，马克对英镑的汇率跌到14万马克兑1英镑，而且还在继续下滑。

达伯农勋爵说："通货膨胀在很多方面就像毒品一样，最终会置人于死地，但却能让它的信徒度过许多困难的时刻。"帝国银行对通货膨胀上瘾的程度，已无可救药，只能继续拼命印钞。纸币每天都在源源不断地涌现，帝国银行所持有的外汇未能保持马克的稳定，连黄金储备也被扔进了支撑马克的无底洞。3月，帝国银行有10.04亿金马克的黄金储备，相当于略超过5 000万英镑。到5月中旬，其中的五分之一已经蒸发，止损导致了更多损失——何况，在这个时候，这些储备几乎可以确定不足以作为发行稳定货币的基础。

从春天开始，黄金储备逐渐减少（并不完全是为了支持马克，许多黄金用于进口粮食和英国煤炭等必需品）；帝国银行越来越不顾一切地试图控制外汇市场。此后零星采取的阻止马克下跌的干预措施，充其量只能阻止马克下跌几天。这些尝试几乎无一例外地让投机者更容易以人为的低价买入外汇。5月，帝国银行推出一项规定，要求银行详细报告代表客户购买外汇的情况，这只是对通货膨胀的一个自然副作用的修补；而帝国银行随后又推出了30多项不同的条例，对购买、出售甚至随意持有外国货币的行为进行管理，结果顶多也只是妨碍了商业的正常运作。

物价继续上涨，尽管在德国全国范围内，特别是在鲁尔区，继续与法国进行软弱无力的斗争的决心没有减弱，但士气开始低落，莱茵兰尤其如此。如果当时亲法国的小党派在法国的支持下决定宣布成立莱茵共和国，大多数人可能都会闭上眼睛，接受这种情况。涌入德国未被占领地区的难民人数越来越多，给那里造成的经济和社会问题，与他们认为自己逃离的问题一样多。留在原地的劳工领袖们现在开始要求工作机会，以代替日益不足的救济金。五一劳动节，希特勒试图用他的冲锋队，来破坏慕尼黑传统的工会游行活动——如果可能的话，迫使国家陷入内战，被驻当地德国国防军司令冯·洛索（von

Lossow）镇压，当天，马克对英镑的汇率跌破了20万马克兑1英镑。寇松为了打破鲁尔区的僵局[2]，呼吁德国在赔偿金方面做出新的承诺，但却毫无效果。

4月下旬，欧内斯特·海明威靠着贿赂，从德国驻巴黎领事代办那里获得了签证，回到克尔。自去年以来，这个莱茵兰小城已经彻底改变了。

> 服务员在桌前坐下。他说："现在没有人来这里了。你在去年七月看到的所有的人，现在都不能来了。法国人不会给他们发护照来德国……斯特拉斯堡的商人和餐馆老板很生气，去找警察，因为每个人都来这里吃饭，价格还便宜得多，现在斯特拉斯堡没人能拿到护照来这里……现在也没有德国人可以拿到护照去河对面的斯特拉斯堡，那里有很多人工作。德国人要求的工资比法国人更少，所以他们不能去河对面工作。我们这边所有的工厂都关闭了。没有煤，没有火车。这里原来是德国最大、最忙的车站之一。现在不行了。除了军用火车，没有别的火车，军用火车可以想跑就跑……自1914年起，我们就没有任何乐子了。即使你赚了钱也没有用，只能花掉它。我们就是这么做的。去年我攒下的钱足以在赫恩贝格买下一家宾馆，现在这些钱连四瓶香槟酒都买不到。"

海明威为《多伦多每日星报》的撰文记录下来，当时香槟酒的价格为38 000马克一瓶，一顿午餐的价格为3 500马克，一块三明治为

900马克，啤酒的价格为350马克一大杯。

> 我想起去年七月，我和妻子住在一家豪华酒店里，一天只要600马克。服务员继续说："当然，我也会看法国报纸。德国让自己的货币贬值，来欺骗盟国。但我能从中得到什么呢？"

答案是服务员没有从通货膨胀中得到任何好处，而且，德国国库也没有得到任何好处，除了从剩余的极小部分国债中再减去一小部分以外。然而，总有一些人的情况比以前更好。1923年1月1日，如果一个货币投机者向帝国银行借了足够的纸币（约19.8亿马克）来购买了10万美元，并在4月1日卖出了足够的美元（约8万），换成马克后再还给银行，然后，他再次借了相当于10万美元的马克，继续这样操作直到5月底，他就可以通过牺牲只能接受马克的人，赚到大约25万美元。当然，这时候他的问题是以什么形式留住他的利润：如果是以马克的话，这些利润会在他眼前蒸发掉。

这种蒸发是不可避免的。3月、4月和5月，德国政府的收入只有其支出的30%；5月，德国工人阶级向国家缴纳的税款实际上多于社会上层阶级所纳税款，原因是工人可以从源头上进行征税，而上层阶级则必须填写报税表，而当行政机构能够处理报税表时，这些报税表早已过时了。整个5月，马克对英镑的汇率从220 000马克兑1英镑跌至320 000马克兑1英镑。6月1日，帝国银行发行了第一张面额为500万马克的纸币。

货币投机绝不是有经济头脑的人的专属领域。任何人——银行家、政客、商人或工人——只要发现有比现在困难重重的工作更容易维持生计的方法，就会在机会来临时沉迷其中。据统计，在1923年初，有超过100万的德国人从事外汇投机活动。他们的交易主要是通过所谓的"后街交易商"进行的，后街交易商是在通货膨胀中发展起来的，他们利用不健康的经济状况，完全靠利用外国货币买卖差价来谋生。尽管他们甚至不是交易所的成员，但他们在决定每日汇率方面发挥了重要作用——事实上，柏林的汇率收盘价总是低于纽约，这要归功于后街交易商的套利伎俩。

到1923年5月底，没有一项单一的改革，甚至没有综合措施足以避免最终的灾难。小规模的改革已经完成：5月19日德国议会通过了一项法律，对5 000马克以下的政府债券进行清算，因为这些债券的管理成本太高了——仅战争公债一项，就有92万名持有人，当初为了支援战争而购买了价值最高250英镑以内的债券，现在他们被迫接受自己债券的名义价值（最多只有6便士）。在另一项改进中，德国内政部长允许用纸板棺材代替木质棺材，特别用于日益增多的贫民葬礼。除此之外，德国政府只满足于采取一些措施来推迟避免不了的事情。

在鲁尔区被侵占之前，失业的恐惧主导了主张通货膨胀政策的人。现在，大规模的失业已经到来——尽管其民族精神的复兴大大减轻了失业最严重的破坏性副作用——他们比以往任何时候都更积极地推行通货膨胀。由于鲁尔区的失业得到了足够的补贴，因此失业对鲁尔区或其他地方的大规模的加薪要求没有产生相应的影响。同时，柏林的人们更热忱地推动税收制度改革，这在很大程度上意味着要说服施廷内斯和他的朋友们，为德国国库做出实际的财政贡献。6月，在收到的5 110亿马克所得税中，只有900亿是评定的纳税人缴纳的，其余部分都是工薪阶层预先扣缴的税款，人们越来越觉得施廷内斯是对德国财政的一种不良影响。这个月，德国财政部唯一感到高兴的事是来自交易所营业税增加的收益，由于购买德国证券的新订单蜂拥而至，交易所营业税收入增加了一倍。

出于绝望而犯下的轻微罪行，正在大肆泛滥。当然，小偷小摸自战争以来一直很猖獗，但现在盗窃的规模开始越来越大。德国国家纪念碑上的金属牌匾不得不被移走保存起来。英国驻柏林大使馆大门上铜门铃板被盗，这是盗窃猖獗的反映，即使是连威廉大街和林登大街上的警察也无法阻止这样的罪行。驻莱茵河的英国军队的军人和家属饱受入室盗窃之苦，这可能也反映了一个事实，不是小偷对占领军有特别的敌意，而是这段时间外国人比其他人更容易被抢劫。在德国的大部分地区，屋顶上的铅开始在一夜之间消失，汽车油箱中的汽油被偷走。以物易物早已是一种常见的交易方式，但现在，黄铜和燃料等商品正在成为一般购买和付款的货币。电影院一个座位价格是一整块煤。用一瓶煤油大概可以买一件衬衫；用那件衬衫可以买到一家所需的土豆。冯·德·奥斯滕在省城有一个女朋友，1922年他为女朋友的房间支付每月半磅黄油的租金，到了1923年夏天，房租涨到一整磅黄油。埃娜·冯·普斯陶说："中世纪又回来了。"

各个社区根据货物，例如根据一定数量的土豆或黑麦，印制自己的货币。鞋厂用鞋券支付工人的工资，工人可以用鞋券到面包店兑换面包，或在肉市场兑换肉。

外国货币轻易变成人们最愿意接受的纸币，那些拥有外国货币的人最有可能买到便宜货。尤其是美元，它的购买力远远超过了名义汇率。1923年初，冯·德·奥斯滕发现自己身上有一张一美元的钞票，于是，一天晚上，他找了六个朋友去柏林，打算挥霍一番；但尽管在他们吃完晚餐后，又去了多家夜总会，直到第二天早上，他们的口袋里还有零钱。大家流传着各种各样故事：美国人在柏林遇到了最大的困难，因为没有人有足够的马克来换一张五美元的钞票；还有人用更大面额的外国钞票，享受了饭菜或服务之后，店家无法找零，只能记账（以后用贬值的货币来支付）；还有外国学生用自己的津贴买下了整排的房子。

有的故事说，顾客发现小偷偷走了他们装钱的篮子和手提箱，却把钱丢在了地上；也有故事说，有人靠每天卖掉金项链上的一个小环，以维持生活。有的故事说，餐馆的饭菜在结账时要比点餐时更贵（随着夏天过去，汇率每日一变，这样的故事更多）。5 000马克一杯的咖啡，等喝完时，就涨成了8 000马克一杯。

回想起来，这些关于德国通货膨胀的逸闻趣事虽然好笑，背后却是非常凄惨的现实。这种痛苦随处可见，街上的绅士们缩着脖子，穿着补过的白领衬衫和战前留下来的闪亮西装；疲惫不堪的工人们拿着大购物袋，袋子里装的是他们把工资匆匆花掉换来的东西，在付款窗口外不耐烦地排着队，等待付款，他们和绅士们一样可怜。工薪阶层境况很糟糕，他们的生活水准比过去相差甚远。在整个德国、奥地利和匈牙利，工薪阶层、退休人士和靠储蓄生活的人，要维持以往的生活的标准已经成了奢望。

利斯托韦尔夫人（Lady Listowel）[3]的父亲在匈牙利外交部门担任高级职务，她回顾了她家在布达佩斯的朋友的困境：

> 人们常常看到他们公寓的样子逐渐改变。记得以前哪里有画，哪里有地毯，哪里有写字台。最后，他们的房间几乎是空无一物——在账面上，一些人已经穷到一文不名。实际上，人们不只是简单地死去，在死之前还会经历可怕的饥饿，亲戚和朋友会不时地帮助提供一点食物。我们给他们寄包裹，或者亲自送过去，因为我们没有现金来付邮费。他们中的一些人在乞讨——不是在街上——而是通过偶尔的拜访（你很清楚他们来访的目的）或写信寻求帮助。每个人都仍然努力撑起场面：一开始，大家会环顾四周，看看有哪些地方可以节约，哪些俱乐部可以退出，不买哪些奢侈品。后来，人们开始考虑为了活下去该放弃哪些必需品的问题。
>
> 食物不成问题——毕竟我们大部分时间都住在可以得到食物的乡下——成问题的是我们没有钱。我们一次只能让一个人去布达佩斯。没有钱就没有办法看病。如果你牙痛，你看不起牙医。如果你需要去医院，你可能只能去修道院，否则你就待在家里，要么等病好起来，要么等病情恶化。

6月，帝国银行在短暂的停顿之后，恢复了对马克的支持。帝国银行公开说明了理由——为了平息一触即发的民愤。德国人民的抱怨是有理由的。5月20日之后的一个月里，一个鸡蛋的价格从800马克上涨到了2 400马克；一升牛奶从1 800马克上涨到了3 800马克；一千克面粉从2 400马克上涨到了6 600马克；一千克猪肉从10 400马克上涨到了32 000马克。在鲁尔区，虽然工资翻了一番（工人的工资从每小时3 300马克增加到了6 800马克），但商品的价格却变成了原来的3倍。商人们经常不知道如何定价，干脆关闭商店。由于这些原因，正如艾迪生从柏林发回的报告那样，6月的一天之中，"帝国银行在恐慌和绝望之中又一次进行了尝试，在市场上投入外汇来支撑马克——此举的目的是使马克对美元的汇率降到10万马克以下"，结果此次行动造成了600万金马克外汇储备的损失。德国政府的希望再次被证明是一种幻想。6月中旬，马克发行量为85 640亿马克。到了6月21日，德国纸币发行量每天增加1 570亿。到6月28日，马克对美元的汇率为170 000：1，货币总发行量增加到110 000亿马克，而且帝国银行不再印刷面额低于100 000马克（等于2先令10便士）的纸币。

6月29日，艾迪生在给德国外交部的信中记录到，6月25日到26日，货币发行量增加了959 156 010 000马克，6月26日到27日，货币发行量增加了1 523 534 460 000马克，一天之内，增加量超过了5 000亿马克。艾迪生写到，"现在跟一周前每天适度增加1 600亿马克的情形相比，实在是差太远了"。他还补充了《浮士德》中魔鬼墨菲斯托菲勒斯（Mephistopheles）所说的话：

　　　　世上的小神还是那个样，仍然是创世之初的怪相。

随着发行量的激增和马克价值的下跌，德国政府越来越不看重税收的收入。6月27日记录的流动债务的增长达15 000亿马克，超过了其国库整个5月的总收入（14 000亿马克），令艾迪生大为震惊。尽管德国财政部正在制订计划，打算将税收提高到与马克贬值相适应的水平，但帝国银行的贴现和印钞政策，注定要使马克的发行速度在这场游戏中保持遥遥领先。在两个半月内，德国政府支出总额合计等于1 550万英镑，而收入只有500万英镑。以英镑计算，这些金额确实微不足道。但事实是，德国这个拥有6 000万人口的国家正在走向破产，因为（如果以50万马克兑换1英镑来计算）这个国家一年甚至筹集不到3 000万英镑，无法应付仅为8 000万英镑的支出。

到1923年6月底，德国政府开始以反复却过度乐观的态度采取各种权宜之计。其中一个灵丹妙药是，其财政部部长可以随意使用乘数，以使税率能够赶上马克贬值的速度。德国财政部没有人质疑，这种做法严重违反了亚当·斯密提出的不可亵渎的"确定性原则"，即纳税人应当事先清楚地知道自己必须缴纳的税费。5月份，所得税被乘25倍，而且德国财政部宣布，8月份应该纳税时，乘数将会变成40倍。然而，明显的是，不管税源来自哪里，报税的速度永远赶不上马克贬值的速度。消费税的收入——例如，烟草、啤酒、葡萄酒、糖、盐和扑克牌的消费税——甚至还不够征税的成本。

问题是，所有的税收都不是按实际价值而是按当前价值征收的，因此，德国财政部长赫尔梅斯博士（Dr Hermes）的抗议在某些方面是正确的，他说，如果将税收提高到正常的世界水平，也无法"为未来提供财政保证"。他的做法充满了绝望的基调。尽管德国人民个人承担了繁重的税负，但德国经济整体税收负担很轻已经是不争的事实。

赫尔梅斯开始谈到要对汇票和资本流动征收新税，更重要的是，要事先扣缴所得税和公司税。然而，这最后一项措施似乎被人们认为是一种安抚德国工人的权宜之计。

6月下旬，德国又有必要将政府官员的工资提高一倍，并提高发放给鲁尔区内外的战争伤员、寡妇、退休人士和失业者的补助。德国政府这样做，除了马克的购买力普遍下降之外，还有一个原因是，较贫穷的阶层，特别是靠利息生活的阶级，很快就会买不起面包了。农业利益集团已经对"强制征收"政策感到不满，即每年强制征收两百万吨小麦，以使面包总供应量的一半能以平价出售。从8月起，德国政府会按照国际市场价格收购农民的小麦，因为农民在被迫廉价出售小麦时，仍然必须按照国际市场价格购买化肥。从补贴粮食到补贴穷人的政策变化，可能使农民满意，但穷人得到的额外补贴很快又会变得毫无价值。

6月的第三个星期，德国政府又一次试图通过确定合法交易的汇率来控制外汇投机。违反新条例的惩罚是无限额的罚款以及三年以下的监禁。这项措施是应大银行的要求而实施的，因为大银行担心如果发生内乱，它们会受到民众的攻击，这项措施针对的是后街交易商的活动。现在，他们在官方报价公布之前，不能再为马克定价。德国政府首先确定的是在条例实施的当月需要满足德国工业界拥有足够的外汇，否则进口业务就会无法进行，贸易就会陷入停顿。

然而，莱茵兰高级委员会拒绝采用该条例。结果，科隆很快就出现了大量交易，再次严重打击了马克汇率，接着，德古特将军进一步宣布新条例不适用于鲁尔区。这样一来，经常指责德国人故意让马克贬值的法国，因为德古特禁止一项唯一目的在于强化马克的措施，陷入了十分尴尬的境地。这项法令总体来说是失败的，它的部分后果是——就像奥地利采取的类似措施一样——把后街交易商从公开场合赶到了街角的咖啡馆里（奥地利交易所最终被迫跟进，并实际采用了这种"地下交易所"的汇率）。7月2日，美元在纽约以174 000马克兑1美元开盘，但是在帝国银行的操作下，以160 000马克兑1美元的价格在柏林收盘。换句话说，帝国银行在十分清楚美元对马克的国外汇率多出14 000马克的情况下，以16万马克兑1美元的价格，抛售美元。

第二天，7月3日，一项旨在禁止购买期货的新法令颁布。它的目标之一是限制进口，因为现在的库存量非常大，进口商在马克获得强力支持期间，一直能够获得大量的外国汇票。实施新法令的结果是，交易所很快就涌入了超量的"即期汇票"需求，而不是对3月期汇票需求，其中只有大约十分之一能够得到满足。因此，进口商开始以10倍的金额申请他们所需的美元，希望能得到全部配额。

这项法令也是针对那些试图——例如以16万马克的价格购买美元，然后用这些美元购买报价高得多的美元国库券，从中赚到巨额利润的人。美元国库券的高报价甚至使人们相信美元对马克的汇率是受到了人为操纵，而国库券的汇率才是真正的汇率。然而，超额认购意味着许多公司被抓了个正着，因为帝国银行表现出不同寻常的精明，要求认购者用支票来支付全部申购金额，从而拆穿了超额认购者的把戏。由于这项法令揭露了哪些小银行在纵容外汇投机，因此取得了一些成效。

然而，每一次防止外汇损失的努力，每一次稳定马克的新尝试，都只是在给德国带来麻烦。1922年5月帝国银行的自治法案，已经让哈芬施泰因完全相信自己就是帝国银行的主宰。尽管各方面的压力越来越大，但他清楚地表明自己无意辞职，而且一心只想追求自己的信念。他认为，不管其他地方情况如何，柏林必须保持低价的马克汇率，因此他心甘情愿地出售他所掌握的外汇，以满足公众的要求。在6月的最后几天和7月的头几天，当马克对英镑的汇率从60万马克兑1英镑跌到80万马克兑1英镑时，将近8 000万金马克——200万英镑——被虚掷掉了，正如德国财政部高级官员伯格曼博士（Dr Bergmann）承认的那样，这样做的目的是满足德国投机者的贪婪：其中只有100万金马克是用在纽约，以完成在国际市场支持马克这一更值得称道的任务。

到7月10日，德国自由黄金储备的价值已经下降到相当于3 500万英镑，而帝国银行所做的一切恰恰产生了它所希望避免的后果。在7月14日结束的一周内，帝国银行又损失了5 000万金马克——这是利用外汇供应配额制以支持纸马克和动用黄金储备进行必要进口的直接结果。如果帝国银行继续每天动用1 000万金马克来进行干预，60天内就会破产：储备金已经到达了它所能承受的极限。另一方面，如果停止干预，人们普遍预期马克对美元的汇率将跌到1 000 000：1，马克对英镑汇率将跌至4 000 000：1以上——到7月底，这一预期不幸应验。据说，商人们能以库存价值的80%为抵押借到马克，并在银行换取表面上用于进口的美元国库券。这些国库券被送到商人在国外的采购机构，在大多数情况下，就留在了国外，没有等值的资金回流到德国。

于是，自满情绪似乎已经悄悄地潜入了德国政府的财政思维。例如，德国财政部副部长施罗德（Schroeder）在谈到6月份贴现的80 000

亿马克时认为，这笔金额只相当于1 000万英镑，鉴于德国正处于战争状态，这并不过分。然而，帝国银行眼见其剩余资源的消失，不免感到恐慌。7月19日，帝国银行突然暂停商业票据的贴现，并拒绝再动用任何黄金储备。正常的进口贸易迅速陷入停顿，德国政府很难再为进口煤炭和粮食提供资金，而煤炭是维持铁路运行所迫切需要的。

银行的决定在某种程度上是一种恐慌性措施。当天，其他银行向帝国银行提出的资金需求相当于德国全部纸币流通量的总额。外汇部经理只提供了需求总额的四分之一，而各银行以额度太少为由，拒绝接受。两天后，帝国银行把额度放宽到需求的5%——但也恢复了德国国内商业票据的贴现；到7月底，帝国银行只剩下2 500万英镑的黄金储备。德国政府试图在国外筹集贷款，以应付必要的进口，筹款的第一站是在伦敦，但得到的答复和以前一样，除非德国的财政状况恢复秩序，否则不会为德国提供任何贷款。

此时，整个德国出现了一些意见分歧，而且往往针锋相对，同时，政府和商业界对情况有所了解的每个人都感到困惑和沮丧，对情况一无所知的工薪阶层和文职阶层也一样。一方面，因为自己的命运与国家的命运密切相关，而一直对政府非常忠诚的德国下层官员，现在心中却产生了极端的民族主义精神。德国政府——任何政府——过去在政治上不可能考虑放弃在鲁尔区的消极抵抗，现在仍然不可能。另一方面，在全国范围内，政府在各个方面都在迅速失去支持。7月27日，重要的中间派报纸《日耳曼尼亚报》宣布，民众对政府的信心"现在彻底动摇了"，民怨沸腾，"如同对11月9日的普遍感觉"（1918年的这一天正好是魏玛共和国宣布成立的日子）。

《日耳曼尼亚报》表示，虽然沃思政府被指责为摇摆不定，但库诺政府根本连动也不动，只是静静地站在原地。库诺政府除了颁布如控制餐馆里的肉类消费这样的一些法令，以及偶尔发表讲话之外，一直保持消极状态……消极抵抗所需要的巨额资金是由印钞厂提供的……向工业界发放信贷，却不知道有多少贷款被用于囤积外国钞票……。

满足需求的政策只是原因之一。当外国人意识到德国国家的权威被自己人破坏时，就会失去信心。拉特瑙被谋杀是第一个表征。当人们发现工业界的某些人比政府更强大时，我们的货币就会开始真正崩溃。

与此同时，德国劳动人民开始失去耐心。尽管面额为1 000马克的纸币在7月初几乎只值三分之一便士，但取消这种马克的损失却仍然令人不快。早在1876年，它就是面额最高的纸币，因此也是人们的一个老朋友，取消发行，似乎是因为有传言说它可能会按旧的黄金汇率重新估价。实际上，它也消失了，因为（正如沙赫特博士所说）为了生产低面额的纸币，造纸工人、工程师、印刷工人、制版师、色彩专家和包装工人所需要的工作成本远远超过了成品的价值。到了7月的第四个星期，德国推出了新一版的纸币，其中面额最高的三种分别是1 000万、2 000万和5 000万马克。

工人们以他们唯一能做的方式做出回应，不仅要求提高工资，而且要求按日发放，以便他们的收入能够保持足够长时间的购买力，才能有时间把钱花出去。工人在德国各地通过不断的罢工、骚乱和示威强调他们的要求。德国新闻界公开讨论内战的可能性，而政府则拼命地否认。7月20日和21日，布雷斯劳发生暴乱和抢劫，有一千人被捕；7月24日，法兰克福发生了反对牟取暴利、资本主义和法西斯主义的示威活动，无辜的公民受到骚扰，窗户被打破，有一个人被活活踢死。柏林禁止露天集会，但莱比锡有10 000人举行和平示威，在德累斯顿也有5 000人和平示威。7月的最后一周，巴伐利亚的罗森海姆镇和波茨坦有示威者被杀害。汉堡发生了造船工人罢工，基尔运河发生了领航员罢工。

整个8月，相同的情况持续出现，在与威廉姆斯堡（Wilhelmsburg）的武装罢工者的冲突中有警察殉职了，他们的尸体被扔进了汉堡的河里——这一切都是为了争取基本工资，而这个工资在谈判和支付时必然已经过时了。

当工会领导人发现稳定的工资购买力越来越难以实现时，开始要求将工资绑定在黄金基础上。虽然所有人都同意这一点，但是在贸易和金融界同时都采用金本位之前，几乎不可能做到这一点。因此，7月初，德国财政部长和具有代表性的工会委员会达成了一项协议，将工资与生活费用指数挂钩。其原则是每周调整以及每日发放工资，以保持工资的价值——这种调整同样适用于"绩效"工资和"社会"工资，后者包括家庭外津贴等事项。实际工资的谈判，也就是在金马克基础上增发的工资，被认为是不相干的另一件事情。

实际上，德国政府很清楚，工资和政府薪金的增加总是比生活费用的上涨落后15天，因为新的工资调整将在每个15天的工资期结束时实施，基本工资却是在工资期开始时就已经发放。这样做意味着国库可以节约一大笔钱，因为在7月的连续几周里，马克对英镑的汇率惊人地从7月7日的80万马克兑1英镑跌到7月14日的90万马克兑1英镑，到了7月23日又跌到160万马克兑1英镑，到这个月的最后一天还跌到了500万马克兑1英镑，同时物价伴随着马克跌势同步上涨。

被寇松勋爵描述为"马克价值的这种非同寻常和几乎不可思议的下跌"，给德国带来了严重的粮食危机，也促使德国驻伦敦大使卑微地到英国外交部求见寇松。德国大使向他施加压力，要求他用自己的影响力来帮助德国获得渴望已久的贷款，让德国能进口基本燃料和食品。由于法国名义上仍然是英国的盟友，寇松当时还不能同意，并通过询问德国是否打算让帝国银行的印钞机停止工作来婉拒。对于这个问题，以及为什么以前没有尝试过最新的税收措施的问题，这位不幸的大使无法回答。不过，他向寇松递交了一份备忘录，表达出《日耳曼尼亚报》可能会赞同的观点：

> 马克在最近一次的大崩溃之后，开始在国内贸易中也失去购买力，这是一个不祥的征兆。同时，帝国银行不再有足够的外汇，供企业和国家进口生活必需品，特别是煤和食品。黯淡的国外前景，加上货币的崩溃和由此造成的整个经济结构的混乱，造成的结果是人们开始对国家和自己失去信心。对不断贬值的货币的不信任使商品离开了市场，而农业的晚收则使城镇，特别是柏林的食品异常惊人地匮乏。左右两派的激进煽动者都在利用群众的绝望情绪。

事实上，小麦的收成相当好，萨克森州尤其如此，市场上小麦的稀缺是由于农民拒绝接受纸币出售农产品。然而，这时德国政府的唯一政策是以最高利率借款来支付鲁尔区的工资，同时独立的帝国银行也在为这种愚蠢的行为火上浇油（哈芬施泰因和银行董事会在这些问题上，比德国政府更加错误），在这种情况下，德国不可能获得贷款：去年，英国在同意拿出1 200万英镑来援助同样浪费的奥地利，就已经受过一次伤。7月的最后几天，马克的惊人下跌无疑让政府十分难堪。虽然几个月来，人们像德国大使一样，频繁地抱怨马克正在丧失国内购买力，现在这种抱怨变得更加现实。当然，就目前而言，商人们不愿意接受帝国银行的钞票，但理论上仍然可以通过增加钞票的数量和面额来应对。实际上，现在比以往任何时候都更难向银行提供足够的资金，以使商业活动按传统的方式进行。到了7月底，从德累斯顿到科布伦茨，人们都在焦急地等待着新的大面额马克。

从7月11日到7月20日，流动债务从28万亿马克增加到400 000亿马克，每天的发行量（不包括星期天）高达20 000亿马克。德国税收制度已经完全崩溃了。政府得过且过，似乎并不关心。在这十天里，德国政府的支出达到120 000亿马克，其中只有4%来自税收——略微超过5 000亿马克，甚至不足以支付同期内的5 700亿马克债务利息。

这些骇人听闻的数字不过是接下来几周混乱局面的一个预兆。曾经为德国提供三分之一收入的鲁尔区铁路，现在的收入只占政府工资福利支出的五分之一。记录显示，在8月1日至8月10日，德国流动的债务几乎翻了一番。但在随后的十天里，政府的一般行政开支增加到了400 000亿马克：这个金额比这一年头四个月的名义开支总额还要多。

尽管自去年秋天齐默尔曼博士接管奥地利的财政控制权，奥地利国民议会批准《日内瓦议定书》以来，奥地利的通货膨胀情况已经更加严重了，但德国或许应该用敬畏的眼光看待这个邻国。所有人都能看到，不幸的奥地利正在经历着通货膨胀带来的全部阵痛，而这显然是一个最痛苦的过程。

到了圣诞节时，奥地利人已经清楚了，不经历困难和牺牲，就不可能实现必要的改革。现在他们发现，没有人告知他们的是，经济复苏选择受害者时，几乎比通货膨胀选择受害者时还要不公平。1922年8月，奥地利领取官方救济金的人数（和德国一样，严重低估了真正的失业人数，并忽略了缩短工时的工人人数）是21 000人。从1922年10月到1922年2月的五个月里，领取官方救济金的人数从38 000人连续上升到58 000人、83 000人、117 000人和161 000人。每次公布的数字中，维也纳的失业人数都占一半以上，这意味着2月份维也纳有超过10万名失业人员为自己和家人，领取每周最多87 360奥地利克朗的救济金，约等于每周5先令。在一个政治上仍然分裂、阶级斗争仍然是流行话题的城市里，如此多的失业人口集中在一起，虽然失业的人包括工人阶级也包括官员阶级，但仍然是十分危险的现象。

在整个奥地利，大约有五分之一的人靠政府发放的工资或养老金生活，在铁路部门，每三个仍然在职的工人就要养活两个退休工人。尽管直到1923年底，在外部的指导下，铁路部门才开始合理地裁员[4]，尽管铁路财政是造成奥地利国家预算赤字的关键，但其他基本经济措施，不管是计划性的还是强制性的，已经立即开始在公共和私人部门实施，公共和私人部门都开始裁员。稳定化计划促使奥地利制造商面对现实，严重的工业萧条正在出现，钢铁、木材、造纸和皮革工业，以及金属、机械、鞋和家具制造业都出现了停滞。由通货膨胀催生的第一批企业破产开始出现。在其他地方，隐藏的人员过剩问题正在显现：1923年1月，维也纳的主要银行每2 000英镑的储备金和存款就由一名职员负责管理，而在伦敦，每18 000英镑才有一名职员。造成这种情况的部分原因是，银行不得不为帮助外汇局和税务局做一些强制性的额外工作，但银行也发现，除非付出极高成本，否则不可能管理大量小额的、较老的账户，这些账户因通货膨胀已降至战前的几芬尼的价值，而且在某些情况下还不如记录它们的纸张值钱。在这方面，服务小储户并希望恢复其信心的储蓄银行受到的影响尤其严重。

齐默尔曼削减公共开支的要求导致到了公共部门的裁员。一般来说，公共部门的裁员发生在私营企业的解雇潮之后，政府在执行其收到的指令方面反应迟缓。然而，人们注意到，最先被解雇的人是那些没有政治关系的人。这样做的一个不幸后果是，到1923年底，行政效率已经严重下降，因为公务员队伍的冗员几乎不比铁路部门少，而且更有经验的高级公务员一向都是与政治保持一定距离的人。

然而，从3月开始，支持奥地利的国家认为，奥地利的经济和金融状况开始好转。其失业人口在这个月上升到近170 000人后，开始定期大幅下降，到了8月，其失业人口降至84 000人（其中维也纳占53 000人）。克朗仍然稳如磐石，而且在一年的大部分时间里，克朗对美元的汇率已经比欧洲的其他任何货币都要稳定，这是信心的坚实基础。储蓄银行的存款在不断积累。奥地利在1923年6月1日终于获得了长期国际贷款，这是一个立竿见影的巨大成功。奥地利将在齐默尔曼的计划前实现预算平衡，而且整个贷款从未被动用。对奥地利股票和股份的需求增长惊人，1922年12月至1923年5月的股价指数翻了一番，全年上涨了400%，与之为经济带来巨大的实际利益相比，这种情况更反映了人们普遍的信心：对股价被低估的股票的投机，吸收了大量本应该用于生产性目的的国内资本。

1923年11月，奥地利官方失业人数下降到79 000人的最低点，但仍然是实施稳定化计划前人数的近四倍。11月后，奥地利政府部门、国防军、邮政和铁路部门计划中的裁员数量开始对劳工状况产生实际影响。1923年中期相对乐观的形势，在很大程度上是由于鲁尔斗争带来的奥地利贸易的增长：某些商品的外国订单从德国转到了奥地利，对奥地利而言，哪怕是德国的一点点业务也会有很大的帮助。

1923年10月至12月，奥地利国家机关裁汰了23 000多名官员，真实地反映了正在实施的紧缩开支政策。罢工的情况很少——但那是因为不管有没有工会的支持，当大家都在失业，企业可以很轻松便宜地招到雇员时，再采取罢工政策显然是在自寻死路。毕竟，官方的目标是在1924年底前削减10万名公务员，而工会很清楚，在1923年秋季，削减政府官员的计划严重落后。

毫无疑问，令人满意的是，外国对这个由协约国维持和保证的欧洲金融绿洲的信心已经完全恢复，而且奥地利的经济部门，无论是公共的还是私人的，显然都在沿着正确的路线进行重新整顿。然而，虽然1922年普遍的不安和悲观气氛有所改善，但奥地利人民却很难有值得欢欣鼓舞的理由。从1923年1月起，随着鲁尔斗争对欧洲经济的影响，生活费用开始再次攀升，而且全年都一直如此，仅在8月份，生活费用就上涨了3%。尽管到1923年12月时，生活费用只是重新回到了1922年9月的最高水平（之后又下降了20%），但这一增长是在更多的人不得不支付更高的税收的情况下发生的。奥地利政府发现，在进行必要的改革和裁员的同时，物价（与国际市场价格一致）继续上涨是特别不利的情况，事实上，早在5月，奥地利政府就质疑是否有可能在保持预算平衡的同时维持法律和秩序。

因此，工人们坚持反对废除指数制度也就不足为奇了，根据该制度，只有在指数连续两个月下降的情况下，才可以降低工资。现在，尽管工人工资比除德国以外的欧洲任何国家都低，但工厂工人的情况相对来说比大多数其他人要好，在某些情况下比战前还要好。在一个拥有过量受过教育的人的国家里，体力劳动者和脑力劳动者之间的平均薪酬差距已经非常小了，熟练的机械工人的工资往往超过了工厂经理的工资，而工厂经理本人的工资是政府官员的好几倍。

财政状况良好，经济正在改善，但社会状况却不容乐观。忍受了这么多痛苦的各个阶级都很明白，一个更艰难的时期可能即将来临。那些多少受到指数制度保护的人，开始体会到他们不曾理解的凛冽寒风，在某种程度上是因为在稳定化计划实施之前，他们几乎不知道自己将变得有多穷。领取补贴和救济金的日子已经过去了。失业的人比以往任何时候都更穷，所有时间都花在搜寻布告板和报纸上，寻找并不存在的工作。仍然在职的国家官员发现，1923年他们领到的工资的平均购买力只有1914年的四分之一。退休公务员领到的养老金的实际购买力少得可怜，不到战前的三分之一。

在维也纳，大多数人都住在公寓里，因为只有非常富有的人才能付得起修理费，住在大房子里。由于租金压得很低（在通货膨胀时，租金限制通常是政府为了限制生活费用，首先要采用的最廉价的政府治理手段之一），所以公寓本身也供不应求。即使维也纳市政府一直很善待房东，也不能忽视租金已涨到战前的20 000倍，大多数中产阶级已完全无法承受这一价格的事实。虽然无法提高租金，但许多房东至少可以自我告慰，房屋抵押贷款对他们来说不过是一种名义上的负担——长久以来，这一直是抵押贷款银行的储户和股东所诟病的问题。然而，在这种情况下，私人开发商根本没有建造新的房屋，大多数私人开发商实际上已经被政府征用了。维也纳有超过42 000个家庭，在等待地方政府每年在维也纳建造的6 000套左右的住宅。这种住房短缺，加上由地方政府而不是由房东决定谁能入住空闲公寓的规定，导致了在一个本来就充斥着腐败的领域出现了更多腐败。

奥地利重新整顿经济、征收重税和大幅削减公共开支的时期，是奥地利人深受折磨、阶级仇恨和群体仇恨持续不断，以及政治斗争的时期。奥地利政府和维也纳市政府似乎在相互比拼，对奥地利的工业进行最大限度的征税，大部分的征税集中在了资本领域，奥地利政府这样做是为了能够偿还外国贷款的利息，维也纳市政府（其活动不受国际联盟控制）是为了在工人阶级中寻求更多的政治支持者。热尔曼写道，控制维也纳的社会党人什么也没有做，只是把教条式的改革套在了奥地利的脖子上，"热衷于把中产阶级的收入转化为工人的救济金这一愉快的过程"无论这种指控是否正确，毫无疑问的是，在奥地利迫切需要团结的时候，政党政治继续把其撕裂成两半。

有人把奥地利的重建比作吉卜赛人为了教自己的马不吃东西而做

的实验。当把食物减少到每天一根稻草时，马就死了。

注释

1. 到3月份，法国焦炭的价格是1月份的两倍。

2. 4月，即鲍德温接替博纳·劳担任首相的前一个月，让寇松很是懊恼。参见哈罗德·尼科尔森，《寇松：最后阶段》，第十二章。

3. 朱迪思，利斯托韦尔伯爵夫人，原为朱迪思·德·马菲–曼图亚诺。

4. 被选为铁路技术顾问的威廉·阿克沃斯爵士于1923年11月提交了他的报告，并建议每四个人中有一个人应该被裁员。

第十章　1923年之夏

　　1923年7月底，德国股票已经成为一个广受欢迎但不稳定的财富宝库。总体来说，股东们比自己想象的要穷得多，名义价格的巨大增长在很大程度上掩盖了贫穷的事实。即使考虑到股息被人为地压低以避免缴纳所得税，投机使得所有的股票都处于高于其股息回报价值的高水平。德意志银行的股票在战前的价格为114英镑，预期收益为6.5英镑；但是到了1923年，价格跌为5英镑，预期收益为0.25便士。西门子和哈尔斯克公司的股票，战前为101英镑，预期收益为6英镑，现在股价跌为23英镑，预期收益为2便士。因此，尽管股本价值已经降到很低，但其下降的程度比不上股息下降的程度，而股息的比例甚至比1922年还低。在一家大银行的年度股东大会上，一位美国股东抱怨说，他所持有的股息几乎不值得取出来，不仅是因为其价值太小，而且还因为如此大量的马克所需要运输成本太高。

　　在这一年的上半年里，任何在德国股市中寻求资金避风港的人，至少在实际价值上没有什么损失。在柏林上市的德国公司股票的总市值，虽然在1922年12月只有微不足道的8 900万英镑，但在1923年7月却增长了三倍多，达到2.71亿英镑。如果能够不去与战前17.67亿英镑的总市值或1921年7月6亿英镑的总市值相比较，这样的市值增幅对任何人来说肯定是一种安慰。1923年前几个月，一些所谓的"未稀释"股票的价格（按美元计算）实际上是前一年10月历史最低股价时的两倍。当时，美元对马克的汇率已经上涨了1 525倍，但名义股价只上涨了89倍。事实上，从1922年10月起，通过谨慎地选择投资，个人实际上可以大幅增加自己的实际资本：到1923年7月，以黄金计算，平均投资组合应该可以上涨16倍，到9月应该会上涨23倍，到10月应该会上涨28倍。

这一年的市场表现，尽管远远低于战前的水平，但或多或少弥补了1922年可怕的熊市。另一方面，股价下跌和攀升反映了外汇作为保有实际价值工具的可用性，也反映了市场上随时出现的严重波动使理性的投资判断变得极为困难。此外，在鲁尔斗争期间，大量的购买订单来自被占领土——得到了政府为保持消极抵抗而提供补贴的支持。由于市场价格的剧烈波动，许多投资者遭受了严重的损失，同样，也有投资者趁机获得了巨额的利润。通货膨胀对股票价格的影响，在庞大的持股群体中普遍造成了财富分配的重大变化，也导致了德国上下的怨恨和信心低落。许多人很想趁股价低得离谱的时候买入工业股票，但苦于没有钱，无法购买[1]。

严酷的环境使得人们不得不拼命自保。随着德国迅速陷入混乱，自州以下的每个社区都开始变得目光短浅，只顾自己的当务之急。例如，在东普鲁士，柯尼斯堡的商人和地主从远处观望到德国中部即将崩溃，努力为自己的出口争取一个后门。在这个表面繁荣的地区，据说统治阶级已经做好了准备，如果船沉了，他们会弃船另寻避难之所，如果德国中部不能为农产品提供市场，他们甚至不惜让这里的人民挨饿。

东普鲁士仍然享有充分的就业。但值得注意的是，该州的富人在采取措施保障自己未来的同时，他们也为支持抗法斗争的鲁尔捐赠基金做出了慷慨的捐赠。《凡尔赛条约》的孤立政策，将东普鲁士地区与德国本土隔绝开来，这造成了许多工业企业的恢复，最近还修建了一座发电站以应对煤炭短缺。施廷内斯按照他一贯的做法，几乎买下了东普鲁士所有的造船厂、纤维厂和造纸厂，其他投资者也追随他的步伐，跟进投资。

然而，和其他地方一样，繁荣仅限于那些有能力生产畅销产品的人。《柯尼斯堡人民日报》的编辑声称，在东普鲁士一些工人阶级居住的地方，"其居民的状况还不如他所看到的埃及的农民"。中下层阶级的处境与以往一样十分悲惨，7月，在柯尼斯堡依靠公共救济的6万人中，有五分之四的人是试图靠自己的储蓄生活的小资产阶级。因斯特堡的一位校长在接受协约国观察员采访时说，东普鲁士70%的学生正在接受结核病观察，并悲观地补充说，"饥饿的人看到食物，就会失去理性"。

到了仲夏，对外贸易几乎停顿，在不同程度上影响了德国的贸易伙伴。伦敦的贸易委员会已经表示无法直接与德国做生意。现在，荷兰人、意大利人和（仍在挣扎着站起来的）奥地利人，开始认真地做好准备，以应对他们共同的邻国在政治和经济上的崩溃。比利时对经过安特卫普铁路和水路的中转贸易非常担心。8月初，德国甚至对没有入侵德国的协约国成员，也停止了赔偿物资的交付。所有人都认为，整个欧洲大陆贸易和原材料供应的动荡似乎看不到尽头。

对整个德国而言，8月初鲁尔区和莱茵兰的情况自然是最严重的挑战。庞加莱可以要求法国报纸不要发表支持莱茵共和国的文章，以避免加速这一地区的解体，但法国尽其所能说服占领区的德国工人要么离开德国要么返回工作岗位，以便能破坏消极抵抗运动的影响。鲁尔区的情况确实令人难过，完全是一幅经济停滞的景象。唯一运行的火车是法国军用火车，漫无目的地来回穿梭。运河和内陆港口堵满了各种类型的船只，动不了也不愿意移动。邮政业务和电报服务被中断了，电话线路也是如此。很少有汽车在开，人们很难到处走动，出行困难激起了所有人的厌恶情绪。夏季生产的煤炭只是正常产量的一小部分，法国人在清空了矿场库存的煤炭，并通过铁路将其运往法国后，现在又通过侦察机找到了钢铁行业的煤炭库存，并开始对这些煤炭下手。鲁尔区的高炉大多都已熄火，钢铁生产量很小。由于缺乏焦炭，钢铁的产量减少到1922年的五分之一。

在占领区内，鲁尔区内外的法律和秩序都危如累卵。7月31日，马克对英镑的汇率为500万马克兑1英镑，8月7日则跌到了1 600万马克兑1英镑。德古特将军宣布，未来8天，将关闭德国占领区和非占领区之间的边界，作为对最近在杜塞尔多夫发生的爆炸的报复。不管是不是报复，通过阻止马克进入法国占领的区域来削弱抵抗，也是法国政策的一部分，这种做法越有效，生活费用相应地涨得越快。这项政策并非不成功，因为据报道，如果名义上的雇主没有发放工资的话，鲁尔区的矿工，尤其是铁路工人，愿意与法国合作。然而，更直接的结果是民众反对一切形式的权力。货币的缺乏不仅使鲁尔区的无业人员感到恐慌，因为现在每天200万马克的救济金对他们来说只是勉强够用，而且使整个占领区内其他地区努力奋斗却无法养家的工人极度恐慌。

在比利时占领区内，对农作物的掠夺威胁着收成。在科隆西部，抢劫、罢工和暴乱与日俱增，大批抗议者在农村游荡，破坏庄稼和农场建筑。在亚琛，在因工资要求而引起的地方骚乱中，有12名示威者被打死，80名示威者受伤。在英国占领区内的贝格海姆的褐煤矿工在连续的非法停工、威胁烧毁工厂和砸烂机器之后，进行了长期的罢工，警察不得不驱散米尔海姆的3 000名造纸工人。索林根的一群失业者袭击了市场，强迫经销商将土豆价格降低一半。勒沃库森（Leverkusen）的消防队遭到了围堵。在鲁尔区埃森附近的盖尔森基兴，总理库诺和胡戈·施廷内斯的丑化画像被吊了起来，在当地的警察被包围和袭击后，该市发生了一场暴动，又造成了两人死亡。

8月10日，印刷工人爆发了罢工，进一步中断了纸币的供应，人们充分感受到了纸币短缺的影响。许多社区的食品库存消耗殆尽，工厂只能以记账的方式发放工资。英国占领区铁路工人的工资只有工厂工人的一半，他们打算加入鲁尔区消极抵抗者的行列，并卑微地问道，如果不允许他们罢工，占领区政府是否至少可以保证他们有足够的以固定价格出售的食物以及购买食物的钱。

在科布伦茨，为了避免骚乱和流血事件的发生，当地政府迫切需要3 000亿马克纸币用于周末发放。科布伦茨的基尔马诺克勋爵竭力游说德古特放松对边境的控制，但法国人强烈怀疑鲁尔区的罢工主要得到了英国占领区的资金援助，认为科布伦茨和科隆能得到马克供应，而德国政府却拒绝提供任何马克供法国和比利时的军队使用，这十分不合理。在这一点上，法国人的怀疑可能是有道理的，因为三个星期以来，柏林一直在有计划地通过阿姆斯特丹和克罗伊登向科隆运送纸质马克，以避免在法国占领区的边境地区遭到征税和没收。英国外交部会注意到这种创新做法，是因为克罗伊登海关要求上级指示，以确定帝国银行代表海因里希·施林克梅尔每次托运的四分之一吨的纸币包裹，应归类为商品还是个人物品。事实上，这种运输一直持续到了消极抵抗结束，同时，德古特将军接到巴黎的指示，允许货币供应进入科隆。

在英国占领区内，马克方面的情况开始好转。帝国银行承诺每天在当地印刷100万张纸币，每张面额为100万马克。8月13日，基尔马诺克勋爵在一份充满错误的乐观主义（因为在一个月内，100万马克的纸币将只值半便士）的电报中说："这将使我们的占领区不受外部供应的影响，并应该能使银行构建起储备金，以应对马克未来可能的下跌。"

包括科隆和科布伦茨在内的地方政府，仍然尽力印刷自己的货币来弥补纸钞供应的不足，但现在却发现大工业家们不愿意向政府提供信贷。地方政治中的摩擦迅速增加，刺激了工人要求根据马克未来的名义价值来发放工资。不来梅的码头工人要求工资要与黄金价格挂钩。在禁止公共集会的汉堡，暴动者违反禁令，要求每天的基本工资要有465万马克（约7先令）。8月13日星期一，大多数公司提高了员工的工资，从每周500万马克到1 500万马克不等；但大部分工资只能用支票支付，平均只发放了500万马克（6先令）的现金。8月14日，乌普曼公司的员工包围了该公司董事的住所，要求立即给每人发放5 000万马克（3英镑），而拜尔公司的10 000名员工也提出了同样的要求。在这一周内，科隆的警察遭到了铁棍和石块的袭击，暴徒们在威斯多夫、奥里希斯和希尔登的街道上巡逻，大规模的失业开始出现。

与此同时，在柏林，生活虽然不如鲁尔区和莱茵兰地区那么痛苦，但也几乎没有任何改善。政治危机已经到了顶点。当印刷工人罢工开始后，大批人群带着篮子和手推车，包围了帝国银行总部，愤怒地要求提供钞票。人们越来越担心，如果发不出工资，德国各地都会发生新的骚乱，因为现在的问题已经不再是要面对每周的最后期限，而是要面对每天的最后期限。两个星期以来，柏林就像一座被围困的城市，德国农村地区实际上已经停止了对首都的所有肉类、鸡蛋和蔬菜的供应。关于马克，只能说它仍在流通，还没有任何东西来取代它：但马克已不能衡量真正的价值，也不能作为交换媒介。

这时，城市日常生活已经到了极为复杂的程度，甚至需要高深的数学知识才能维持基本的生存。每天早上的报纸上都会公布当天的物价清单：

电车票价	50 000 马克
电车单一线路月票	400 万马克
电车所有线路通用月票	1200 万马克
汽车出租车：正常车费	600 000 马克
马车：正常车费	400 000 马克
书店：正常价格	300 000 马克
公共浴场：正常价格	115 000 马克
医疗护理：正常价格	80 000 马克

每一个行业和每一类商品，都有不同的指数或乘数。在商店里，最普通的购物也需要计算三四分钟，而当价格确定后，通常还需要花几分钟来清点顾客支付的纸币。排队的队伍越来越长。达伯农勋爵写道：

德国人普遍存在大量的不满情绪，这一点不足为奇。对于一个外国人来说，在高尔夫球场被要求支付一百万马克的果岭费已经够烦人的了，但他可以安慰自己，这只不过一个先令而已。不幸的家庭主妇用同样的价格购买家庭用品时，却没有这种感觉。而且，她还得排上几个小时的队才能买到黄油等物品。

德国政府一直急于使税收正常化，并将帝国银行大量释放出来的纸马克（它们被称为"哈芬施泰因卢布"）收回国库（以消除印钞的需求），为此它想尽了办法。德国西部地区的斗争必须继续下去，政府制定了"莱茵兰-鲁尔牺牲税"，以迫使所得税纳税人纳税支持鲁尔斗争。新的税收以1922年的评估为基础，第一次缴税需在此基础上乘50倍，随后的两次缴税则要乘大得多的倍数。新税主要针对贸易、工业和农业，但任何年收入超过10亿马克（差不多150英镑）或拥有汽车的人都必须缴纳，汽车车主必须按照汽车税的50倍缴纳。到了8月14日，马克贬值十分严重，以至于适用于预付税的25和35的旧乘数已经过时了，甚至连将所得税和公司税分别提高100倍和140倍的新建议，也不得不用更新的税率来取代。三天后，德国政府决定公司税必须提高600倍。哪怕这些税收能够收得起来，也无法将预算不平衡减少一半以上。

指数化和收费过低的问题在德国邮政部门同样明显，邮政部门被用来掩盖失业问题是出了名的。尽管财政部官员坦率地承认，如果解雇一半的邮政雇员，邮政部门会运行得更好，但这种措施在政治上是不可能的。邮政部门一直没有把低得可笑的收费提高到正常偏低水平：现在国内信件的邮费为400马克（八分之一便士），国外信件的邮费为1 000马克。预计邮政业务产生的赤字仍将达到近60 000亿马克。铁路方面也是如此，铁路管理部门有四个月时间没有根据马克的下跌来调整价格。8月1日头等座和二等座的票价上涨300%，三等座和四等座的票价上涨250%，货运运费上涨150%时，德国公众的抗议声远远大过涨价的收益。事实上，在继续印制钞票的过程中，德国没有一个政府部门有希望实现预算平衡。

随着德国国债再次翻倍，德国政府计划发行黄金债券（1935年可按50%的溢价清偿），其明确的目的是为了消除纸币。黄金债券为两种投资者提供了机会，一种是希望为子女留下一些东西的父母，另一种是希望维持运营资本稳定的企业家。虽然在短期内，有人称赞这项措施是对印钞问题的第一次认真应对，但它的作用无异于用扫帚去阻挡潮水。帝国银行是不可阻挡的。马克几乎一离开印刷厂，就变得一文不值。秋季到来时，每当一张电车票的价格——货币最低发行单位的典型价值——毫不留情地飙涨时，整个德国的货币就不得不再次更换。即使从这个角度来看，通货膨胀政策也一定是代价高昂的业务。

在这个阶段，银行董事会的无能超出了许多人的想象。1923年8月3日，帝国银行行长好像第一次观察到贷款的市场利率是每天1%一样，将银行的贴现率从每年18%提高到30%，将贷款年利率从19%提高到31%。此举违背了银行中央委员会的建议，因为中央委员会认为此举是在屈从于市场条件，但哈芬施泰因的同事们却坚持这样做；哈芬施泰因本人认为，帝国银行的责任不是制定利率，而是遵循利率。如果他的这番话是认真的——或者至少理解自己在说什么，他应该把银行利率定为360%，因为即使是把与活期账户有关的周利率定为3%~4%，其年利率也只有200%。新的利率根本没有任何影响。

在愤怒和沮丧不断汇集的气氛中，冒着各方对帝国银行政策的攻击，哈芬施泰因继续坚持到底。30家造纸厂、150家印刷厂和2 000台印钞机夜以继日地工作，钞票如同暴风雪中的雪花一样源源不断地增加，而德国的实体经济已经在这些钞票下消失了。哈芬施泰因谈到他的印刷系统的效率，认为通货膨胀最大的危险在于各州的私营银行有权自行印钞，而且它们还在要求印刷更多钞票的权力，但是，实际上各州的私营银行不像帝国银行一样，一周内的每一天（周日除外）都能发行15万亿马克纸币，而是在法定限额允许下，总共只能发行150 000亿马克纸币。哈芬施泰因说，这将使"国家和帝国银行的整个信贷政策失效"，并再次宣布他的任务是缓解德国的货币匮乏。

哈芬施泰因和鲁尔斗争合在一起造成的压力，超出了德国政府的承受能力。8月初，马克开始急剧下跌，库诺总理前途未卜。政府知道如果没有外国贷款，得不到鲁尔补贴所需的60 000亿马克（约40万英镑）的补充资金，结束消极抵抗不仅意味着政治上的死亡，而且可能意味着肉体上的死亡，联合政府因此开始瓦解。德国外交部部长罗森堡博士（Dr Rosenberg）解释说："这不是在投降和混乱之间二选一，投降意味着混乱。如果事情再这样发展下去而得不到缓解，我们就会面临没有投降的混乱。现在的情况是：要么混乱而不失荣誉，要么混乱而荣誉尽失。"

事实上，绝望正在吞噬着德国。人们认为，鲁尔区和莱茵兰的骚乱可能会导致法国人向柏林进军，法国人也没有阻止这种传言。萨克森和图林根发生了暴力事件，而希特勒在巴伐利亚领导的反动运动的力量和规模也明显地在增长。8月8日，库诺在国民议会发表讲话，并警告，现在必须比以往任何时候都更多地减少进口，必须"无情"地征税，而且德国空前地需要团结。会议最后，大家在一片安静中听到了总理宣称：鲁尔区七个月的消极抵抗已经向世界表明，德国是值得尊重的国家。所有议员赞许地听着他关于继续战斗的呼吁，但这是库诺的最后一次发言。他的样子越来越像替罪羊。

纸马克如同雪崩一般铺天盖地，汇率崩盘，德国政府面临大罢工的威胁，寇松发出一份照会，直言法国无权占据鲁尔区，引发了普遍误解，在这种情势之下库诺内阁垮台了。取而代之的是古斯塔夫·施特雷泽曼博士的内阁，他是拥护立宪的、反社会主义的、代表商人阶级的人民党的领导人。

注释

1. 关于通货膨胀下的股票的进一步深入讨论，见布雷夏尼－图罗尼，《通货膨胀的经济学》（*Le Vicende del Marco Tedesco* 1931）第253–285页。

第十一章　哈芬施泰因

　　新任德国总理的第一个行动是公开了寇松的照会，并将其分发给所有人阅读。威胁要举行的大罢工被取消了，德国人民几乎立刻又鼓起了鲁尔斗争的勇气。但是，因为德国人一刻也不能忘记他们所处的金融无政府状态，施特雷泽曼并不能立即赢得全国的支持。包括一些明显厌恶税收的工业家在内的右翼，开始怀疑并指责他走社会主义路线。一些"爱国"组织，变得比以往任何时候都更激进。

　　施特雷泽曼担任总理，意味着消极抵抗的结束和向法国人投降，这增加或者助长了德国人的恐惧情绪，因此希特勒离把反动势力团结起来的目标只有一步之隔：现在造成慕尼黑分裂的问题是，是让巴伐利亚脱离柏林，还是向首都进军。相比之下，斯特廷、吕贝克和其他城镇爆发了反希特勒的骚乱，而且德国各地都发生了劳工暴动。

　　然而，在那个夏天，情况已经糟糕到了无以复加的地步，哈芬施泰因也无计可施。德国政府中也没有任何一个表面上比他更不了解这些事情的人，会反对他这位正统德国金融观点的捍卫者和领导人。哈芬施泰因坚定地认为，货币供应量与价格水平或汇率都没有关系。他认为自己的职责是在马克的购买力不断下降、人民发出哀号的情况下，尽其所能地提供马克这种交换媒介；重新开始的印钞活动，是受到了最新一轮困扰德国的物价暴涨的刺激。一再地印刷和发行数量惊人的马克，所需要的后勤保障和难以置信的费用，似乎是他最大的担忧：尽管这些天来，足够面额的纸币可以暂时性地满足需求，但在银行界和国民议会中，从没有人暗示过换个人或许可以更好地解决马克供应的难题。

哈芬施泰因政策的严重后果，在他8月17日对德国国务委员会的讲话中得到了充分的揭示，这次讲话随后立即被公开。他带着明显的自豪和满意说道："帝国银行现在每天发行200 000亿马克的新货币，其中50 000亿是大面额钞票。下个星期，银行将把每天发行的数量提高到460 000亿马克，其中180 000亿马克是大面额钞票。目前货币的总发行量为630 000亿马克。因此，几天后，我们就能够在一天内发行货币总流通量的三分之二。"

他将如何让所有这些纸币进入流通领域，是最少人问的问题。哈芬施泰因完全没有意识到，他打算采取的行动，甚至是他的行动宣言，对马克的价值、德国的整个金融、贸易和工业结构所产生的灾难性影响。在他讲话之前，马克的价格是300万马克兑1美元，1 250万兑1英镑（最近马克价格有小幅回升），在他讲完话后48小时内，马克跌到520万马克兑1美元，2 200万马克兑1英镑。1923年8月流通的马克外汇交换价值为900万英镑，还不到十年前的三十分之一，而且无论再怎样多印马克都无法使其价值增加分毫。相反，预算漏洞却越来越大；但正是基于这种现象，哈芬施泰因才坚定了他对货币供应量和价格之间关系的看法。

达伯农勋爵在给英国外交部的报告中说："没有人能够预料到，无知和错误的理论会让极端的愚蠢这样直接地暴露出来。帝国银行疯狂的做法使得局势断无稳定的机会。"他在日记中写道：

460 000亿马克（后面有12个0）的面值为23 000亿英镑，纸币流通量为31 500亿英镑……国务委员会应该有一些金融和经济专家，但没有一个人批评这种政策，或谈到其疯狂性。哈芬施泰因的讲话在德国报刊上被大量转载，既没有引发抗议，也没有引起震撼。

这种说法并不完全正确。1915年之前，施特雷泽曼的略微开明的财政部部长希法亭（Hilferding）一直是《前进报》的政治编辑。该报严厉指责哈芬施泰因破坏了政府减少纸马克的最新努力，因为与其说哈芬施泰因是靠着印刷马克，不如说是靠着允许人们保留他们的外国纸币，或者更糟糕的是，把马克纸币借给他们，让人们可以购买更多外国纸币。《前进报》刊载《永恒的哈芬施泰因》一文，提出了抗议：

德国是一个共和国，但帝国银行实行的是君主制！身在多恩的德皇威廉已经退位，哈芬施泰因却仍在主宰着柏林！他一辈子都会在这里。这要归功于协约国——英国人认为帝国银行需要加强；通货膨胀是在违背帝国银行意愿的情况下发生的；自治的帝国银行会拒绝对国库券进行贴现；这一切都是英国人的妄想。我们需要为哈芬施泰因制定一部《退位法》！

施特雷泽曼总理似乎对哈芬施泰因的表现感到震惊，但他与对他影响颇深的施廷内斯一样，本身也是支持通货膨胀的人。显然，施特雷泽曼并不理解哈芬施泰因讲话的目的何在，但让他震惊的不是讲话的内容，而是讲话被刊出来的事实。社会党人要求解雇哈芬施泰因，光是这一要求本身在政治上就不可能实现——哈芬施泰因的朋友说，他在伦敦备受尊重，如果他退休，从伦敦获得贷款的希望就会消失。总之，如果被要求辞职，哈芬施泰因有权利拒绝。

在城市，在乡镇，在农村，哈芬施泰因发行的大量的、价值不足的纸币，令各种各样已经十分艰难的生存问题倍增，使德国人进一步陷入绝望。在柏林，有轨电车系统因缺乏资金而停止运行。在没有市政或其他应急货币的村庄，马克的突然贬值会使社区的钱少得根本无法运转，而在偏僻的村庄，这种情况发生得令人猝不及防。现在，每个城镇都能看到人们提着装满纸币的篮子购物的景象。

埃娜·冯·普斯陶说："在街上，你可以看到邮递员们背着麻袋，或者推着婴儿车，里面装着第二天就会贬值的纸币。生活充满了疯狂、噩梦、绝望、混乱"。

尽管8月22日推出了第一张1亿马克的纸币，但纸币的短缺仍在继续，因此，许多公司已经开始发行非法的、没有任何帝国银行担保的紧急货币，尽管哈芬施泰因大力谴责，并试图阻止他所谓的"通货膨胀的重要新来源"，但很明显，帝国银行总是会赎回这些紧急货币。

德国税收法规堆积如山，有几英尺[①]高，但是没有人能够知道谁应该在什么时候向什么人纳什么税。8月的税收收入，虽然名义上是4月份的98倍，但实际价值却只有一半，因为在同一时期，马克汇率已经下跌了200倍。因此，8月20日至30日的税收收入只占支出的0.7%。

---

① 　1英尺＝0.3048米。——编者注

事实上，即使当时的税收制度在理论上能够满足预算，也已经无关紧要了，因为预算一再猛烈地失去平衡，征收无法缴纳的税款来偿还一笔不可能还清的债务，最终摧毁了德国社会各阶层的纳税道德。春季刚凝聚起来的民心几乎消失殆尽，几乎没有人愿意再为国家做出牺牲。

罢免哈芬施泰因的无用之争在继续。《柏林交易所信使报》呼吁希法亭展现出强硬的态度，并质问"以他那种奥地利式的方法"，他是否能胜任这个职务。

帝国银行的高级官员们知道，如果想赶走新部长，他们可以怎么做。首先是给他太多的文件，使他无法查明简单的事实，然后是给他极少的文件，使他一无所知。货币斗争已经具体化到了希法亭和哈芬施泰因之间的斗争，而关于帝国银行行长的斗争则反映了德国今天的情况。

该报问到，像哈芬施泰因这样的普鲁士庄园主，是否了解德国工人正在挨饿？还是有比愚昧更险恶的东西在发展，这样做是要在群众中散布绝望，破坏魏玛共和国的权威，为德国右翼的独裁统治铺平道路吗？《柏林交易所信使报》认为，施特雷泽曼政府是用合法议会的方式拯救德国的最后一次机会。

希法亭发表了一个重要讲话，指出必须稳定马克。但他承认，他找不到比他的前任赫尔梅斯更好的办法来应对这种情况——认购新的黄金贷款的人寥寥无几。内政部长因为没有人能理解目前总是在不断变化的数字的含义，而努力以黄金为基础来制定预算，但毫无用处。

8月25日，显然是由于莱茵-鲁尔牺牲税的实施，迫使商业界兑现所持有的外汇来缴纳税款，马克突然从2 500万马克兑1英镑回升到1 250万马克兑1英镑，因此在48小时内，实际工资突然超过了和平时期的水平，进口原材料的价格超过了世界价格。虽然这次反弹只是昙花一现，但其影响却足以使零售价格体系完全陷入混乱。哈芬施泰因现在处于守势，他坚持认为通货膨胀不是源自发放信贷，而是源自他所谓的流动债务的无限增长，也就是说，他认为这是德国政府的错。对于有人指责他没有拒绝对政府的票据进行贴现，他回答说，"即使是帝国银行的威胁，也不过是一种无用的姿态"，他补充说，如果银行提高贴现率以应对贬值，这样的政策不仅会损害所有的工业部门，对物价也会有"灾难性"的影响。

8月的最后几天，哈芬施泰因在向帝国银行管理委员会发表的讲话中，结尾部分描述了他认为的当前最紧急的任务：

> 整个马克的贬值非同寻常，自然造成了对额外货币的迅速增长的需求，而帝国银行并不总是能够完全满足这种需求。大面额纸币的简化生产（包括单面印刷），使我们能够不断增加流通金额。但是，尽管金额巨大，也只能勉强满足对支付手段的巨大需求，特别是由于工资和薪水的异常增长，最近这种需求达到了绝对惊人的水平。
>
> 帝国银行印钞机构的运作已经变得非常庞大，这对我们的人员提出了最苛刻的要求。为了提高速度，必须通过私人运输来实

现现金的配送。每天都有大批次的钞票货运从柏林发往各州。交付给几家银行的钞票……只能通过飞机运送。

9月1日，帝国银行发行了面值5亿马克的纸币；人们在原来的一万亿后面多加了三个0，创造出了一个新词"billiard（一千万亿）"；购买1英镑需要5 000万马克。

情况迅速变得对在德国南方秘密活动的法西斯势力更加有利。从国外来说，也许他们首先受到了西班牙军事党派成功的鼓舞，但8月底墨索里尼轰炸和占领科孚岛，挑战国际联盟的成功给了法西斯势力更大的鼓舞[1]。从德国国内来说，经济、金融和政治的普遍不确定性，有效地扼杀了此前一度高昂的民族士气，成了促进极端主义生长的催化剂。连最温和的人都宣称必须展现强势手腕。他们都同意施特雷泽曼的观点——"情势所迫，必须开枪"。然而，对许多人来说，柏林已经成为软弱的代名词，魏玛共和国成为痛苦的代名词。因此，1923年9月2日，十万名示威者聚集在纽伦堡，参加纳粹集会，希特勒站在鲁登道夫的身边，再一次猛烈地抨击政府，声称政府即将抛弃德国的光荣，向法国投降。游行结束后，德国战斗联盟成立，鲁登道夫担任主席。在一周内，希特勒有时一天会发表五六次演讲，呼吁成立一个全国性的独裁政权。他认为他现在所需要的只是在鲁尔区最终爆发一场全国性灾难，以证明他是正确的，并将他推向权力的宝座。

德国左翼的极端主义也同样明显。施特雷泽曼私下表示，他认为有些人不可能放过眼下的机会，一定会不顾一切地破坏现有的秩序，否则这样的机会不会再有第二次，而且德国工人阶级，因为他们所承受的可怕压力，已经辨别不清方向了[2]。汉堡充斥着不满情绪，当地资产阶级家庭正在采取措施保护自己不受抢劫，尤其是在最近的船厂罢工中表现活跃的600名工人，没有被允许恢复工作，他们现在靠着犯罪为生：因为每天700 000马克（约3.5便士）的失业救济金，对一个已婚又有两个孩子的男人来说，无异于杯水车薪。

除了法国在莱茵地区策划的分裂活动，德国还面临着其他地方的国土被分裂的威胁。什切青①（Stettin）曾发出警告，计划在波美拉尼亚、东普鲁士和巴伐利亚建立独裁政权，这件事隐约和诺斯克有关，他曾担任过德国国防部长，现在是汉诺威州主席，预计诺斯克会担任新独裁政权的领导人，希特勒则担任他在巴伐利亚的副手，而鲁登道夫派不上用场了。这个阴谋的发展到什么程度很难说，其中一项证据是收集了大量食品，特别是土豆，这样做的目的也许是为了树立起人们对运动效率的信心。结果却造成了波美拉尼亚在土豆大丰收的情况下，还出现了土豆短缺的现象。

与此同时，德国政府急于推进在财政和宪法方面的新措施，但是这些措施缺乏力度，出台的时间又太晚，无法应对没有人负责的事件。新的税收和黄金贷款并没有改善，更谈不上改变局势（因为德国人认为黄金贷款的"券"具有固定价值，因此成了可转让的工具）。禁止外币流通的法律链条中添加了更多的环节，每一环都让人们别无选择，只能置之不理，因为马克除了在德国政府柜台上，几乎已经无

---

① 什切青，历史上被波兰、瑞典、丹麦、普鲁士和德国先后统治。第二次世界大战以后，被划归波兰。——编者注

法兑换。

9月8日，德国政府任命了一位外汇管制专员，赋予了他最广泛的权力，可以随时随地扣押外汇，并责令汇票或黄金证券的持有者交出这些证券。这一任命要求暂停宪法中的有关条文，特别是关于邮政保密、私人住宅不可侵犯和没收一般货物或财产的条文；在十天之内，新任的外汇专员就获得了扣押硬币或黄金、白银、铂金和合金的权利。德国政府推出这一举措的部分原因是政府认识到，由于留出了2亿金马克来作为美元国库券的担保后，德国黄金储备的价值实际上降到了不到1 400万英镑的水平，少到不够用来建立一种德国人可以相信的新货币。

因此，在外汇管制林登委员会的支持下，高利贷警察于9月20日突击检查了柏林林登大街和选帝侯大街上的咖啡馆和餐馆，强迫每个顾客拿出他的钱包或皮包，拿走了包里面的所有外国货币。当天突击检查的收获包括3 120美元、36英镑、373荷兰盾、475瑞士法郎、200法国法郎、42 523奥地利克朗、37丹麦克朗、30瑞典克朗、1 402捷克克朗、800匈牙利克朗、143塞尔维亚第纳尔、18 000保加利亚列瓦、30爱沙尼亚马克、5 100波兰马克和500卢布。

这一举动不仅显示了新措施的效果并不理想，而且凸显了一个先进工业国家的绝望，德国当时需要借款600万英镑，却无法在国际市场上找到这笔资金。艾迪生在给迈尔斯·兰普森（Miles Lampson）[3]的一封私人信件中写道："这就像我借不到一分钱一样。"

（1923年9月11日的那封信里写到）德国现在已经达到了未

知的高度。今天上午，流动债务增加了1 600 000亿纸马克。用别的东西来计算是徒劳的：一切都必须回归到纸马克。商店要求用你可能愿意使用的英镑、法郎、丹麦克朗和任何其他外国货币计价，然后花半个小时来计算实际金额等于多少亿的纸马克，因此，物价的上涨远远超过了马克的下跌。除了像电车票价这样的东西，现在大多数物品的售价都要比按目前伦敦汇率计算的价格高出几亿马克。这很正常，因为店主会把马克进一步的下跌折算在价格内。他已经不习惯于用简单的数字来思考问题，所以通常认为40或60先令后面没有跟个几百万的数字，就几乎等于零。阿德隆酒店一瓶酒的价格相当于4英镑或5英镑[4]。

艾迪生认为，德国正在"大跨步地迈向非常不愉快的局面"，但德国人仍然在争论工业家对国家困境的责任，或者争论应该采取什么自救措施。他遇到过一些德国人，他们似乎真的相信，因为四年来情况一直在恶化，所以可能会一直恶化下去。

但很明显，有些事情只能持续到它不能持续的那一刻，而那一刻是突然到来的。1918年3月时，没有人想到战争已经接近尾声。在法国没有人会因为雷维庸兄弟的商店被巴黎暴徒洗劫，就预料到了法国大革命的爆发。

你应该看到，在柏林的食品商店前，人们排着长长的队伍，一站就是几个小时。如果家庭主妇为了买一根香肠，就要从早上8点一直站到下午1点，这样她就无法打扫屋子或照顾孩子。德国人的耐心令人赞叹，但一群德国人愤怒时的景象很难看。

他曾亲自到巴伐利亚去了解第一手的情况，发现巴伐利亚的城市里食物短缺，但乡下却物资丰裕。然而，他无法用纸币从农场买到一个鸡蛋。一个农民告诉他"我们不要柏林来的彩纸"（这是人们对帝国银行钞票的通常说法）。巴伐利亚对1870年停用的古老的塔勒币（thaler）还念念不忘——美元的名字就来自这种硬币。

艾迪生的信末还有一段附言：

> 自从写下上述内容后，马克兑英镑的汇率已经跌至5亿马克兑1英镑，在不到24小时内就下跌了2亿马克兑1英镑。

新的危险是，当德国农民最终拒绝向城镇交付农产品时，城里人就会自己跑去抢。在奥地利被封锁期间，曾发生过这种情况。鲁尔区和莱茵兰在法国军队的挑衅下和怠工期间，也发生过这种情况。现在未被法国占领的德国萨克森州也有报道说，由几百名城镇居民组成的多支队伍，骑着自行车到农村去抢夺他们需要的东西。

安娜·艾森曼格的日记里留下了奥地利林茨及其附近地区——希特勒视为自己故乡的地方——民众劫掠的第一手资料。她抄录了她女儿的一封信里的内容，她的女儿在那里与表兄弟一起住了几个星期，他们经营着一个小农场，养了八头牛、两匹马、十二头猪和一些常见的家禽：

我和叔叔婶婶乘车去林茨的教堂。越快要到教堂的地方，这条通常无人问津的公路上的人就越来越多。我们碰到了各式各样奇怪的人。有一个人戴着三顶帽子，一顶套在另一顶上，还穿了至少两件大衣，这让我们感到很好笑……我们遇到了一群人拉着车子，车上堆满了各种罐头食品……一男一女坐在路边的水沟里，正在把他们非常破旧的衣服换成相当新的衣服，丝毫不觉得尴尬。那女人对我们喊道："搞快点，要不然就什么东西都不剩了！"直到我们经过第一批被抢劫的商店时，才明白这句话的意思。

宁静的林茨看起来就像被地震袭击过一样。人行道上到处都是被砸得面目全非的家具。不光食品商店、旅店、咖啡馆和窗帘店被洗劫一空，珠宝商和钟表商也无法保护自己的商品。我们看到叔叔和婶婶在做完弥撒后通常会停留的那家旅店被彻底毁坏了。老店主看到了我们，急忙跑过来，几乎要哭了。他开不了店，因为所有的家具都被砸烂了，所有的食物都被抢走了；他强烈建议我叔叔赶快回家，因为暴徒的头目正在煽动暴徒们去洗劫附近地区……

我叔叔快马加鞭……在通往我叔叔农场的小路上……我们注意到有一支由80~100个男女组成的队伍。他们叫嚷着、歌唱着，队伍中间有人赶着一辆套着棕色马儿的车。叔叔惊呼："他们赶着的是我们的马车！"他二话不说，就跳到了地上，打算拦截这支队伍，但他因为腿脚不灵便，只能慢慢地穿过田野，朝着队伍行进的马路前进。

这时，一辆满载宪兵的卡车出现了。几声枪响后，暴徒们分散到了山上，把马儿和车留在了原地。

在车上，我看到三头被宰杀的猪。此外，还有一些牛肉和猪肉以及几只死了的母鸡杂乱地堆在一起。婶婶哀号道："上帝呀！家里的情况会怎么样呢？"……两名宪兵陪着我们，以确定损失情况。其中一个说：如果他们只是偷盗点粮食而不是破坏一切就还能被原谅，因为他们确实在挨饿。我们做了最坏的打算。农庄的大门敞开着。女仆也不知道跑哪儿去了。院子里，一头受了重伤但仍然活着的猪躺在血泊中，其他猪都跑到了路上。牛棚里鲜血淋漓。一头牛在原地遭到了宰杀，肉被从骨头上撕了下来。那头最好的奶牛也奄奄一息，因此我们只能立即结束它的痛苦。粮仓里，储存的粮食和饲料完全混在一起……一块浸过汽油的抹布还在冒烟，表明了这些暴徒的原来的打算。我婶婶引以为傲的厨房和客厅里，没有一件东西是完整的。叔叔估计损失为和平时期的10万克朗，但没有一家保险公司会赔偿他的损失。

城里人都在挨饿。农村获得了大丰收，但所有的收成都留在农村，因为不管以任何价格购买，农民都坚决拒绝接受纸马克。德国政府必须采取一些措施来改变这种局面。9月18日，德国政府公布了新的土地信用银行的计划，该银行后来被称为地产抵押银行，它不是由黄金作为担保的发行银行（这样做已经太晚了），而是由农业土地和工业的抵押贷款作担保。从根本上说，这是一个诱导农民合作，养活全国人民的权宜之计：土地马克是一种稳健的账户马克形式，每一个记账单位价值10美分——帝国银行现在用这种单位来表示目前账户的真正价值："马克就是马克"的古老信条终于被正式抛弃了。

对于这个新计划最常见的评论是：帝国银行由于发现印钞机作为一种应对通货膨胀的工具几乎已经失去了作用，正在寻找一种新的工具。毕竟，政府无意将土地马克作为一种追求稳定的手段。土地马克就像之前的黄金债券，以及同时提出的黑麦债券——根据黑麦的价格来发行和偿还——一样，只是一个权宜之计。也没有人因此建议停止印钞。事实上，100亿和200亿马克面额的纸币即将开始流通，200亿马克面额的纸币在发行当天（9月15日）的理论兑换价值约为50英镑，而在七天之内就跌到了30英镑。这时，德国官方汇率和自由市场汇率之间出现了高达40%的严重差异。接受纸马克的人越来越少，每个行业都在根据不同的指数来确定自己的价格。

9月上半月，政府每天增加的流动债务中，鲁尔区就占了八分之五。为了维持鲁尔区工人的怠工状态，每天要花费500亿马克，这笔钱比补贴德国铁路和邮政服务的惊人费用要多一些，但也多不了多少。在某种程度上，鲁尔区的金融运作实际上支持了法郎，因为大家在鲁尔区用马克来购买稍微坚挺的法郎。

鲁尔区的斗争已经变味了。毫无疑问，在德国的许多地方，这种理想仍然可以激发德国人的爱国热情，关于终止消极罢工的建议虽然可能是更实际的解决办法，但没有政客愿意以政治生命为代价提出这种建议。不过，在鲁尔区内，工人阶级的士气很低落，这是在工资不足的情况下养成闲散习惯的结果。就国家而言，煤炭是这场斗争的关键所在。没有煤，德国就难以为继，因此可以肯定的是，无论人们选择什么样的说法，庞加莱都会"赢"。对于失败者来说，法国得不偿失的胜利不过是学术上的安慰，反动运动也不会允许施特雷泽曼利用这一点。

因此，到9月第三周结束时，政府对政治局势的控制已经紧张到了极点，更不用说财政状况了。部长们也是如此，据当时的捷克外交部部长贝内什说，德国的部长们已经筋疲力尽，无法真正思考自己必须处理的问题，"对这些问题的决定取决于哪个部长前一天晚上睡得最久"。9月19日，德国政府的公告警告说，凡是囤积粮食或金钱、阻止缴税、阻碍粮食或饲料分配的人，都将被判一个月监禁，并处以无限额的罚款。虽然这份公告由总理、内政部长和总统本人签发，但也只是一种无用的绝望行为。包括部长们在内的每个人，都在囤积自己所能搞到的一切物资，没有人试图缴税。粮食分配的唯一障碍是缺乏可流通的货币来购买粮食。

然而，施特雷泽曼的决心是毋庸置疑的。他的问题是如何在不损害德国尊严的情况下放弃消极抵抗。这是一个无解的问题。虽然施特雷泽曼做好了准备，如果国民议会阻挠他的行动，他也将独自行动，但是得知了庞加莱和鲍德温之间已达成共识，英国和法国的政策没有任何分歧点，并且得知巴伐利亚非法宣布了紧急状态后，施特雷泽曼终于正视了现实。

9月26日，施特雷泽曼暂停了魏玛宪法中的七条条文，亲自宣布德国进入紧急状态，并将行政权力交给了卡普政变后接替诺斯克的国防部长格斯勒。这种权力移交只是一种形式。实际上，从那时起的五个月里，帝国国防军总司令冯·泽克特将军掌握了德国最高的行政和管理权力。

在德国社会党主导的内阁的选择下，德国成了一个军事独裁国家。德国被划分为七个军区，每个军区都有一个地方军事独裁者。同时，埃伯特总统宣布结束鲁尔区的消极抵抗。

注释

1. 为报复强盗在希腊领土上枪杀希腊和阿尔巴尼亚之间边界划定委员会的意大利成员而仓促采取的措施。

2. 施特雷泽曼引用德国国歌的新歌词不是没有原因的，国歌的开头几句是：（德意志，德意志，高于一切。困难无比深重，不幸首先降临，仁慈是否自由而真实。）

3. 后来的第一任基拉恩勋爵。他刚刚从西伯利亚回到德国外交部。

4. 10或12倍于伦敦的价格：1923年在伦敦萨沃伊酒店，一瓶上好的红葡萄酒大约需要10先令。

第十二章　深渊之底

德国人终于盼来了几个月来一直想要的强硬手段。但是德国人付出的代价，不只是像预料的那样失去国际尊严。现在连个人自由、言论自由、新闻自由和结社自由都遭到了限制。军队和警察可以随意检查邮件、电报和电话，任意搜查房屋，并没收财产。煽动不服从命令的行为可被处以监禁或高达15 000金马克的罚款。如果煽动行为危及他人生命，将被处以劳役。致人死亡者会被判处死刑——领导武装暴民、叛国、纵火或破坏铁路等行为也会被判死刑。

可想而知，德国右翼对此还抱有更大的期望。然而，柏林在这场游戏中，还只是扮演着追随者。巴伐利亚领导人已经询问了贝内什，捷克斯洛伐克对于巴伐利亚宣布独立的态度。贝内什回答说（他向寇松报告），只要巴伐利亚不与奥地利结盟，而且"只要独立运动由希特勒和鲁普雷希特（巴伐利亚的维特尔斯巴赫王储）领导，鲁登道夫不涉身其中"，他就会保持中立。

慕尼黑的统治者比贝内什更了解希特勒。巴伐利亚宣布紧急状态，主要是为了应对希特勒让15 000名冲锋队士兵进入戒备状态，并且获得了战斗联盟的领导权——没有人知道他当时是否打算发动政变。现在，巴伐利亚内阁同样违宪并违反了《凡尔赛条约》，任命反共和制度的政客古斯塔夫·冯·卡尔为巴伐利亚州委员长，独揽全州大权。冯·卡尔从此凌驾于愤怒的希特勒之上，接着格斯勒任命当地的德国国防军司令冯·洛索为正式的政府委员，冯·卡尔为民间武装领导人，在名义上迅速使局势合法化，但实际情况并非如此。因为从那时起，柏林和慕尼黑之间的交流变得越来越不顺畅，新的现实是，德国有两位独裁者，各据一方。冯·泽克特迅速将普鲁士库斯特林的一场组织涣散的右翼政变消弭于无形，最终借机镇压了"黑色国防军"（自由军团的残余），并同样坚决地处理了萨克森的左翼运动。尽管德国国家党领袖黑尔费里希在国民议会中，对德国向法国的投降大发雷霆，但事实是，德国终于开辟了一条摆脱外交和经济僵局的道路。

值得一提的是，在德国生死攸关时刻，至少有一些经济部门在努力维持正常的业务。一个典型的例子是汽车工业，他们决定继续在柏林举办他们的十月汽车展，旨在证明德国制造商仍然具有世界竞争力。批评者则认为，车展并未证明这一点。和1921年的上届车展相比，本届车展主要的区别在于小型汽车和微型汽车的数量大增，大部分汽车样子难看、质量堪忧。著名的汽车厂商都没推出什么新车型。

（英国商务参赞酸溜溜地报告说）："欧拉展出的新车型'露珠'，车头圆圆的，整车的形状像水滴一样，迈巴赫展出的仍旧是没有传动系统的底盘，梅赛德斯—奔驰展出的是常见车型，唯一值得一提的、是有所改进的品牌奥迪。所有展车的车身工艺粗糙，配色令人头痛，所有非传统的车型，外观奇形怪状，内饰简陋而且品味低下。无法理解定价的依据是什么。"

虽然德国政府有了一个或几个手腕强硬的领袖，但德国的实际问题丝毫没有变得更容易解决。事实上，几乎在各个方面，情况都在迅速恶化，通货膨胀加速是所有问题的根源。在9月的最后一周，帝国银行发行了32 670 000亿马克，用当时的汇率计算，等于每天发行了520万英镑。汇率市场立即有了反应，9月11日马克对英镑的汇率为3.15亿马克兑1英镑，10月2日跌到了15亿马克兑1英镑，10月9日更是跌为57亿马克兑1英镑。帝国银行加大了纸币的发行量。

这些惊人的数字预示了可怕的痛苦。战前德国的平均工资约为每周36金马克，折合1.16英镑。1923年10月，德国平均工资的购买力下降到不足正常水平的20%。这种情况几乎用不着极端分子来煽动革命情绪了。没有人会再使用面额小于100万马克的纸币，事实上，正如达伯农勋爵向寇松报告的那样，"连乞丐几乎都不会接受面额小于100万马克的纸币"。

然而，这种痛苦不仅是对身体的折磨。八个月来，德国政府向人民保证，永远不会放弃消极抵抗，并且教导他们也要提出这样的要求。对无知的人来说，这意味着消极抵抗会永远继续下去。每扇窗户、每个售货亭都仍然贴着或是号召大家坚持的标语，或是呼吁民众捐款的海报，或是法国军队殴打德国民众的照片。现在所有这一切都戛然而止，德国人平静地接受了他们的政府一直在自欺欺人，他们必须无条件地投降，哪怕这件事让他们付出了数万亿纸马克，承受了无法估量的麻烦和痛苦。德国政府和其公务员成了人人唾弃的对象。

约瑟夫·艾迪生在写给亚历山大·卡多根（Alexander Cadogan）[1]的信中表示："德国人民已经准备好接受任何坚定的制度，或者接受任何看起来有明确的目标，并能够用高昂、英勇的声音发号施令的人。"

艾迪生还提出了另一个重要的观点：

经济上的苦难使人们更倾向于服从权威，因为权威代表了从现状中获得拯救的唯一希望。失业正在剥去民主美丽的外衣，工人阶级意识到罢工是没有用的，因为没有什么比罢工更受雇主欢迎。

德国10月初，在新的《货币银行法》通过之后，施特雷泽曼试图通过一项授权法案，为政府争取更多的宪法外权力。他领导的人民党看到了最后给八小时工作制以致命一击的机会，八小时工作制是革命时期的立法，直到现在商业利益集团仍然对其恨之入骨，而新的提案正是对社会民主制度的否定。这个问题造成了内阁的分裂，甚至连希法亭都觉得必须要和他的社会党同僚一起辞职。这届德国政府垮台了。

10月6日上任的施特雷泽曼的新内阁不可避免地进一步向"右转"，以寻求一种使德国人更努力工作、使德国工业更有生产力的方案。德国人民倾向于同意这一方案。他们对民主的热情已经所剩无几，除了关心生计，他们心灰意冷，对任何事物几乎都漠不关心，因此开始逐渐接受独裁主义。10月13日，施特雷泽曼的授权法案得到通过。因此，人民党在10月4日的宣言中声称："德国这艘航船的舵手必须交给右翼……必须结束这种妥协政策，把社会党从政府中赶出去！"这一宣言反映了德国人民的意愿。

社会党离开了，工会却表示强烈不满，要求德国工人们"只服从自己组织的领导！保持纪律！打倒工人阶级的敌人！魏玛共和国万岁！"

然而，工人们接受了鲁尔斗争已经结束的事实。9月30日，《科隆日报》（售价500万马克）刊登了一份宣言的副本，内容是工人们恢复为法国工作时，必须签署为比利时和法国服务的誓词。10月6

日，德国政府废除了"莱茵-鲁尔援助"，但准备继续向那些未找到工作的人发放救济金：11月1日之前，救济金金额是其他地方发放金额的两倍，11月1日之后，发放金额和其他地方一样，也就是说，相当于领取救济金的人预计所需金额的一半。压力已经开始显现：10月7日，一些工业家，包括施廷斯和普鲁士国家矿山的董事（不是那位尚在狱中的克虏伯·冯·博伦），拜会法国总司令，表达希望恢复工作的意愿。讨论继续进行，一个星期后，德国政府下令铁路员工返回他们的工作岗位。

情况和以前一样，除非德国重新整顿金融，否则不可能达成任何形式的和解。恢复对法国的煤炭运输和任何其他物资运输的费用，只能由德国政府支付。政府唯一的途径是增加纸币的发行量。10月10日，马克兑英镑的汇率正式达到70亿马克兑1英镑，但在自由市场上，1英镑可以兑换180亿马克。10月15日，德国官方汇率为185亿马克，而自由市场的汇率高达400亿马克。不论是以黄金、黑麦、外汇或是"物质价值"为基础的各种货币改革计划，全都悬而未决。最大的问题是，德国是否能够接受由外国来控制德国财政。小额贷款、新的发行银行和由外国代理人监督的方案，在德国可能都会比在奥地利运行得更好：对于任何一个货币崩溃的国家来说，最大的优势是由于公共和市政债务被清除掉了，所以可以以一张白纸重新开始。谈判还在继续进行，而马克继续毫无悬念地下跌，从一文不值降到半文不值，贫穷、饥饿和寒冷笼罩着整个德国。德国工人阶级终于体会到了中产阶级已经承受了三年之久的痛苦。

10月15日，当德国政府公布《地租马克条例》，成立地产抵押银行时，这一举措被批评为极端不健全。地租马克是对土地马克的重新命名，本质上是卡尔·赫费里希所提倡的黑麦马克的改良版；目的在于赢得赫费里希领导的国家党中土地所有者的支持，以及赢得认为黑麦马克在政治上值得怀疑的德国左翼的支持。无论人们对地租马克有什么反对意见——特别是关于支撑这种货币的背后基础——这种马克都符合一个基本原则，即将帝国银行从为政府融资的致命义务中解放出来。如果地租马克成功了，就将把哈芬施泰因（帝国银行）带回1913年的货币框架，那时候的每张德国纸币都符合面额标定的价值。地租马克的设计，出自接替希法亭担任财政部部长的路德博士和即将被任命为新的货币局长的沙赫特博士（Dr Schacht），沙赫特还是达姆施塔特国家银行的总经理。然而，在10月中旬，地租马克计划只是众多货币计划中的一个，正如艾迪生对其的评价一样，"不过是用墨水搅昏人们的头脑"罢了。德国没有新的发行银行，更没有任何可能取代旧钞的新钞票。

尽管慕尼黑和巴伐利亚各市镇的经济状况与其他地方一样糟糕，但很明显，这里有着德国最具爆炸性的复杂局面。新任英国驻慕尼黑总领事罗伯特·克莱夫（Robert Clive）注意到，许多新闻记者都聚集在巴伐利亚首府，他大胆地预测，"目前还不可能发生什么事"。慕尼黑每天都有新的法令颁布，禁止公众集会和罢工，毫无疑问，冯·卡尔和冯·洛索将军，已经完全掌控了局面。事实上，这两人是如此自信，以至于他们故意无视柏林发来的指示。他们甚至故作姿态，拒绝10月2日柏林发出的取缔希特勒的《人民观察报》的命令，但还是以发表叛国文章为由从10月5日起将其停刊10天。

克莱夫写道："巴伐利亚偏爱冯·卡尔，希特勒几乎已经完全黯然失色。"事实上，冯·卡尔全盘照搬希特勒，故意制造战争责任谎言，并将几十个不同阶层的犹太家庭驱逐出巴伐利亚：当《慕尼黑邮报》指责他采取这一行动是为了刻意讨好希特勒时，也遭到了取缔[2]。冯·洛索和冯·卡尔一样对德国政府的命令置若罔闻。冯·卡尔从不回信。艾迪生报告说，施特雷泽曼曾向他大倒苦水：

> 冯·洛索总是抗议说，他正在尽力执行作为帝国独裁者的指示，但不知怎么的，总是发生一些事情，使这些美好的愿望化为乌有，例如命令到达得太晚了，或者他出去吃午饭，或者他正在参加姑妈的葬礼……巴伐利亚实际上已不再是德国的一部分。

10月20日，冯·卡尔否决了柏林对冯·洛索的撤职命令。

德国政府的困难几乎不会影响到当地民众，尤其是那些并不长期关心政治或军事冒险的人。克莱夫在10月18日的报告中说："痛苦非常巨大。"

> 很少有家庭每周能买得起一次以上的肉，也买不到鸡蛋，牛奶非常稀缺，面包自几天前取消最高价格限制以来，价格已经上涨了16倍。毫无疑问，高级餐馆里坐满了衣着光鲜的人，他们喝着葡萄酒，吃着慕尼黑最好的东西——但他们要么是被误认为当地人的德裔美国人，要么是鲁尔工业家……没有人想到会发生政治动乱，但饥饿引发的骚乱是另一回事……还有寒冷：没有人能够负担得起供暖费用。没有人认为地租马克会有帮助。

柏林派到慕尼黑的帝国部长代表冯·哈尼尔（von Haniel）也是同样看法：

> 绝望的经济状况是造成这些问题反复出现的主要原因。情况已经糟透了。大多数人士气低落、不负责任，这种情况将一直持续下去，直到地平线上出现一些曙光，直到人们重新觉得除了美元的价值和在纸马克失去价值之前必须用掉它们之外，活着还有别的目标时为止。

在德国其他地方，当人民对其政府完全失望时，也同样诉诸直接行动。带着机枪的部队在不来梅的街道上巡逻，那里的棉纺厂和船厂工人一起发动了另一次因为生活费用的罢工。在不来梅，以及在不远的汉诺威，失业率每周增加约10%，按金马克和纸马克计算的物价都在急剧上涨。驻不来梅领事埃尔菲克（Elphick）刚一抵达不来梅，便说：

> 让人想到的第一件事是，德国的低价时代实际上已经过去了。人们来这个国家时，满脑子都是关于到处都能买到物超所值的东西的故事。到了这里，人们才发现德国的物价不仅达到了世界水平，而且已经超过了世界水平，因此，在英国买东西实际上比在德国要便宜。因为，现在连德国人也完全认识到马克毫无价值，所有的价格都根据黄金定价。
>
> 一般来说，金马克的"基准价格"被固定为战前价格的两倍，零售商在此价格基础上，根据自己的意愿来确定乘数，乘数

不仅每天增加，甚至经常每小时增加，以跟上纸马克下跌的速度——确切地说，是高于马克下跌的速度，这样才能防止他们手中的纸马克的"金价"迅速贬值，从中赚取巨额利润[3]。

10月24日，不来梅参议院自行决定发行总价值为100万美元的金票，面额不是马克，而分别为0.25、0.2和1美元的面额，还有较小的5美分和1美分的面额，明确用于购买生活用品的交易中，而不必将其兑换成纸马克。不来梅发行的金票已经成为工资的一部分，金票可以在五个月内以不来梅州5%利息的美元债券偿还，或根据纽约官方汇率中间价，以帝国银行货币偿还。另一方面，一美元纸币可以随时按照完整官方汇率用纸马克赎回，而无须缴纳通常的外汇交易税。由于发行的金票是由富饶的不来梅的所有收入和资源为担保的——在国家解体的情况下，不来梅是通往德国的重要门户——它似乎是当时德国任何地方都最稳定的货币。

不来梅经过慎重计算，才甘冒风险，知道继续发行纸马克，格雷欣劣币驱逐良币的法则就会生效，结果必然是新的金票会被人们囤积起来。然而，到了1923年秋天，一个新的因素发挥了作用——没有人有能力囤积金票。工人和小资产阶级都已沦为穷人，他们可变现的资源消失一空。零售商品的库存亟须补充，小生意才能够恢复兴旺，但人们的口袋里却空空如也。似乎没人能继续使用一种无人问津的货币，因此，与格雷欣的理论相反，良币实际上驱逐了劣币。人们希望从金票的发行使物价下降，因为零售商不再需要考虑贬值的问题[4]。

各种金融分离主义是德国政府最不担心的问题。普鲁士、萨克森、巴伐利亚和莱茵地区，都存在领土分离的威胁。圭尔夫（Guelph）分离主义分子甚至在汉诺威策划分裂阴谋，其首脑是被废黜的汉诺威选帝侯的孙子——拥有英国爵位的坎伯兰公爵。继巴伐利亚之后，最具威胁性的是莱茵兰分离主义运动，至少几个星期以来，该运动的力量不断增强，游行和暴乱者的人数以及他们的呼声都在明显地增加。9月30日，两万名分离主义分子在杜塞尔多夫聚集、游行，并杀死了11名警察。这些人在法国的允许和鼓励下乘火车进城，而当地居民则大门紧锁，待在家里。

在接下来的三个星期里，不管有没有得到法国支持，骚乱都在不断爆发，最后到10月21日，在比利时占领区内的亚琛，莱茵共和国宣布成立。寇松向比利时发出了一份严厉的照会，随后莱茵共和国遭到镇压。然而，在法国军队的支持下，法国占领地区内的波恩、特里尔、威斯巴登和美因茨很快宣布成立了分离主义政府。德国公务员拒绝与这些所谓的政府合作，这些政权和公共服务随即崩溃。接着法国人又将注意力转向了巴伐利亚密不可分的组成部分——巴拉丁（Palatinate），并暗示它已经成了一个自治国家[5]。

在莱茵兰吸引人们注意力的同时，汉堡也出现了严重而危险的问题。从根本上说，原因还是老问题：当一周的工资在另一次货币崩溃后才发放时，完全不能满足人们的需要。10月15日，汉堡政府取消了面包卡，而以前有需要的人凭面包卡可以用低于市场价格一半的价格购买面包。一个星期后，码头工人和造船工人再次举行了罢工。暴动者攻击了警察局、将街道上的树木砍倒、开挖战壕、洗劫了少数仍在开放的食品店。在库斯特林，当地政府镇压了一场政变，不敢再大意。德国巡洋舰"汉堡"号在鱼雷艇的护航下抵达，海军陆战队员登陆镇压了叛乱，并逮捕了800名左翼活动分子。

10月15日，马克对英镑的汇率再次跌破了180亿马克兑1英镑。10月21日，当马克对英镑的汇率在三天内从240亿马克兑1英镑跌到800亿马克兑1英镑后，达伯农勋爵从统计学角度高兴地指出，（600亿马克）这"大约相当于自基督诞生以来，每过一秒钟就有一马克"。到了月底，纸币的发行量达到了2 496 822 909 038 000 000马克，而所有人都仍然要求发行更多的钞票。10月26日，柏林（由于面包店没有面粉，已经有好几天没有面包卖了）的帝国银行被一群人包围了，人群索要发行10亿马克面额的纸币，这些纸币一印出来就被装在篮子里和车上运走。第一批面额为10 000亿、50 000亿和100 000亿的纸币将在11月1日准备就绪。

因此，10月底的汉堡骚乱，虽然是被煽动的，但却是最真实的沮丧和绝望的产物。马克贬值来得如此之快，以至于无法再通过使用指数和乘数来及时地调整工资。德国工人们在10月1日领到4.05亿马克的日薪（按当时的汇率计算约为6先令8便士），在10月20日领到65亿马克的日薪，突然发现他们的新工资（按800亿马克兑1英镑的汇率）只等于7.5便士。另一方面，物价紧紧地跟随汇率变化的步伐：基本上，零售价格变动的速度算是一种保护措施。生意几乎不可能做了，继续经营的店主们受到了10月22日颁布的一项新法令的约束，命令他们继续开店，接受顾客用纸马克来购买商品。

和其他地方一样，汉堡的呼声仍然是要求发放固定价值的工资。工会唯一的要求是不断提高工资，以便有足够的马克来应付物价的上涨，这似乎是很久以前的事情了。10月26日，吵着要固定工资的工人拒绝了以新汉堡金马克纸币发放工资的建议，理由有二：一是他们的雇主无法用这种方法来发工资；二是无论如何，他们都需要纸马克来应付他们的生活费用。他们几乎不知道自己要的是什么。11月1日，在汉堡议会投票通过了50 000 000亿马克（近2 000英镑）的救济金以缓解困境后，汉堡工人复工了，资金终究还是用市政府的"金"券发放的。这种安排远非完美，因为金券在使用前必须先兑换成纸马克，而兑换商经常从中谋取暴利。

德国各地的情况都一样，有些地方好一些，有些地方差一些，最差的是鲁尔区。各地都在继续裁员。"汉堡"号巡洋舰向鲁尔派出了一支海军陆战队，因为人们担心在蒂森、施廷内斯和其他工业家决定关闭他们的许多工厂之后，可能会引发骚乱。工业家们与法国人的讨论是友好的，对双方都有利，但与柏林的要求相抵触。

10月27日，施特雷泽曼总理视察鲁尔区回来后十分震惊。占领区内的官方救济金几乎已经用光，即使国家级的救济金水平也低得可怜，德国政府也无法再继续提供任何形式的补助。工会报告说，整个德国的失业率为18.7%，还有40%的劳动力从事的是短期工作，每周工作时间从4或5小时到30或40小时不等。除被占领土上的200万工人之外，德国政府还向非占领区的877 262名工人发放了失业救济金（那里的工会工人失业率为10%），并向其他近170万人发放了短期救济金。还有更多的人没有得到救济。实际上，非占领区的所有经济停滞都是由于其他地区的工厂关闭造成的。

施特雷泽曼对达伯农说，预计11月会有500万工人没有工作，没有政府帮助，而且基本上也没有食物。更多的骚乱是不可避免的。施廷内斯和他的同事福格勒将继续与法国人谈判，但似乎可以肯定的是，国家党人在施廷内斯的支持下，决心把摧毁现政府作为他们的首要任务。这还只是其中一半的困难而已。法国人要求恢复正常的代价之一，是缴纳煤炭税，但是德国政府根本无力支付。莱茵兰已经失控了。在德国范围内，人们再也不愿接受任何一种每天贬值一半的货币。而这还不算是全部的麻烦。

蔡格纳拒绝了柏林要求他恢复秩序的最后通牒。此外，施特雷泽曼总理知道自己唯一的希望，也许是德国作为一个完整的国家生存下去的唯一希望，就是推出一种稳定的交易媒介，现在他对地租马克即使作为一种权宜之计是否有效，都表示怀疑。最肯定的是，这已经是最后的办法了。

10月30日，马克对英镑的汇率为3 100亿马克兑1英镑，柏林政府面临着五个直接危机：巴伐利亚、萨克森、莱茵兰、鲁尔区的复工问题和金融混乱[6]。鲁尔谈判是否成功决定了能否与纽约进行进一步的谈判，以获得足够的贷款来购买必需的进口食品和燃料。如果贷款数额足够大，就有可能与德国剩余的储备金一起，建立一种新的货币。否则，政府无法找到可以让他们苟延残喘的氧气。

然而，政府的问题不只是区区十几个。11月1日，据了解，希特勒的巴伐利亚军队正在图林根边境集结（得到了勃兰登堡和波美拉尼亚道义上的大力支持），威胁如果魏玛共和国不镇压那里的共产党，就要亲自动手。与此同时，萨克森州的军事委员会委员长得到部队增援，动用武力逮捕了蔡格纳和他的支持者们，但此举引起了国民议会中社会党的反对，并开启了内阁危机的征兆。11月2日，柏林交易所出现了剧烈的恐慌——不是因为巴伐利亚或内阁危机，也不仅仅是因为马克刚刚在三天内贬值了五分之四，而是因为人们意识到，除了当地市政府、工业企业和联邦各州发行的无数紧急货币之外，德国还有至少八种官方纸币在流通。这些官方货币包括了帝国银行的纸币、铁路应急货币、黄金贷款"券"和帝国美元债券。达伯农勋爵说，这段时期是"经济史上从未有过的混乱期"。

11月5日，德国军方认为对萨克森州的行动已经完成，帝国国防军转向图林根，引起了社会党议员的更多抗议，因为议员们的许多选民现在身处火线。11月6日，在柏林的贫困地区爆发了对食品商店抢劫，因为农民不愿意把农产品卖到城市，柏林市民再次陷入最严重的困境。途经柏林的英国商人J. C. 沃恩（J.C.Vaughan），给伦敦的英国外交部写了一封抗议信：

> 眼前的景象令我感到难过。我碰巧经过弗里德里希大街和林登大街之间的商场，在那样一个小地方，看到三个几乎奄奄一息的女人。她们不是因病而处于弥留之际，就是即将饿死，我毫不怀疑是后者。她们已经无力乞求施舍，当我给了她们一沓不值钱的德国纸币时，她们急切地抓住钞票的样子，令人震撼——就像饿疯的狗争抢骨头一样。我不是亲德派，但在停战五年后，我们竟然还容忍这样的状况，在我看来是令人震惊的。我不禁怀疑，没有见过这番惨景的人是否真的了解实际情况……当然，人们能在柏林见到许多汽车和富人，但我们是否知道较贫穷的地区是怎样一番景象？排队等待救济的队伍就足以说明一切。

这是德国工业区和各地城镇的普遍情况，只有一些大城市除外，因为人们愿意接受这些城市以黄金价值为基础发行的紧急货币，而且它们的基本需求可以由其附近的农业地区提供。但是，这样的避风港很少。在布雷斯劳，另一位外国商人自9月以来主要就是靠面包和淡茶生活，他发现"清晨挤进一家餐馆，要等上几小时，直到午餐时才能吃上一顿饱饭"。尽管他有钱买吃的，但是每天晚上都饿着肚子睡觉。

事实是，尽管全国各地农民的谷仓里都堆满了未售出的粮食，德国却在遭受普遍的饥荒。苏黎世的每家食品店都有一个标语牌，上面写着："给你在德国的朋友寄食品包裹"。与以往一样，而且比以往更糟糕的是，德国中产阶级和专业人士的状况和前景令人担忧。只有两种补救办法似乎可行，一种荒唐可笑，另一种难于登天：第一是从国外获取食物，第二是建立一种稳定的交易媒介，可以说服德国农民愿意接受纸币，出售粮食。

图林根行动把巴伐利亚这只沸腾水壶上的盖子多压了两天。希特勒希望与图林根或萨克森的共产党进行一场激烈的战斗，从而使巴伐利亚军队向柏林进军的希望落空了。由于卡尔和洛索的操纵——或者说人们希望这样——宣布巴伐利亚脱离德国，成为独立的君主，慕尼黑的紧张气氛每小时都在增加。这种危险，加之必须采取积极行动以顺应自鲁尔斗争结束以来一直在积累的革命势头，促使了希特勒在11月8日晚上发动政变。

希特勒发动贝格勃劳凯勒啤酒馆政变的过程，以及第二天守卫奥登广场的慕尼黑警察开枪后，可耻的政变失败，严格来说并不是这个故事的一部分，但却经常被人提起[7]。重要的是，希特勒和纳粹党能够厚颜无耻、轻而易举地利用严重的通货膨胀状况中固有的苦难，在全国范围内鼓动人们反对政府，并说服成千上万的人，把错误和责任直接归咎于很多明显不该承担责任的人：例如签署停战协议的人、法国人、犹太人，等等。

通货膨胀是政治极端主义的盟友，是秩序的敌人。在其他时候，俄国通货膨胀可能是为了摧毁社会秩序而被人故意制造出来的，因为混乱是革命的基础。然而，在此时的德国，通货膨胀政策是金融界无知、工业界贪婪的结果，在某种程度上也是政治懦弱的结果。因此，通货膨胀为反动运动或革命斗争更大规模和更快速地发展，提供了温床。1923年，希特勒把他的希望寄托在"饥饿的亿万富翁的反抗"上[8]。11月的第二个星期，他给了巴伐利亚政府，也许多少也给了柏林政府非常难堪的一击。随着东普鲁士和波美拉尼亚对希特勒的同情增加，对德国政府来说，在二十四小时内，似乎存在着内战的真正危险，而且内战还不仅仅只局限于巴伐利亚。

巴伐利亚的流血事件以及戒严令的宣布，几乎没有起到冷却激情或减轻国家不幸的作用。冯·泽克特靠着最新的总统令赋予的权力，开始镇压所有的极端党派。为了稳定局势，总统和总理发布了一份公告，谴责南方巴伐利亚州的叛国行为，并指出最新的货币措施在24小时内，已经使马克的价值提高了数倍，但这种有限的胜利是短暂的。第一批1 000 000亿面额的纸[9]马克已经发行。哈芬施泰因的印钞机在一周之内，创纪录地提供了近7 40 000 000 000亿马克的钞票，是6天前发行总额的四倍。1914年以1为基准的生活费用指数，从9月的平均1500万上涨到10月的36.57亿，到11月12日，涨到了2 180亿。

在有近10万名失业人员的科隆，妇女们发出了一份感人至深但毫不夸张的呼吁，呼吁开头的称呼是"致大英帝国的女性"：

> 在消极抵抗时期，我们不是靠工业生存，而是靠从国家未被占领的地区寄来的纸币救济金。现在救济金已经不发了，我们面临着饥饿。工业无法恢复，有数以百万计的人失业……我们成千上万的杰出公民被放逐或监禁……我们的报纸被取缔……成群结队的冒险家，以分离主义和共和主义的名义，对我们手无寸铁和无助的人民施暴……冬天就要来了，我们却没有煤。

事实上，德国政府准备让占领区自己来掌握财政的命运。德国政府原本应该这样做，而不是走上消极抵抗的罢工之路，当然，一月时德国政府出于人道主义和爱国主义的考虑，不可能这样做。现在的危险是，财政援助的结束会使该地区投入分离主义者的怀抱。由于这个原因，人们对为鲁尔-莱茵区建立一个新的发行银行的建议并不乐观，除非这家发行银行将来在地产抵押银行成立时能够被吸纳进去。法国人和工业家之间的谈判仍然没有结果。然而，可以肯定的是，如果德国政府继续对鲁尔区发放无益的补贴和救济金，地租马克将走上纸马克的老路。为了避免这种情况，甚至连养老金的也要停止发放——尽管目前每天仍有数百万金马克的纸币被运往占领区，以拯救那里的人们。

占领区的德国工业企业和市政机关尽了最大努力来降低即将到来的变化所带来的影响。例如，索林根地区发行了以黄金为基础的马克，并以索林根商会成员的外汇余额为担保。霍赫斯特（Höchst）染料厂第二次发行了金马克货币，并用存在苏黎世一家银行的40多万瑞士法郎存款作为担保。有几家公司购买了大量牛奶和土豆，卖给自己的工人，但只能发放给他们每小时70金芬尼，约8.5便士或20美分的工资。在整个德国，熟练工和非熟练工之间的工资差距已经减少到10%左右。德国工人的士气比以往任何时候都要低落，每个工人的产出低于战前。

注释

1. 后来的亚历山大·卡多根爵士，荣誉勋位，1938—1946年担任外交事务常设副大臣。

2. 《慕尼黑邮报》的指责对卡尔可能有失公允，他是个虔诚的教徒，不近人情，认为自己是从社会党人和犹太人手中拯救德国的天选之人。

3. 艾尔菲克写给伦敦的信件，信封上盖着10月22日的邮戳，贴着面值为148 000 000马克的邮票。

4. 1923年2月10日，J. 谢尔德·尼科尔森（J. Shield Nicholson）教授在《苏格兰人报》上指出："在纸币贬值到一定程度后，所谓的格雷沙姆法则的反面就会发挥作用：哪怕严刑峻法也无法阻止法定货币失去其购买力。良币会驱逐劣币……德国政府为限制纸币投机所做的微弱努力，就像为支持法国大革命时期的'指券'（Assignats）而颁布的链刑和死刑一样无济于事，'指券'在1790年被定为法定货币，但在1796年因不可行而被弃用。"

5. 寇松如何将这一问题迎刃而解的故事在《寇松：最后阶段》一

书的第十二章有详述，作者哈罗德·尼科尔森。

6. 1923年12月以前，税收制度仍然主要基于纸面价值。1923年10月，在波兰边境，办理一本护照仍然只需花费2个纸马克，自战争以来，关税从未提高过。

7. 惠勒·贝内特（Wheeler·Bennett）的《权力的克星》或布洛克（Bullock）的《希特勒：暴政研究》中的描述似乎不需要修饰。

8. 康拉德·海登（Konrad Heiden）在《元首：希特勒的崛起》一书中，充分解释了希特勒是如何利用此时所有阶层的经济恐惧的。

9. 有史以来印刷的最高面额：100 000 000 000 000马克，在德国（和英国一样）被称为百万亿。

第十三章　沙赫特博士

当沙赫特博士于11月13日被任命为德国国家货币专员时，德国人仍然在问：应该以何种形式的稳定货币赎回纸马克，兑换汇率该是多少。这些问题都停留在学术层面，因为没有人对地产抵押银行计划的成功抱有更大的希望。政府每天都在发布一些新的命令，管理与日俱增的金融、经济和行政混乱，虽然其最终结果是进一步加剧了混乱。11月10日至16日，印刷工人罢工，报纸的停刊大大加剧了惊愕、谣言和恐慌，因为人们普遍不知道最新的物价、来自巴伐利亚州的消息，甚至不知道政府的意向。

沙赫特面临着难以置信的混乱局面。在过去的十天里，政府的支出已经超过了其收入的1 000倍。流动债务增加了15倍。政府很快就无法向陆军、警察和自己的官员发放现金工资。财政部自己的官员的工资已经有一部分是用土豆替代的。关于预算的估算报告里，每一页都有一个骇人的提醒，在括号里，所有的数字都以千兆为单位[1]。地产抵押银行董事会毫无顾忌地倾向于由大地主、大工业家、农业利益集团等组成的右翼，这些人都是通货膨胀政策的受益者，他们没有向国家缴纳应交的税款，因此，董事会达成民主结果的希望不大。

在任命沙赫特和11月15日地产抵押银行成立后（刚好比原始的法令颁布晚了一个月），接下来发生的事情令人震惊。在那一天，帝国银行终于停止了国库券的贴现，令哈芬施泰因拥有了特别的办法来拯救马克，而就在前一天，马克对英镑的汇率已经跌到了60 000亿马克兑1英镑。据沙赫特说，当时在帝国银行及其分支机构手中的未发行出去的纸马克，可以装满300辆载重10吨的列车车厢。

通货膨胀的引擎已经熄火，但德国国家财政仍然在其自身巨大的惯性下急速下坠。在接下来的五天里，随着第一批地租马克的出现，柏林的马克汇率下跌，而且政府坐视汇率的下跌，到11月15日跌至120 000亿马克兑1英镑，接着到了11月20日跌至18万亿马克兑1英镑，相当于42 000亿马克兑换1美元（因为英镑最近在纽约贬值了）。在这五天里，德国流通的纸币面值的总额又翻了一番，纸马克的价值正好是金马克的万亿分之一。现在，仍是唯一法定货币的纸马克终于稳定下来，只需去掉12个0就可以实现简单的转换[2]。一万亿纸马克等于一个金马克。一个金马克等于一个地租马克。马克就是马克的说法再次出现，关键的问题是是否有人会相信这句话，是否所有人都会相信这句话。信心就是一切。德国财政部长路德把这项工作比作盖房子先盖屋顶。

现在问题重重，其中许多问题在夏末就已经解决了。黄金和黄金等价物的储备在鲁尔斗争期间被浪费殆尽，不足以支持新的马克。因此，地产抵押银行的马克由土地财产抵押，和包括贸易、商业、银行和运输在内的德国工业债券，提供等额担保，两种担保的总金额为32亿金马克，约1.6亿英镑。地租马克的发行量上限为24亿马克。地产抵押银行（和帝国银行一样）不受德国政府干预。作为为政府提供了12亿特别信贷的回报——包括3亿地租马克的无息贷款，以供政府偿还流动债务——政府保证不再向帝国银行贴现任何国库券。11月15日之后的五天，尽管贴现已经停止，但政府却允许纸马克再贬值一半，已经贴现的国库券价值从3.2亿金马克下降到1.916亿金马克。地产抵押银行通过等待整数转换汇率的方法，给政府带来了最有利的转机。

事实上，这一停顿再次打击了反应迟缓、多次遭受重创的国家债权人，从战争公债持有人到抵押房贷放款人，从人寿保险投保人到合作社成员，从储蓄银行储户到公司债券持有人，他们所有实现正义的机会终于灰飞烟灭了。对他们来说，国债的消亡就是希望的消失。德国公共和私人债务人被免除了他们的债务，债务总价值估计为100亿英镑[3]。

即使在当时，连外国人都感到震惊，因为德国的中产阶级，以及储蓄银行或工会等更有组织的机构，都无动于衷地默许了这种补救措施，不管这种措施多么有效，本质上它是通过消灭所有债务和绝大多数人的储蓄的方式，将这种掠夺行为合理化。德国人的损失被盖上了永久的封印；正如布雷夏尼–图罗尼所说的那样，"这是和平年代里，国家对某些社会阶层的财富进行的最大规模的征用"。1924年，艾迪生从柏林发出的报告中写道："这些阶级以坚忍态度接受了即将到来和已经完成的毁灭，承受了沉重的税收和普遍的失业，不亚于承受康复初期时的痛苦症状"。

他们这样做也许是因为他们已经彻底绝望了，但更可能是因为大多数人根本不明白发生了什么。从字面意义上讲，地租马克是一个信仁骗局。抵押担保的实际价值，即使不是完全虚幻，也是非常值得怀疑的。此外，虽然国库券的贴现停止了，但商业票据的贴现却仍在继续，而且是快速地继续。"地租马克的奇迹"从11月20日起，纸马克的价格保持稳定，而流通的数量却没有停止增长。换句话说，贬值停止了，但货币供应量仍在继续膨胀。

奥地利就曾经发生过这样的事情。1923年11月，帝国银行流通货币的实际价值仍然不到战前稳定时期所需的三十分之一。现金严重短缺，即使地产抵押银行的现金发行达到法定上限，也只能补充大约三分之一的所需现金。地租马克需要取代数以百计经过授权和非法发行的紧急代用币，还需要将大量的外汇从货币系统中挤出去：前者的金额估计为10亿金马克（没有确定把握的估计），后者的金额为20亿金马克，两者加起来可能使官方的货币发行量增加1.5亿英镑。

到1923年11月30日，流通中的地租马克有5亿；1924年1月1日达到10亿马克； 1924年7月达到18亿马克。除了这些流通货币以外，11月15日还有相当于9 300万金马克的93艾[①]纸马克[4]（93后面加18个0）在流通。11月30日，纸马克的流通量增加到400艾（4后面加20个0），1924年3月底增加到690艾，7月增加到1.211泽[②]；这个金额的实际价值与7 000万英镑相差无几，或相当于流通中的地租马克价值的三分之二。赔款委员会的经济学家科斯坦蒂诺·布雷夏尼–图罗尼在1931年的文章中告诫人们最好记住这一点：

> 德国外汇的稳定不是通过货币紧缩，甚至不是通过停止法定货币流通的扩张来实现的。相反，法定货币的数量大大增加。

---

① 艾 $=10^{18}$，用于构成十进倍数的词汇。——编者注

② 泽 $=10^{21}$，古称十万为亿，十亿为兆，十兆为京，十京为垓，十垓为秭。一说万万垓曰秭，见《孙子算经》卷上。——译者注

这是经济复苏的一个重要前提，但如果公开宣布德国政府将在8个月内，发行超过12倍于地租马克推出时纸马克的发行总量，就会对民众产生灾难性的心理影响。

地租马克本身的地位是不正常的。它不是法定货币，而是"一种法定支付方式"。它不能兑换成黄金，更不能兑换成担保它的农业或工业资产，但是500地租马克可以兑换成面值为500金马克的债券。法定货币仍然是马克，虽然它已经如同死后被做成的木乃伊，但仍然可以流通，因为在人们的心目中，地租马克保证了纸马克的价值为名义价值的万亿分之一，而地租马克本身只是一张印着承诺的纸而已。直到1924年8月30日的德国货币法才批准将纸马克价值合法缩减到这个极端的数值，该法允许将印有"一万亿马克"字样的纸马克（为了清楚起见，后来又增加了"1 000十亿"的字样）兑换成帝国马克。

因此，货币稳定化的直接基础不是关闭印钞机，而是通过拒绝向德国政府提供进一步的信贷，以及通过从浮动马克制度回归马克对黄金和美元固定汇率制度，来严格控制国家支出。

果然，这个信任骗局奏效了。旨在推动1923年马克趋于稳定的权宜之计——地租马克，在一年后帝国马克问世之前，成为支撑10亿面额马克纸币的武器。布雷夏尼–图罗尼说："基于新的纸币和旧的纸币名字不同的简单事实，公众认为新纸币是与纸马克不同的东西……新的货币被接受了，尽管它是一种不可兑换的纸币。人们愿意持有这种纸币，而不是迅速花掉。"

相同的经历不光奥地利曾有过，而且8月在德国发行的所谓的黄金债券问题上也有过：黄金债券没有真正的担保，但由于黄金贷款债券被印上了"价值稳定"的字样，就足以使公众不仅接受而且囤积它们。债券流通的速度慢了下来，从狂奔变成了缓行。就地租马克而言，它赢得农业的信任是最重要的进步。从稳定化开始的那一天起，粮食可能再次流回城市、德国的预算可能再次得到平衡的希望终于出现。

沙赫特在建立新的交易媒介时，遇到了两个迫切的问题。一个是黑市的问题——11月的最后一周，美元在黑市上的汇率高达120 000亿马克兑1美元，几乎是新官方汇率的三倍。另一个是紧急代用币的问题，这种紧急货币在很大程度上与纸马克处于同等地位，对持续的稳定构成了最严重威胁。沙赫特决心要结束这种"每个人都有自己的帝国银行"的制度。沙赫特宣布帝国银行不再接受新发行的紧急代用币，引发了德国人的抗议风暴，这些人已经逐渐习惯以牺牲银行为代价，自己印钞并从中获得暴利。

11月25日，在争吵喧闹的科隆会议上，沙赫特拒绝了一大批工业家和市政官员的恳求和威胁——全都是为了让帝国银行恢复接受紧急代用币，并宣布该决定不会更改，大家必须再度习惯于用稳定的数字做出预算。清算的日子已经来临。带着种种疑虑，德国现在恐惧地凝望着12月的阴霾。

沙赫特以自动而干脆的方式处理了黑市的问题。11月底，当黑市美元汇率达到最高点时，需要结账的投机者找不到资金来结算自己的承购。以前很乐意提供信贷的帝国银行不再提供贷款，因此，凡是以120 000亿马克价格买入美元的人，现在都被迫以420 000亿马克的价格卖出，损失了三分之二的资金。12月1日之前，有1 000万英镑的外汇以这种方式回到了帝国银行。投机者们纷纷前往巴黎，开始炒法郎，他们的离场是稳定的第一个信号。

沙赫特坐在一个曾经被女佣用作储藏室的单间里，看着财政部的后院。他在这个岗位上，用不到一星期的时间，将德国的金融体系从混乱变为稳定。后来有人请他的秘书斯特菲克女士介绍他作为专员的工作：

> 他做了什么？他坐在仍有一股子旧毯味道的小黑屋的椅子上抽烟。他读过信吗？不，他不看信。他写过信吗？不，他不写信。他打了很多电话——他打电话到每个地方，德国的或者国外的，凡是与货币和外汇有关的地方，他还打电话给帝国银行和财政部部长。完了他又继续抽烟。在那段时间里，我们吃得不多。我们通常很晚才回家，经常是乘坐最后一班郊区火车，坐三等座。除此以外，他什么也没做。

大多数人都没有注意到财政部的那些神秘而又深奥的金融操作，11月15日这天，人们的当务之急是应付饥饿、寒冷以及不断加剧的社会动荡和苦难。柏林到处都在发生骚乱和拦路抢劫。施特雷泽曼的授权法案通过后，赋予了冯·泽克特更大的行动权力，他现在可以指示军方协助民事当局控制食品价格，但即便如此，人们还是认为应该把赔偿委员会内的女职员都送回国。

官方稳定化计划实施三天后，市场上没有出现比以前更多的食物。牛肉和羊肉很多，但是价格奇高，根本吃不起。报道说，市场上没有猪肉，因为农民自己把猪肉吃掉了。由于牛饲料出现了短缺，牛奶产量正在下降。柏林每天的牛奶消费量，从180万升下降到13万升，该市最大的奶制品公司波洛公司每天只卖出2.5万升牛奶，远不如战前的100多万升。黄油是买不到的，而且对大多数人来说也太贵了。

比起金融崩溃，社会党的成员更担心的是德国新民主制度的崩溃。自从图林根的左翼被镇压以来，国民议会一直对施特雷泽曼总理充满了愤慨。11月23日，社会党人以不信任动议和他不愿结束紧急状态为由，投票使其内阁倒台。然而社会党的不满还有其他原因。施特雷泽曼在8月上任，目标是要阻止通货膨胀，并暗示要让哈芬施泰因下台。而造化弄人，哈芬施泰因实际上在11月20日，即稳定化计划实施的当天就去世了，结束了他对帝国银行的有效管理。施特雷泽曼任命希法亭为财政部部长，对阻止局势的发展没有起到任何作用。但施特雷泽曼的下台后，也没有任何真正的迹象表明，希法亭的继任者路德会有更大的作为。人们还记得，即使是施特雷泽曼的支持者也记得，施特雷泽曼是在英国8月11日发出照会后的一片乐观主义浪潮中上任的。他宣称鲁尔区的消极抵抗不会停止[5]，但他却亲自终止了抵抗，而且到现在仍然没有与法国人达成和解。鲁尔区是最后的症结所在，那里的工人在经历了这么多月后，可能遭到被抛弃的命运，这是国民议会投出不信任票的原因，哪怕这种做法存在着可能让更右倾的政府上台的风险。

国民议会对已经疲惫不堪的施特雷泽曼没有信心，并不代表着对任何其他人都有信心，达伯农勋爵描述冯·泽克特的行动虽然独裁专制，但温和而有技巧。但到了11月的最后一星期，他也发现政治的混乱"难以形容"，鲁尔问题比以往更加尖锐，金融困境也没有好转。除了原来在汉堡和德累斯顿特别强大的德国共产党人，现在似乎完全被吓倒了（冯·泽克特的最新法令废除了左翼和右翼的极端政党，实现了与温和派意见的调和），他看不到任何希望的曙光。

但是，人们正在慢慢恢复理智。施特雷泽曼的下台及其带来的政治问题，虽然遮盖了更有希望的发展，但并没有危及它们。鲁尔区矿主和法国-比利时管制委员会（MICUM）（在鲁尔区被占领时取代了德国煤炭联盟）之间突然达成了某种协议，矿主将全额交付赔偿煤炭和焦炭，并缴纳1 500万美元的煤炭税欠款。这样，以德国经济复苏的前景为代价，庞加莱的"生产承诺"得到了保证，并且为法国的撤军开辟了道路（尽管没有得到遵守：庞加莱必须首先下台，法国才会撤军）。

德国和外国达成协议只是进展的一部分。邮政费用根据黄金计算的决定；宣布两个月内解雇10%铁路人员，以及其他激烈的经济手段；矿工（暂时）同意每天下井工作8小时，而不是7个半小时；国家官员和雇员，甚至钢铁工业也同意恢复到9小时工作制；将官员工资降低到战前水平以下——以上这些做法都是应付在德国严峻的现实情况中做出的实质性举措。

这些举措都得到了不同事件的推动。首先，莱茵共和国临时政府的垮台；其次，德国中央党的威廉·马克思博士担任了总理职务，他于11月30日组成了内阁，由施特雷泽曼担任外交部部长。国民议会从

12月8日休会至1月中旬，这标志着9月放弃消极抵抗时开始的内阁和议会危机终于结束。

当务之急是解决不断高企的失业率。稳定化措施在多大程度上增加了失业人员的数量并不容易确定。德国的财政和经济已经恶化得太厉害了，任何措施都无法减缓或阻止失业率快速上升的趋势。而且，为再次延缓大规模失业而采取纾困措施的时机已逝。旧的马克已经沦落到完全无人问津的地步，政府无法再通过印钱来保住任何人的工作了。政府只能在失业和金融混乱与失业和货币纪律之间做出选择。无论哪种选择都意味着痛苦，但第二种选择至少提供了获得食物的承诺，以及走出困境的方法。德国的失业者起初并没有注意到两者之间的区别。在施特雷泽曼和威廉·马克思权力交接的那一周空位期内，杜塞尔多夫、埃森和盖尔森基兴再度爆发地方性骚乱，发生了武装对抗警察和许多流血事件——食物是问题所在。

马克实现稳定化的一个信号是国际金融投机者在法郎贬值的诱惑下转战巴黎，但随后的迹象就不那么让人欢欣鼓舞了。德国税收现在开始变得很重了。利率居高不下，达到100%。资本和信贷的短缺意味着物价高昂和工厂倒闭。扣除物价因素后的生活费用也在不断攀升。某些实际价格突然上升，如大学学费，这导致入学率下降。国家和市政府的救济金甚至比以前更显不足。行业工会由于资金随着纸马克的贬值而消失，处于动荡之中。

在德国通货膨胀的早期阶段，工人的工资总体来说够用，但随着汇率变化日趋激烈，工人阶级的生活日渐艰难。货币稳定化的突然冲击带来了几乎无法忍受的压力。到了圣诞节，德国的非占领区登记的失业人数一直在增加，超过了150万，是11月初的两倍。但真正的失业人数可能要多出100万人。大部分的劳动力都遭遇到了工作时间缩短或工资减少。阿瑟·罗森伯格（Arthur Rosenberg）估计，每100个工人中只有30个是正常就业的。工人们很快就只能被迫接受任何工资或工时条件的工作——在政府仁慈而又无奈的中立态度的支持下，雇主们如果处境艰难，就会充分利用这一条件。

事实上，政府在给国家拧上了螺丝，并在沙赫特担任帝国银行的终身总裁后，几乎无计可施，只能寄希望于这些措施能够药到病除，准备新的税收条例，做一些没有成本的指示，希望能减轻德国人民的困难。例如，由于陪审员的财务困境，暂时废除了陪审团审判制度。政府采取了一个更重大、同时也是必要的信心行动，决定在12月17日截止的一周内，只给官员发放一半的工资，余额将在政府税收充足以后补发。基于黄金计算的税收很快就开征，德国政府的信心是有理由的。在实施稳定化计划之前，德国政府收支之间的预算赤字为99%，而在11月20日之后，赤字下降到92%，12月的最后十天里，赤字下降到44%。政府12月的收入是3 300万金马克；次年1月的收入达到了4.4亿金马克，可以覆盖95%的支出。在经历了1924年2月的轻微赤字后，预算终于在3月达到平衡。

虽然地产抵押银行在恢复德国财政秩序方面的成功远远超预期，但它实现了建立一种全民接受货币的第一个目标，最重要的直接成果是实现了农业收成的流通。1922年的医学报告显示，德国的每一个大城镇都有大量营养不良的人。在整个国家的城市化地区，缺乏食物、衣服和取暖带来了从溃疡到佝偻病，从肺炎到肺结核一类的相关疾病，药品和医疗用品价格的飙升使得这一情况更加恶化。又一年无止境的贫困，造成了更可怕的破坏，而长期失业肯定会造成德国国民士气低落。

然而，到了12月中旬，德国城镇中又开始有了食物供应，地租马克是背后的唯一功臣。1923年11月之前，为食用而宰杀的动物中，数量唯一增加的是狗[6]。在稳定化计划实施之后，除了狗肉，每一种日常生活必需品——啤酒、猪肉、玉米、糖、烟草——的消费都在有规律地增加。1923年圣诞节，达伯农勋爵在"货币稳定的神奇魔杖"中写道：

> 即使是最狂热的稳定化倡导者——这个头衔我当仁不让——也不可能预料到它的实现会产生比现在更明显的效果。大城市的食物变得充裕；大量的土豆和谷物运往市场；而以往只有在较富裕地区才能买到的黄油，现在能以稳定的价格买到，尽管价格还是很高。屠宰场里挤满了牲畜，肉店和食品店前已经没有了排队的人。经济上的缓和带来了政治上的安宁——没有人再讨论独裁和政变，甚至连极端党派也暂时停止了捣乱。

布雷夏尼–图罗尼看到了稳定化计划实施后几个月内的欢欣景象，六年后，他写下了改革带来的有益影响：

> 商业复苏，城市的粮食状况得到缓解，许多阶层的购买力得到提高，工厂重新开工，失业率迅速下降，一股令人耳目一新的信心浪潮恢复了人民的活力。

这一切都是真的——至少在一段时间里是这样。1924年2月，德国著名的统计学权威库钦斯基博士（Dr Kuczynski）证实，德国人的生活已经发生了巨大的变化：

> （他告诉英国大使）与两个月前相比，公众情绪的差异绝对是令人震惊的。当时每个人都很消沉，认为即将大祸临头。今天，人们充满了信心。这种变化没有充分的物质或经济理由——这种变化主要是心理上的。你可以说这是地租马克的作用，但这种说法多少是一种欺骗，更正确的说法是，这种变化仅仅是因为停止印钞所带来的道德影响，或者是因为公众相信印钞终于停止了。停止印钞给了他们如此大的信心，以至于他们愿意把流通的交易媒介放在口袋里和存起来——今天的存款有1.25亿英镑，而去年9月只有500万英镑。

德国的财政已经恢复了正常，毫无疑问，1924年，由于货币经常极度紧缩，巩固了金融的复苏。8月通过的道斯计划（Dawes Plan），使整个夏季和秋季的失业率出现了令人鼓舞地下降。但如果人们期望多年不计后果的通胀能够如此轻易地得到补偿，或者说德国所经历的一切不会对德国人的思想产生持久的影响，这样的期望未免太高。虽然中产阶级的活力将在一段时间后得到恢复，但中产阶级的贫困还只是代价的一部分。经济上的清算还在后头。有人说，政治上的清算要直到1933年经济再度复苏时才会到来。

注释

1. 美国记数法有15个0。这时德国的政府开支达到6百万兆（美国记数法有18个0），而收入仅有6千兆，为开支的千分之一。

2. 如果马克稳定在11月15日的汇率上，那么所有的转换都需要1.66的重复系数，这困难到几乎不可行。

3. 英国财政大臣菲利普·斯诺登（Philip Snowden）在1930年估计，这场战争给英国带来了相同的损失。

4. 英国和德国的"百万兆"，即1 000 000³。国际上普遍对谈论马克价值时的表达感到困惑，导致英国大使馆和其他国家对较大的数额采用美国（和法国）的方式。但这造成了前所未有的更大困惑。

5. 8月，饥饿的穷人被戏剧性地纳入了国民议会的辖区，这导致了库诺的离任。

6. 主要用于补充猪肉供应不足。

第十四章　失业的爆发

改革的发起人沙赫特对改革的缺陷不抱幻想。他知道，地租马克只能维持这么长时间，德国必须获得来自国外的新信贷，为此，德国不能偏离最严格的纪律（尽管政府急需用钱，不断发出恳求）。德国绝不能允许任何会危及货币稳定或预算平衡的事情发生。沙赫特在1924年1月24日说："经过长期的贬值，要恢复稳定，只能以严重危机为代价。我们正处于这种危机之中。对外贸易处于停滞状态。德国的贸易顺差（即对德国有利），只是因为进口商没有办法付款而停止了进口。工业现在是在吃原来库存的老本。"

为了给他构想的"黄金贴现银行"争取资金，他已经会见过英格兰银行行长诺曼勋爵，这个项目成功地阻止了由法国人支持建立新的莱茵兰发行银行的企图。1月底，他前往巴黎，那里的道威斯委员会（由美国金融家道威斯领导）正在就帮助德国和未来的赔偿问题举行听证。沙赫特与庞加莱的极不友好的会晤让他清楚，法国仍在坚持不合理的要求，而且和以前一样，急于推动莱茵兰的分离主义运动。

德国重新恢复信心几乎没有影响到这些德国西部各州的工业家。在国内外资金紧张的情况下，他们现在开始向法国人求助，他们（正如施特雷泽曼所说的一样）认为爱国者的首要责任是赚钱，而不是破产。多年以来，这一直是他们的指导思想，施廷内斯比大多数人更危险，更愿意同意巴黎开出的任何条件。他并不担心一个由法国支持的、与帝国银行相对立的莱茵兰银行会进一步推动分离主义的发展。

新的信心，甚至是新的富足，并没有惠及穷人或失业者，鲁尔-莱茵地区尤其如此。稳定化计划对食品行业的许多部门，特别是食品进口商产生了毁灭性的影响。当马克仍在下跌时，商人们可以以弥补马克下跌造成的损失为由收取高价。由于收到的钱实际上经常被转换成稳定的价值，因此并未形成一种良性的生意。现在这些商人（以及大多数农民）发现很难回归到一个枯燥的、利润微薄的世界，由于更便宜的进口食品的供应充足，他们手上还有大量昂贵的、容易腐烂的库存食品。当初大的进口商们在货币贬值盛行的时候订货，希望用贬值后的马克偿还，由帝国银行承担损失，现在他们发现自己面临破产的威胁，于是惊慌失措，开始向市场抛售他们的库存。

因此，在1924年1月的第三个星期，科隆传来了国内外蔬菜和水果 "供应充足" 的报道，其中包括德国土豆、鸡蛋和黄油；意大利花椰菜、加那利群岛番茄、西班牙葡萄、美国苹果、法国坚果。两星期后，充足变成了过剩。商人恳求人们以每升36芬尼（每品脱不到3便士）的价格购买牛奶。夏威夷菠萝、哥伦比亚三文鱼和美国腌牛肉堆积如山——所有这些都是曾囤积居奇现在已经破产或接近破产公司的存货。尽管价格很便宜——啤酒价格一次就降了25%——但东西仍然卖不出去，因为大多数人根本没钱购买。事实上，大多数德国人都承受着痛苦，部分原因是许多工人在为恢复10小时工作制而罢工，但更重要的原因是许多大型工厂已经倒闭。在鲁尔和莱茵兰，每个城镇都能看到大量失业者的身影。

在鲁尔和莱茵兰，食物更便宜，但很少有人能够赚到或领到足够的钱来购买。在德国其他地区，尽管蔬菜仍然很贵，但由于比较传统的原因，价格正在下降。圣诞节时，10 000亿马克（相当于1地租马克）可以买到两三个橙子，但到了2月份，同样的钱可以从失业者那里买到20或30个橙子，这些失业者在街上兜售，让店主很恼火。人造黄油原来要卖8 000亿马克一千克，现在只要5 000亿马克就可以买到。冻肉从每磅6 000亿降到了4 500亿，但上好部位的肉仍要卖40 000亿（4先令）一磅。

从经济学家的观点来看，一个新的时代已经来临。但正如英国驻德国大使馆向其国内报告的那样：

> 穷人并没有真正得到足够量的食物，因为他们没有足够的钱，不能从便宜的市场价格中获益——这也是由于罢工和动乱，工业停滞和出口停止。诸如取暖、照明和住房等方面的生活费用普遍上涨——全都比英国涨得多。

德国人民需要工作。失业津贴不够用，而兼职工人的工资太低，甚至连买生活必需品都不够。

1924年2月2日开始的为期24天的对希特勒的审判结束后，巴伐利亚的政局很快就稳定下来。但审判本身为希特勒提供了一个露脸的机会，并以所有被告人均获得最低刑期而告终——这让许多人感到受到了侮辱，其中包括鲁登道夫。据他自己说，对他的无罪判决让他感到厌恶。年底，英国驻慕尼黑总领事克莱夫回顾自己所目睹的种种事件时，指出：

纳粹在1923年的大萧条中蓬勃发展。德国空气中弥漫着一种不在乎的情绪。审判遭到重大失败，使比较理智的人清醒过来，尽管希特勒的政党在稍后的州议会中，只得到了五分之一的选票……希特勒最大的敌人是地租马克。稳定货币对巴伐利亚具有有利影响，我想，对整个德国的前景也是如此，这一点怎么估计都不过分。当1924年7月伦敦会议（讨论关于道威斯计划的实施）召开时，六个月的稳定已经对冲动的民族主义者起到了镇静的效果。

2月中旬，冯·卡尔和冯·洛索辞职，使得巴伐利亚和中央政府之间能够重新建达成共识。

当然，在巴伐利亚，中产阶级也已经走投无路。整个德国城市地区都是这种情况，尽管很难说和1922年底相比，他们在1923年底是否感觉遭受到了更大的打击、更加饥饿和寒冷，1919年圣诞节时，许多人就已经陷入了赤贫状态。那些靠储蓄、养老金、战争残疾补助金、保险金或其他固定收入生活的德国人，不得不继续靠变卖家产的所得，或者靠着做能找到的并不顺手的小工的收入，来勉强维持生计。巴伐利亚市政府的救济站常常要为他们提供食物。

这样的德国人有数百万之多，却没有一个人被列入失业或短期救济的名单。他们是那些在不知不觉中被战争夺去财富的人。他们寻求慈善机构的帮助，却无功而返，慈善机构和宗教协会，就像文学和科学基金会以及许多大学和医院一样，其收入的源泉同样已经枯竭成涓涓细流甚至更少的程度。凡是持有工业债券的人都血本无归，好处都归于用无价值的纸币来赎回这些债务的工业公司了。凡是在1913年持有工业股票的人，他们的资本都会减少四分之三，多年来获得的股息总额微不足道——实际上，大多数人早已在恐慌中，为了能拿回自己的钱，将大部分的股票卖给了把国家财富据为己有的德国工业奸商和投机者，他们分给自己的不是股息，而是"费用"。德国的资本以最残酷的方式被重新分配，不再是合理地平均分散到几百万人手中，而是以成块的方式，落入新的财阀手中。

人们普遍认为，通货膨胀过程所带来的赤贫现象并不普遍。事实上，惊人财富的证据——拥有财富的新富人们夸张地炫富行为——误导了包括法国人在内的许多观察家，使他们认为德国拒绝立刻支付战争赔款是无赖行为。在鲁尔区遭到入侵之前，德国靠着大规模的借贷而表现出来的充分就业、明显富裕的德国工人阶级、蓬勃发展的经济、繁荣的国内市场、在国外市场上具有强大的竞争力、工厂的生产爆满等假象，可能骗过了所有人。

但是，通货膨胀造成的致命伤害，对所有德国人都一视同仁，因此对一些人来说，贫困化的现实几乎很难被表面繁荣掩盖。前面已经提到了靠利息过活的阶层——那些靠储蓄、年金或养老金为生的人。除开他们，收入微薄的职业阶层——法官、军官、议会代表等——他们的地位和尊严过去是由其他收入来补充的。还有以专业人士为主的其他一些群体，他们的服务在客户看来是可以在短期内牺牲的。例如，连民事诉讼都成了一种奢侈，谁还会去买书？谁会急于得到建筑师的建议？艺术和学费都可以缓一缓。除了紧急医疗外，没有什么十万火急的事情，即使是紧急医疗，医生也不一定能指望尽快收到医疗费，或收到自己期望的金额。自费看病的病人来的很少，医疗保险公司因为通货膨胀，资金遭受了损失，也不能支付全部医疗费用。没有人知道这些专业人员的家属中有多少人因为业务衰退而陷入困境。

人们普遍认为中产阶级陷入贫困只是社会情况的一部分。中产阶级的确有积蓄可以失去，而事实上他们也失去了积蓄，无论是以纸币的形式，还是以珠宝、银器、家具、字画或其他珍贵财物的形式，中产阶级都被迫将这些东西出售。当然，房东也会沦为乞丐，如果他们没有其他生计来源，又因为租金被限制在名义上的金额，或者为了维持生计而不得不贱价卖掉了他们的房产。一些房东能够生存下来，靠的是以合乎现实的价格，把公寓租出去。

但不仅仅是中产阶级在经历磨难。有组织的、参加了工会的工人，至少在鲁尔斗争开始使整个国民经济停滞之前，还能将他们的工资维持在可以接受的水平上（尽管很难算得上富裕），而没有组织的工人则与中产阶级一样破产了。这些人包括裁缝、出租车司机、烟囱清洁工以及家庭用人，如粉刷匠、园丁、司机、木匠、店员、印刷工人、洗衣女工、橱柜工匠、搬运工，不管有没有技术，是男还是女，是自由职业者还是受雇于人，情况都一样。第三类人，可能包括了上述人群中的一部分人，是那些从中央或地方政府领取少许津贴和养老金的人，他们因为年龄和残疾，有资格从公共财政中获得收入。但是，多年来缴纳的社会保险金积累到最后，却没有起到任何保障作用：1923年公共财政支付给他们的金额非常少。1923年年底时，这类人的人数，不包括失业者在内，估计超过560万。

对依赖固定收入的德国中产阶级和找不到工作的工人阶级来说，

稳定化计划丝毫不能减轻他们的痛苦。有人指出，奥地利实行稳定化政策一年后的情况充分地证明了这样一个命题：与革命所实现的任何局面相比，通货膨胀带来了更深刻、更具破坏性的社会变革。艾森曼格日记的最后几篇，记录了她所经历的苦难：

> （1923年12月，她写道）三年前在维也纳和奥地利其他地方完全买不到的食品，现在到处都可以买到。但谁能买得起呢？谁的收入能跟得上印钞机一刻不停地运转？虽然按今天的报价，我持有的股票价值超过1 000万克朗，但我却一筹莫展，不知道到哪里去找钱来买食物……今天，克朗在苏黎世的报价是0.00705分。

1924年1月2日，她彻底明白了奥地利货币改革的对她造成的全部影响：

> 克朗和赫勒已变成了先令和格罗申[1]。这是一个巨大的变化。拿15 000克朗只能换回一先令！ 在过去的几天里，成千上万的奥地利人沦为了乞丐。凡是不够聪明，没有囤积被禁止的稳定货币或黄金的人，都毫无例外地蒙受了损失。一对与我友好相处多年的老夫妇，持有价值200万战前克朗的政府股票，每年为他们带来8万战前克朗的利息（超过3 200英镑）。他们曾是富有的人。今天，他们的股票每年只能为他们带来8个新先令的收入。恐慌已经席卷了证券交易所。我的几百万克朗已经缩水到大约一千新先令。我们属于新的穷人阶级。中产阶级已经沦为无产阶级。人

与人之间爆发了更多的争斗，令人气愤沮丧的争斗每天都在重复上演。我感到我正在失去力量。我坚持不下去了。

匈牙利的情况也好不到哪里去，1923年对他们来说是可怕的一年。1月爆发了严重的动乱，贝特伦伯爵（Count Bethlen）领导的政府越来越受到右翼民族主义者的影响，在外国即将干涉匈牙利的谣言日甚的情况下，民族主义者的人数大增：战争部部长M. 根伯什（M. Gömbös）领导的"行动"和"觉醒的匈牙利人"组织，其主要成员是学生和前军官。匈牙利的财政状况越来越糟，政府因为不知道如何拨乱反正，在许多方面都赞同英匈银行董事M. 布鲁诺·巴洛格（M. Bruno Balogh）提出的观点：

> 唯一正确的政策是德国奉行的政策，即在不考虑国家财政的情况下，支持和发展私营企业。这是德国的强项，也是法国最大的悲哀。

匈牙利汇率从1923年3月的14 500匈牙利克朗兑1英镑，跌至8月的92 000匈牙利克朗，再跌到10月的120 000匈牙利克朗，黑市汇率总是高得多，物价最后涨到英国物价的两倍。匈牙利农民们早已不再囤积货币，现在改为囤积玉米和牛，城镇居民因此感到绝望。在塞佩尔周游欧洲各国，成功地为奥地利寻求到帮助一年后，匈牙利总理贝特伦伯爵开始出国访问，亲自谦卑地去请求国际援助。

赔偿委员会像一年前援助奥地利一样，援助了匈牙利，1923年10

月，放弃了对匈牙利国家资产的第一留置权；12月，各国在日内瓦起草了更多的议定书，以便安排国际贷款来帮助匈牙利恢复国家的财政状况。美国金融家杰里迈亚·史密斯（Jeremiah Smith）作为国际联盟的总专员前往布达佩斯，并按照齐默尔曼在维也纳开创的路线开展工作。匈牙利人民，特别是匈牙利公务员，在金融重建中遭受的贫困和耻辱，丝毫不亚于奥地利人。在经济萧条前的几年里，除了这些苦难之外，匈牙利农民还经历了迫切购置土地的风潮。1925年的货币改革允许匈牙利人用12 500克朗换取新货币1帕戈（pengo）。

在德国，通货膨胀的少数受害者实际上得到了最低限度的补偿。到1922年，财富和收入不公平再分配的现象已经极为明显，由于名义价值和市场价值之间的差异巨大，债权人的权利遭到肆无忌惮地侵害，例如，抵押财产的实际价值对债权人来说没有丝毫安慰，因为他们被迫接受纸币马克而不是黄金，而财产本身已经稳稳地把持在了债务人手中。

在法院的支持下[2]，反对通货膨胀所造成的不公正现象的呼声越来越高，德国政府试图尽力纠正各种不公。1924年2月14日，政府颁布了《第三税收条例》（《授权法》实施期间颁布的70多项法令之一），规定工业债券和抵押贷款按照原始黄金价格的15%重新估价。抵押债券、储蓄银行存款和其他债务按照比15%原始黄金价格略高的估值率重新估价。这些条款能起到的作用是微乎其微的，对那些被迫卖掉自己的证券，或是早些时候已经用纸币偿清了贷款的人来说，毫无意义。因此，政府在1925年7月颁布了另一项法令，采用追溯的方式，以涵盖至少在五年前已经失效了的抵押贷款和善意持有的公司债券，并将抵押贷款的重新估值率提高到25%。

1924年的法令还对因通货膨胀而产生的毛利润征收适度的税，例如通过工业债券的贬值而产生的毛利润——征收的税率不到其原始黄金价值的2%；对农业利润征收税率更低——只相当于抵押贷款原始黄金价值的1.7%，这些抵押贷款的缩水带来了巨大的利润。这些税收被划拨给德国中央政府或各州政府。1925年，政府通过了一项法令，对政府自己的贷款进行重估，重估的结果是，在战争赔款全部付清的情况下，股票持有者可以得到其原始投资的2.5%的收益，长期持有者每年可以抽奖，运气好的话，中奖者的贷款可以以12.5%的利率被赎回，而无须等到赔款偿清那一天。公众的强烈抗议只换来政府对债权人权益如此微薄的补偿，同时，交易所出现了对政府股票和债券的激烈投机交易，这种现象与法国法郎暴跌[3]前出现的极不健康的情形一模一样。

经济复苏，以及利率从1月的100%下降到5月的30%，导致到了1924年4月，失业人数减少了一半。然而，在此期间进口的大量增加导致了地租马克疲软的危险迹象，沙赫特立即通过严厉的信贷限制措施进行了干预。情况立即恢复稳定，但结果必然是更高的利率、更多的破产和更多的失业。马克实际上变得遥不可及了。帝国银行行长成了极度不受欢迎的人，这时，道威斯委员会提出了它的计划，协约国在8月采纳了该计划，德国支付赔款的数额被限定在货币能够承受的最大压力范围内。新的支付时间表，仍然没有明确说明赔款总额是多少，却将通过大量的外国贷款以及法国和比利时最终从鲁尔区撤离，来帮助解决德国战争赔款的偿还问题。道威斯计划还规定将采用帝国马克（Reichsmark）来取代旧货币。

人们的信心又一次立刻得到了恢复，道威斯贷款的成功使其他外国贷款接踵而至，所有这些贷款都有助于恢复贸易，拉抬股票价格，减少失业人数。到1924年12月，登记失业人数——大约是实际失业人数的一半——减少至436 000人。德国将一直维持如此低的失业人数，直到希特勒在柏林上台。

然而，这样的局面不过又是一次虚假的黎明曙光。德国的问题在于，通货膨胀的热潮从未被清算过。稳定化计划结束了企业家们牺牲所有人，可以随心所欲地借贷的时期。大量在货币充足时期建立或扩张的企业，在资本短缺的情况下迅速失去了生产力。更加实际的运输、燃料和食品价格以及租金恢复到符合经济水平，意味着工资也必须按实际价值大幅提高。

在通货膨胀期间蓬勃发展的企业现在发现，尽管贷款利率看起来比以前更低了，但他们支付的实际贷款利息第一次由负数变成了正数。最重要的也许是，这些企业还是第一次必须缴纳实际税款，其中许多税率非常高，因为政府必须迅速平衡预算，并将已经跌得惨不忍睹的官员工资，再次提高到可接受的水平。稳定化计划实施之后，企业往往无法购买新的机器，以至于鲁尔区开始积压了大量未售出的铁和煤的库存。即使是不断涌入的外国贷款也无法阻止鲁尔区的采矿业再次陷入困境，一个又一个矿场，尤其是生产劣质煤的矿场，被迫关闭。大批工人从矿场转向农业，从矿山、采石场和工程部门转向生产食品和直接消费品的行业以及建筑业。胡戈·施廷内斯本人也被通货膨胀的虚假繁荣所欺骗，对煤炭的未来产生了狂热的信心。正是在稳定化计划实施后，煤炭、钢铁行业的萧条，甚至造成了鲁尔区城镇人口的减少，最终导致了1925年6月施廷内斯帝国的崩溃。

这一事件最终刺破了脓疮。在贬值时期拒绝过度扩张的大工业集团——克虏伯、蒂森、盖尔森基兴——得以在风暴中幸免于难。其他集团，如西切尔和卡恩集团则倒闭了。工业"垂直"联合体，暴露出从原材料到成品的所有制造过程中的缺陷，横向联合的力量得到了证实。总而言之，投机者们发现他们必须为自己的愚蠢、短视和贪婪付出代价；而老牌工业领袖们又恢复了他们的统治。

施廷内斯帝国的崩溃首先表明，如果没有足够的流动资金，就不可能拥有巨大的工业资产（早在1924年6月，施廷内斯就试图抵押波鸿集团和盖尔森基兴的股份，从而获得荷兰的贷款）；而且，除非具备培育垂直联合体的特殊条件，否则垂直联合体是没有效率和利润的。

过去的六年里，德国经历了几乎所有可以想象得到的崩溃形式——军事、政治、社会、金融、经济——就在屡次遭受打击、士气低落的德国人民以为在国际社会的帮助下，德国终于可以再次站立起来时，崩溃又一次发生了。德国人的信心被击碎。外国资金的流入减少了。帝国银行一如既往地坚持信贷限制政策，以抵御黄金和外汇的净流出。劳动人口的转移伴随着新出现的失业人口和工时缩短的可怕增长。由于劳动力是一个买方市场，工作的人常常被迫每周工作54小时。生活费用上涨到了危险的地步，以至于为了防止骚乱，政府必须要篡改物价指数。此外，众多的破产案件也造成了新的、惊人的损失。政府新建大量公共工程，试图吸纳劳动力，但到了1925年12月，失业人数已经超过130万，而且每天都在增加。恢复正常状况意味着必须残酷地裁减臃肿的公共服务部门，被邮政和铁路裁员的员工，遭受到了和之前被解雇的矿工和钢铁工人以及许多小私营业主一样的命运。

通货膨胀期间，新工厂纷纷成立，旧的企业进行重组和扩张，兴建新厂房，所有工业部门的股权遭到抢购，庞大的无形企业被创立。当人们发现这个过程破坏了国家的资本结构时，已为时已晚：资本被冻结在了工厂里，而由于靠利息生活的阶层消失，和许多大消费阶层的实际工资减少，市场没有经济需求。一旦对产品的需求降低，现金的流动被阻断，生产企业的命运就注定了。即使是在1924年，那些实力毋庸置疑、资产庞大的公司就已经支付不出小笔金额的资金了。1926年，相对于经营资本和国家的消费能力而言，生产机构的规模仍然过于庞大。因此，1913年有7 700家企业破产，1924年只有5 700家，而1925年破产企业的数量增加到了10 800家；从1925年第三季度到1927年第二季度，破产数量高达到31 000家，相当于每年15 000家。

此外，实际上，还有大量的破产案由于没有资产来抵偿欠债，而被法院驳回。在1925年5月至11月，每周拒付票据数量从2 691份增加到5 406份。银行不得不向他们的工业客户提供贷款，以让客户维持经营，但到期客户却无法偿还，许多银行因此卡在两难之间动弹不得。银行发现清算证券的难度很大，而且没有回报，在这种情况下，银行为了保留债权不愿意接手破产的工厂。由于现在股市奄奄一息，股票价格远低于实际价值，无数人想要卖出股票，却没有买家。

一些企业进行了破产清算，其他许多企业则以牺牲劳动力为代价进行合理化改造。1925年12月第一周的情况，让德国政界再度看到了1922年的噩梦：真正的、不加掩饰的大规模失业来临，而当初很大程度上正是为了避免这种情况，政府才采取了通货膨胀政策。马克站稳了脚跟。战前与金马克持平的法郎则有可能跌到150法郎兑1英镑。随着法国抛售法郎，并以比邻国更便宜的价格生产钢铁，德国正在经历自己曾经对其他国家所做的事情，并发现它非常令人不快。克房伯公司刚刚解雇了12 000人，曼内斯曼公司、盖尔森基兴公司、菲尼克斯公司、普鲁士国家矿山公司和其他许多工厂也在进行同样规模的解雇。蒂森公司正在限制各地工厂的产量。科隆的道依茨燃气发动机工厂已经解雇了数百人，并将于12月15日关闭。灯具制造商欧司朗实行了缩短工时制度。各种巨型公司都永久停止了营业，其他公司则停业数周以等待可能出现的结果——例如，莱茵钢铁公司和波鸿联合钢铁公司，这些都是德国工业中最大的一些公司。机车工业的产量只有战前产量的2%。汽车工业也遇到了严重的困难，奔驰公司决定关闭其工厂一个月，欧宝公司解雇了7 000名工人中的5 000名。

在11月上半月里，纺织业已经有145家工厂破产，现在企业关闭和解雇员工的报道一个接着一个，而且并不局限于莱茵-鲁尔地区。在萨克森州，179家金属、纺织和机械工厂暂时关闭。在黑森林地区，65%的钟表匠失业或缩短了工作时间。造船业的员工人数只剩下战前的一半，是1924年的五分之四，下水的船舶吨位也相应减少。到1926年2月，从汉堡到巴伐利亚都出现了萧条，登记失业人数猛增到200万以上。整个1926年，登记失业人数一直保持在200万以上，到12月仍有近150万人失业——要不是这种情况，1926年可以算得上经济与工业复苏合理化的一年[4]。

在金融危机中遭受巨大损失的专业人士阶层，在1926年的德国工业危机中至少得以幸免。到了这一年的5月，医生、律师、教授、作家等专业人士的情况发生了根本性的变化。他们能够再次以符合自身文化环境的方式生活：人们愿意支付他们费用，社会也全面需要他们提供的服务。到1927年，全德国掀起了体育锻炼和体操运动热潮，人人都希望变得"健美"，大众的生活水平也随之提升，个人的富裕与城市和国家的繁荣一样明显可见。只有那些物质匮乏的失业大军和数十万没有工作的工人，才在超级通货膨胀中留下了显眼的伤疤，破坏了原本幸福的景象。

注释

1. 以银币和铜币形式取代纸币发行，目的在于鼓励节俭和恢复信心。货币样式的改变是为了避免使用大数字。

2. 最著名的是莱比锡最高法庭于1923年11月23日作出的一项判决。

3. 关于归还方案和行动以及股票和股份重新估价的更全面说明，见布雷夏尼-图罗尼著作第七章、第八章。

4. 1927年和1928年的失业人数平均数字都是140万。1926年的统计数字严重低估了无业人员的真实总数，如果不是英国矿工延长了英国大罢工的时间，极大地促进了鲁尔矿区的发展，那么1926年的失业人数数字会大得多。

第十五章　裸露的伤口

整个德国所承受的看不见的伤痕，会有多深和会持续多久，也许更难判断。必须再次强调的是，通货膨胀的灾难是在战争失败的灾难之后发生的，因此，人们不能轻易地得出这样的结论：如果不是因为马克无休止的贬值带来的社会和经济不安全，20世纪20年代初的心理创伤就不会发生。毕竟，在一般情况下，与货币供应无关的国家解体和社会动荡，就足以造成任何社会的道德堕落和对旧行为标准的蔑视。现在的情况依然是这样，经历过或观察过通货膨胀过程和复苏危机的德国人，轻易地就把他们看到的现象：恐惧、贪婪、不道德、士气低落、名声败坏，首先归咎于通货膨胀。

在德国整个通货膨胀年代的后期，人们一直在激烈争论，争论的焦点是谁该负责，什么才是不断加剧的金融危机的原因——但这从来不是一场真正的危机，因为它不但没有到达顶点，反而在种种不可能的情况下变得更加糟糕。月复一月，人们为通货膨胀找到了各种理由，但都不是正确的；为了阻止马克的下跌而尝试了各种方法，但都不是最切中要害的。没有人听从米拉波的劝告，不相信在他去世前几个月，也就是法国大革命中臭名昭著的"指券"制度出台前一年，他就法国财政状况的发表演讲说时，著名的结尾："破产，可怕的破产，就在这里。它威胁要吞噬你，你的财产，你的荣誉——而你却还在犹豫！"

艾森曼格夫人在奥地利观察到的情况，和朱迪思·利斯托韦尔儿时在匈牙利看到的情况一样——贫困和地位的丧失导致道德标准沦丧、家庭争吵、社会仇恨，尤其是对犹太人的仇恨。对于她的家庭如何应对持续到1924年及以后的金融危机，朱迪思不抱任何幻想，对于在通货膨胀的岁月里，每个人都在四处寻找物质产品，以重新投资他们的储蓄的说法，她完全拒绝接受。

我的亲戚和朋友都太傻了。他们不明白通货膨胀意味着什么。他们并不急于把手上的钱花掉（犹太人和德国人就是这么做的）。我所有的亲戚都认为通货膨胀下个星期就会停止，而且他们始终是这样认为的。

他们醒悟得太晚。因为买不起食物，他们才开始变卖他们的贵重物品——壁炉架上的瓷器、家具、银器。这让他们开始醒悟，当一套旧银勺的价格在一两个星期内从20 000克朗涨到40 000克朗时，他们必须要考虑了。当你不得不把一张有价值的写字台卖掉，而换来的钱一周后就只剩一半的价值时，当然会有不愉快的感觉。

当犹太人来购买大家变卖的东西时，人们会心生怨恨。当我们都破产时，犹太妇女会出现在聚会或茶舞会上，穿着银狐皮草——为了炫耀而一次穿三件——戴着从我们亲戚那里用低价买来的钻石，或者，当我们的亲戚再次看到这些钻石时，已经变成了超级低价的钻石。我的亲戚不知道任何东西的价值。他们很愚蠢。我们的律师也好不到哪里去。我母亲的银行经理给了她可怕的建议——他也不知道自己在说什么。

在通货膨胀之前几乎没有什么反犹太主义。但当犹太人利用通货膨胀获得成功时，人们就会仇恨他们。当他们炫耀自己的成就时，人们对犹太人的恨意就更甚。这可能是他们的愚蠢之处，当然，更聪明的犹太人，特别是年长的犹太人，会感到非常不安，并规劝年轻的犹太人，因为他们预见到了年轻犹太人的行为会招来敌意。

犹太人可能为他们购买的东西支付了合理的价格——但这不是重点。除了我父亲和他那一代的许多人，人们都恨犹太人。我父亲知道，错不在犹太人，而是在阶层很高的人。当然，让人误会布达佩斯没有许多犹太人像其他人一样，因为搞不清楚形势而变穷，这种做法也不对。

与其他地方相比，匈牙利政府中的精英部门——军队、外交使团和财政管理部门——通常保持着古老的廉洁传统，他们也因此而受到伤害。努力坚持高水准道德原则的高级公务员的家庭，除非他们有土地来支持他们的信念，否则他们往往会陷入困境，这些家庭里的年轻人发现自己朋友家显然已经做出了妥协，而自己父母还在坚持这种不合时宜的原则，当然会对父母迂腐的态度心怀不满。

和地方上相比，中央政府真正的腐败情况比较少见。这是以前没有的现象。当我父亲抗议那些被允许的违规行为时——做两套账、接受贿赂、用现金支付、从事兼职的工作，从而减少了本职工作的时间——得到的答复是："阁下，你能养活我的孩子吗？"

共同仇恨是以前没有的。社会怨恨是以前没有的。贿赂和腐败也是以前没有的。奥地利和波兰的情形都是一样的。如果你得了同样的热病，你会显示同样的症状。

德国的荣誉也不能免于通货膨胀的影响。达伯农勋爵报告说，1924年德国官员中的腐败现象"令人震惊"，而在战前，贿赂几乎是闻所未闻的事，而且在公共和私人生活中，明显保持着高度廉洁，不过，商业领域的情况并非如此。在社会的任何阶层中，很少有人不被资本或收入的不断减少和渺茫的前景所影响，或成为这种四处弥漫的、腐蚀灵魂的影响的牺牲品。从逃税、囤积粮食、货币投机到非法外汇交易——所有这些都是对国家的犯罪，每一项都或多或少地事关个人的生存问题——再往前踏出一小步，就会违反"十诫"中的某一条。在失业的进一步刺激下，德国下层阶级可能会发生盗窃之类的犯罪行为（1923年这类犯罪的数字比1913年和1925年增加了近50%）而处在不同压力下的德国中层和上层阶级会发生贪污和欺诈，包括行贿和受贿现象。一旦贿赂成为常态，显而易见人人都会变得谙于此道，在极度穷困的岁月里更是如此。在少数德国人炫耀性地享受巨额利润和放纵的奢侈生活时，不能指望人们会洁身自好。腐败泛滥，德国国家机关甚至在战争期间也受到了感染造假行为很普遍。

此时由于节俭、诚实和努力工作的古老美德失去了吸引力，每个德国人都想迅速致富，特别是由于货币或股票的投机可以明显地获得比劳动大得多的回报。当德国化身为帝国银行，准备成为借款人的诱饵时，没有任何一个工业家、商人或企业会愿意在别人发财的时候让致富的机会溜走。对于不那么精明的人来说，为了维持自己的财务和社会地位，在各类市场中低买高卖和利用财政制度的漏洞，不仅具有吸引力，而且是合情合理的。

随着德国人每况愈下的境况，爱国情感、承担社会义务的意愿和道德约束水准也随之降低。伦理道德被打破。破坏规则成了普遍的现象。不能保有自己的财产和积蓄，不会让原本就一无所有的人担心，却是让德国人类绝望的原因，绝望之后便是嫉妒、恐惧和愤怒。

当时，商业、政治和公共服务领域的腐败之风盛行。随着越来越多的股票集中在奸商手中，滥用股本的现象变得很普遍，这不过是通货膨胀导致道德败坏的一个例子，尽管是一个严重的例子——当马克恢复稳定后，这种现象就基本上消失了。1923年夏天，《纽约世界报》刊登的一篇文章中，施特雷泽曼以自我辩护的口吻表示："我们的整个商业生活已经染上了不诚实和腐败的特征，因为马克六月的价值不见得会与七月的价值一样"。在更私下的场合，他承认不正当行为的实质和表面是一样的。

大多数德国人都意识到，不管愿意不愿意，自己的标准都已经降低了。埃娜·冯·普斯陶说："是我们日常生活的条件让人变坏。"她在为自己的小过失而苦恼时，认为自己的"冷酷无情只是普遍道德沦丧的一部分"。冯·艾森曼格夫人的日记同样记录了自己迫于生活而欺骗的懊悔。她用库存的上好雪茄，从国防军那里得到了禁止获得的运输许可证：凭借运输许可证她可以做生意以及做其他事情。她对别人的行为同样抱有道德上的厌恶：

人们越来越不考虑自己的同胞……给我留下了非常痛苦的印

象。然而，我可以理解，在生存受到威胁的情况下，人们自我保护的本能应该压倒所有的道德法则……穿得更好更暖的人在街上被抢走衣服，被迫赤脚回家，这种情况已经司空见惯。

然而，她对萨尔茨堡州政府主席却没有那么多的同情，他因非法买卖政府财产——食品、皮革和衣服而被捕，她说："这些都是我们阵营中的敌人，但被查出来的人太少了！"

直到德国恢复稳定之后很久，德国高层腐败的性质和严重性才开始为人所知。1924年3月，恶贯满盈的萨克森州前州长蔡格纳，因腐败和贿赂被判处三年监禁，这样的事件几乎没有引起任何涟漪。这一年年底，一系列更可怕的金融丑闻被曝光，足以证实了曾经的普遍诚信已经沉没在通货膨胀的旋涡中，再度对德国的人心士气造成了惊人的打击。

巴马特（Barmat）和库蒂斯克（Kutisker）事件震撼了德国，震惊了世界，它像易卜生的戏剧一样，随着个中秘密被层层揭开，渎职行为的影响更恶劣、牵涉到更高的阶层。两起案件中有一个奇怪的特点，就是每一次遭到逮捕的嫌疑人都会发表一份声明，宣称自己是无辜的，但每次都会面对无可辩驳的证据。新闻界，特别是纳粹党的报纸，试图从政府面对众多官员贪腐的尴尬中，赚取政治资本——直到旧政权中地位很高的普鲁士官员被捕，清楚地表明腐败并不是共和体制官员的专利后，媒体方才作罢。

伊万·库蒂斯克是一名立陶宛裔犹太人，他在德国革命时移居德国，并立即认识到通货膨胀的特征原理。在德国被占领期间，他以在立陶宛积累的少量美元起家，收购了一家银行，并担任了一些知名公司的董事职位，而且立刻在自己所处的新环境中，发挥经济方面的影响力。到1923年，他的银行尽管受到了通货膨胀的严重打击，但还没有受损严重到无法为内政部护照办公室主任巴特尔斯（Bartels）服务的地步。库蒂斯克非常热心地向巴特尔斯指出哪些外国人应该被驱逐出国。一位名叫霍尔兹曼的立陶宛人就是这样的外国人，他在1924年虽然提供了价值50万金马克的担保，但却无法偿还库蒂斯克在通货膨胀严重时期预支给他的20万金马克。霍尔兹曼不愿意以这样的借口被遣送回国，选择把这件事公之于众，从那时起，可耻的贪污和勒索事件才得以曝光。1924年11月，巴特尔斯因受贿和腐败被捕。

朱利叶斯·巴马特（Julius Barmat）是一个臭名昭著的骗子，他和库蒂斯克一样，是一个有立陶宛血统的俄罗斯犹太人，但他在1921年获得了普鲁士内政部的一份证明，让荷兰边境当局确信他和巴马特家族的其他六名成员属于荷兰驻柏林的公使馆，对他们免去例行的海关手续。受到质疑的内政部长后来宣称，他只是按照当时费伦巴赫总理办公室的直接要求行事。

巴马特四兄弟是巴马特企业集团的董事，该集团拥有45家工业公司和银行的股权。其中一个兄弟因在湖水环绕的天鹅维尔德岛上拥有一栋豪宅，并拥有许多汽艇，从而犯了众怒。另外几个兄弟每个人都拥有一座或多座宫殿式的住宅；四兄弟成了粗鄙不堪的代名词，甚至连那些经常享受他们款待的社会民主党主要代表（根据右翼《前进报》的报道），都曾提到此事。

靠通货膨胀谋取暴利的过程包括获得纸马克借款，用于购买商品和工厂，然后再把贬值的纸币还给借款人。库蒂斯克和巴马特都精于此道。靠通货紧缩赚取暴利的机会，也马上被这些立陶宛人（与施廷内斯不同）捕捉到了，主要手段是卖掉一切能卖的东西，换取新近才稳定下来的马克，然后——在信贷紧缩到难以想象的程度时——以高昂的利率进行放贷。

甚至你都完全不需要先卖掉一些东西。一个名叫雅各布·迈克尔的法兰克福犹太人，是战后少数几个赚到大钱的投机者之一，他们的钱主要是在马克稳定之后赚来的，而且他们也是第一批抛售股票套现的人[1]。朱利叶斯·巴马特和雅各布·迈克尔二人假装在某笔钱上起了争议，他们一起找到了普鲁士国家银行的行长和董事会，要求银行进行仲裁，以一小部分所涉资金作为对银行的答谢。普鲁士国家银行本身是德国最古老和最受尊敬的银行之一，是金融纪律和正直的象征，而且由于该行严格避免投机，它的稳健性没有受到通货膨胀的破坏。该行的高级官员，也是旧秩序的精英，享有德国人民非常特殊的信任。

由银行行长冯·多姆布瓦和两位银行董事——一位是枢密院议员鲁赫，另一位是部长董事赫尔维格——共同组成的仲裁委员会，惊讶地发现争议金额特别大，按照比率计算，银行最终收到的仲裁费几乎达到了4万金马克。无论如何，来自海外贸易公司——普鲁士国家银行的俗称——的大笔信贷开始流向巴马特和库蒂斯克，而且是在资金如此匮乏，财政部部长路德和帝国银行行长沙赫特每天都在呼吁工商业尊重国家设定的限制的时候。在其他地方，当最优质的证券也借不到一芬尼的时候，立陶宛的两个犹太冒险家以最有问题的证券从海外贸易公司那里以10%到18%的利率借到了5 000万金马克，并以100%到

200%的利率转借出去。

根据逮捕巴特尔斯过程中发现的线索，银行行长和两名董事在1924年圣诞节后被逮捕。这些人中最著名的一位是普鲁士国家银行的财务总监鲁赫，他被指控与库蒂斯克共谋。调查发现海外贸易公司的账户损失了大约1 500万马克，银行行长被免职；库蒂斯克和巴马特兄弟也被逮捕。

这些丑闻披露了更多信息。海外贸易公司并不是唯一被巴马特光顾过的企业。警察发现，帝国邮局在这一年中向朱利叶斯·巴马特预付了总计1 500万金马克的款项，尽管按照正式规定，支票发出时必须要有三个人的签名，但这些信贷却是由邮政和电报部部长霍夫勒博士亲自签发的。霍夫勒于1月9日辞去了自己的职务，并与另一位中央党的重要成员一起被暂停了国民议会议员的资格。

300名警察参加了随后的30或40次逮捕行动，共逮捕了13位德国官员。海外贸易公司的其他银行家也被抓了起来，包括曾任德国财政部委员的考茨（Kautz）。柏林警察局局长里希特承认，他曾经和巴特尔斯一样，在巴马特的银行开了一个账户。老牌的霍夫曼和弗里德兰德银行的弗里德兰德在得知他的继子——巴马特集团的一家子公司的董事——被捕后自杀身亡。

这条线索沿着权力的走廊一直向德国高层延伸下去。警方发现，德国外交部的一份关于巴马特兄弟的机密报告不见了；帝国总统埃伯特亲自发给前总理谢德曼、要求他帮助巴马特的一份备忘录也不翼而飞。警方还发现，邮局曾向另一个不知名的客户借出了500万金马克。该银行对雅各布·迈克尔的借款也被发现了。虽然埃伯特总统本人是否与此案有牵连仅限于传言影射，但他的儿子的确深陷案件当中。

> （艾迪生在提到前总理沃思时写道）我们的好朋友"勇敢的约瑟夫"，他装作像帕西法尔一样，一副非常诚实的样子，对世界的邪恶一无所知，但据说实际上他已经深陷案件之中，因为他的公司通过代理人，成功地从邮局的资金中抽取了区区1 400万金马克。要说出其他人的名字，就得列出所有社会民主党领导人和身居高位的官员的完整名单……右翼恨得直咬牙，因为这一切没有在12月的选举前被曝光出来。

然而，德国人同样认为，国家党也牵涉其中。涉及的金额巨大——除了初期贷款之外，还有高达200万英镑的贿赂。银行常任官员的受贿行为给海外贸易公司的交易提供了便利，而邮局官员的贿赂或政治影响也是如此。简而言之，腐败十分普遍，没有人怀疑冰山的大部分仍然在水面之下。四年后，斯克拉雷克兄弟的丑闻爆发，整个不幸的故事又再次上演，这次的案件涉及一家服装公司对包括首席市政官在内的柏林市政机构的大规模贿赂。总而言之，巴马特-库蒂斯克事件表明了德国高级官员阶层的严重腐败状况，毫无疑问，究其原因是由于长期的金融混乱造成的普遍道德滑坡，以及德国金融重建后几个月内发放的薪水不足。

1925年还发生了两件德国历史上的重要事件，一件是兴登堡于4月继任德国总统，一件是德国于12月签署了《洛迦诺条约》。国会在审议这两件事时，都只得到少数议员的赞同。但是，美国资金开始时断时续地流入德国——仅在1924年至1926年就有2亿英镑，到1929年前有10亿英镑——从那时起就引发了从国家到城市再到个人的奢靡之风，以至于让驻柏林的赔款总代理美国人帕克·吉尔伯特怀疑，这些贷款中有多少会在道斯计划规定的时间内用于支付战争赔款德国最终将如何偿还外债。沙赫特对公共开支政策提出了强烈的批评。德国外交部部长施特雷泽曼写信给杜伊斯堡市长时指出：

> 普鲁士邦为重建柏林歌剧院拨款1 400万马克，并可能增加到2 000万马克，这给全世界造成了我们财源滚滚的印象……德累斯顿在国家补贴的帮助下兴建了一个卫生博物馆……请告诉我，当外国强权的代表告诉我，这一切让他们产生德国是战胜国，而不是战败国的印象时，我该怎么回答他们。

没有人愿意多加注意。当然，商人们断言，由于国家的沉重负担，商业已经无利可图，但在那些经历了1925年动荡的人们中，仍然对国家财政的改善深感满意，并坚信今后的生活会更好。在这种情绪下，尽管他们已经知道尽早花掉现金的硬道理，德国人不仅重新形成了储蓄的习惯，而且在通货膨胀时期养成的借贷习惯，也发展到前所未有的地步。

联邦各州率先行动并不是一种不自然的发展，因为有了一个由奢侈的外国贷款推动的有效税收制度的坚实收益，公共开支的狂欢就有可能达到战前所没有的规模。各州和各市正在弥补他们在通货膨胀时期错过的东西，当时的角色被颠倒了，私人企业获得了利益，而代价则由政府承担。许多公共建筑项目的支出是为了解决失业问题。

1926年的高利率可能使商人们有理由犹豫不决，但却很难阻止大规模的"合理化"，这也是不景气前几年的特点。大工业家们首先在国内，然后在国际上形成了卡特尔，以保持高价格。联邦各州只能寄希望于支付自己的外国贷款利息，前提是更多的贷款不断涌现——很快，轻松的长期贷款就被更多的短期贷款所取代。在借贷的实践中，小公司和企业家不得不追随大工业家和公共机构的脚步；不久之后，甚至连农民都和市政当局一样负债累累。总而言之，公共和私人在金钱问题上的轻率举动，是通货膨胀的后遗症之一，而且是一个致命的后遗症。

1926年8月，英国外交部的一名工作人员从德国各地旅行度假回来。他报告说，德国的中产阶级和下层阶级有钱可以自由消费。他们能够成群结队地到处旅行。所有的人都"穿着体面和新奇的衣服"，这些衣服在德国比在英国要贵。咖啡馆和娱乐场所爆满，尽管茶点和娱乐活动都明显不便宜。博物馆、美术馆和城堡里挤满了德国游客，他们有时要付2~3马克的门票钱。市政府和州政府都在组织各种节庆活动，都在建造昂贵的新展览馆，并依靠德国人而不是外国游客来生存。尽管他注意到有许多以前生活得很好的人仍然处于困难的境地，但他认为没有理由减少根据道斯计划支付的年金。施特雷泽曼对外国眼光的担忧是完全有道理的。

通货膨胀后的德国表现出来的虚假繁荣，是十年内第二次大规模的经济上的自欺欺人，但这一次，暗藏在繁花似锦的表面之下的是大量的失业人口，在德国民众的心理上，为即将到来的萧条状况拉开了不幸的序幕。事实上，通货膨胀本身已经注定了，任何德国政府，凭借少得可怜的货币灵活性，无法应对经济萧条带来的人道危机。布雷夏尼–图罗尼在总结中写到"不难理解为什么1919—1923年的悲惨岁月的记录，总是像噩梦一样压在德国人民身上"。

德国民主主义可能在通货膨胀中幸存下来，但没有足够的证据表明，人们普遍对这一结果心怀感激。君主主义更受欢迎，可能是由于德国暴露出来的道德创伤——通货膨胀时期的金融丑闻——极大地加强了人性中纪律性的一面。达伯农勋爵与施特雷泽曼一起主导签订《洛迦诺公约》，目的是将德国带回到文明共存的世界，他在看待德国的前景时，抱有最悲观的现实主义视角：

> 如果人们在周日下午开车经过德国任何一个州，总是可以看到同样的景象——各种年龄和各种体型的人，都穿着同样的衣服，伴着乐队和旗帜，在随行的妇女和儿童的掌声中，严格地列队行进。他们代表着各种政治思想流派，以同样不可战胜的庄严姿态，进行着同样的表演。因此，在这个国家，有大量的普通人——无数家庭的好父亲、好丈夫——只能从战争的角度来考虑外国政治，这并不令人惊讶。

达伯农勋爵发现，德国法院在处理叛国案时，粗暴地表现出同样的"返祖现象"，在这些案件中，通常应具有广阔视野和开明人性的法官们，会做出野蛮的判决，让英国人感到震惊[2]。他总结说："指望《洛迦诺条约》的酵母能迅速地让这样的面团发酵，期望未免过高。"

极端的、反动的德国军国主义团体咄咄逼人的姿态，可能已经有所降温，因为他们曾赖以蓬勃发展的通货膨胀的条件已经不复存在；但党派纪律仍然很强，民族主义政党的政治力量在国民议会内外稳步增强。战争赔款、"战争罪责谎言"和仍被外国占领着的莱茵兰，仍然是右翼的目标和号召民众的理由。兴登堡的当选，尽管可能主要是由于国民对一位不幸输掉一场大战的老陆军元帅的同情，也可能是由于巧妙的时机和一种无情的阴谋手段，但是给民族主义和君主主义运动注入了一针强心剂。在一些人看来，兴登堡似乎预示着一个"普鲁士式"的德国将重新回归。

沃科普将军（General Wauchope）[3]在1927年初给伦敦的一份备忘录中写道，德国在道义上已被动员起来，准备在未来发动战争，纠正《凡尔赛条约》的错误。

德国遭受的最大损失是国内中产阶级的毁灭。如果德国在目前的右翼政党中找到了"天降伟人"，那么德国可能会再次成为一个危险的国家。众所周知，如果政府愿意，大量的工厂可以像1914到1915年那样迅速重组，投入战争物资的生产。目前，许多工厂过度建设，可以生产大量的军用和商用产品。上一次战争表明，必要时，可以增加每个工人的产出。

沃科普指出，德国的人均产出虽然比美国低40%，而且只达到战前的90%，但已经比英国的人均产出高出40%。他推断，"在这一代人的有生之年"，很有可能不得不随德国进行一场新的战争，他心怀畏惧地看到整个德国正在努力推动体育运动，以使全国家为未来的战斗做好准备。

事实上，协约国观察员普遍认为，德国工人的工作时间比英国工人的工作时间长得多，收入却不如英国工人，而且在整个工作时间内，除了正常的休息外，一直持续不断地工作，不受任何工会对个人产量限制的影响。特别是对法国人来说，一个有着6 000万精力充沛、组织严密、勤劳尚武的人民的国家，一个洋溢着自我正义，渴望恢复应有的往日荣光的国家，身处于四分五裂、讨厌工作、厌恶战争的西方国家的中间，是一个值得警惕的重点对象。遭到严厉镇压的复仇主义仍然存在，冯·泽克特从战争的废墟中，解救出来的帝国国防军，其高度专业化的核心也存在，都是令人们感到恐惧原因，当然，事态发展完全证明了这种恐惧是不无道理的。

注释

1. 他曾拥有位于哈瑙的战争物资堆积场而臭名昭著，该堆积场的绵延几英里，通常被用作大规模贷款的共同担保。

2. 当然，常见的情况是，威胁社会生存的罪行比威胁或实际结束其成员生命的罪行，更被该社会所憎恶；而且在许多社会，包括英国（直到1998年），叛国罪仍然是死刑，而谋杀罪则不是。

3. 后来成为阿瑟·沃乔普爵士将军。他曾指挥黑色守望的第二营，并在1924—1927年期间担任柏林协约国间军事管制委员会的英国分部主任。

参考文献

Foreign Office files for the years 1920-1927

An Ambassador of Peace, the diary of Viscount D'Abernon, Berlin 1920-1926, in three vols. (Hodder & Stoughton, 1929)

Gustav Stresemann, Diaries, Letters and Papers, edited and translated by Eric Sutton, in two vols. (Macmillan, 1935)

My First Seventy-Six Years, by Hjalmar Schacht (Wingate, 1955)

The End of Reparations, by Hjalmar Schacht (Cape, 1931)

The Stabilisation of the Mark, by Hjalmar Schacht (Allen and Unwin,1927)

The Truth about Reparations and War-Debts, by David Lloyd George (Heinemann, 1932)

A History of the German Republic, by Arthur Rosenberg, translated by Morrow & Sieveking (Methuen, 1936)

Blockade, the diary of an Austrian middle-class woman, 1914-1924, by Anna Eisenmenger (Constable, 1932)

The German Inflation of 1923, edited by Fritz Ringer (Oxford University Press, 1969), which includes valuable excerpts in English from:

How It Happens: Talk about the German People 1914-1933 with Erna von Pustau, by Pearl S. Buck, 1947

Der Führer: Hitler's Rise to Power, by Konrad Heiden, 1944

The German Economy, 1870 to the Present, by Gustav Stolper, Kurt Haüser and Knut Borchart, tr. 1967

The Nemesis of Power, the German Army in Politics, by Sir John Wheeler-

Bennett (Macmillan, 1953)

Hindenburg, the Wooden Titan, by Sir John Wheeler-Bennett (Macmillan 1936)

The Wreck of Reparations, by Sir John Wheeler-Bennett, 1933 (US Edition Fertig, 1972)

The Economic Recovery of Germany 1933-1938, by C.W. Guillebaud (Macmillan, 1939)

Curzon: The Last Phase, by Harold Nicolson (Constable, 1934)

Conflicts, by L.B. Namier (Macmillan, 1942)

The Decline of the German Mandarins, by Fritz Ringer (Harvard, 1969)

Europe of the Dictators, 1919-1945, by Elizabeth Wiskemann (Fontana, 1966)

Hitler, a Study in Tyranny, by Sir Alan Bullock (Odham, 1952)

Walther Rathenau and the Weimar Republic, by David Felix (John Hopkins, 1971)

Germany, by M. Dill jnr. (Ann Arbor, 1961)

Austria of Today, by V.W. Germains (Macmillan, 1932)

The Economics of Inflation, by Costantino Bresciani-Turroni, translated by Sayers (Kelley, 1937; first published as *Le Vicende del Marco Tedesco,* 1931).

Studies in the Quantity Theory of Money, edited by Milton Friedman (University of Chicago, 1956), which includes Phillip Cagan's essay, 'The Monetary Dynamics of Hyperinflation'.

致　谢

　　感谢在本书编写过程中给予我帮助和建议的许多朋友，他们的知识让我避免了一些错误，他们的回忆和鼓励证实或消除了我的偏见。对于书中那些仍然存在的错误和误判，责任在我。非常感谢英国国家档案局的工作人员，感谢他们的帮助和耐心，从他们的书架上为我提供了一百多本厚厚的书。感谢康斯特布尔先生允许我使用安娜·艾森曼格的《封锁》中的一些节选；感谢威廉·海尼曼（William Heinemann）允许我使用大卫·劳埃德·乔治的《赔偿的真相》中的一些句子；感谢达伯农勋爵的后人允许我引用他的日记；感谢艾伦·温盖特（Allan Wingate）提供沙赫特博士《我的前七十六年》中的节选。感谢哈罗德·奥伯合伙人公司允许我转载《这一切是如何发生的》中的摘录。（1947年版权归赛珍珠所有）；感谢玛丽·海明威允许我转载海明威早期为《多伦多每日星报》提供的稿件。

亚当·弗格森

后　记

　　德国通货膨胀的经济原因在《凡尔赛条约》签订之前就早已出现。其心理影响却在《洛迦诺条约》签订后很久才显现出来。这段历史的终点是哪里？不是实施稳定计划后的经济复苏，因为经济复苏也只是一出人类悲剧中的一个插曲；不是随后几年建立在外国贷款基础上的虚假繁荣，这些贷款最终被收回；不是1930年、1931年或1932年这灾难性的几年，当时经济学家、历史学家和政界人士甚至还在忙于联系出版社，为大战的后果写完结篇。

　　与贯穿两次世界大战的任何其他线索相比，通货膨胀的历史提醒我们，对于极力发动了两次世界大战的德国来说，第二次世界大战只不过是第一次世界大战的延伸，这强化了"战争的种子是在和平条约中播下的"的格言。对德国来说，当发动战争的能力逐渐恢复时，通货膨胀就是煽动民意以激发仇恨这一过程中不自知的一环。失去以前的富裕和地位，以及传统的道德伦理遭到破坏，使德国社会的人性支柱和基础受到损害和羞辱：在德国人的心目中，民主和共和主义已经与金融、社会和政治混乱密切联系在一起，以至于当再度面临混乱的威胁时，任何方案都会受到人们的欢迎。

　　当战争再度爆发时，通货膨胀也随之爆发。君特·施默尔德斯[1]指出，仅靠通货膨胀，德国政府就可以消灭债务，不必还债，或者发动战争并大规模地从事其他非生产性活动：纳税人依旧没有认识到通货膨胀是一种税收。因此，希特勒在1938年恢复了赤字支出，为军备提供资金，相同的经历又开始了。与第一次的情况一样，第二次通货膨胀历时十年，尽管惊人的物价上涨直到第八年和第九年才真正开始——当时香烟已经替代了货币，成为交易媒介。

然而，就公众的感觉而言，第二次通货膨胀的速度要快得多。到1948年，帝国马克被放弃了，10个帝国马克现金可以换回1个新的德国马克，而银行账户中每100个帝国马克只记入6.5个德国马克。货币价值的持有者再次遭受灾难的打击，但人们消化掉痛苦的时间比第一次快多了。帝国马克的价值在1947—1948年达到了十损其九的关口，而帝国马克的前身——旧马克，早在1919年就这样了。

抛开新的战争赔偿金不谈，德国再次成了一个几乎没有债务的国家；而且，随着恢复稳定，德国获得的大量外国贷款，帮助其脱离了经济困境。不管是有意还是无意，拒不履行债务，再一次被证明不过是恶性通货膨胀道路上的一个阶段而已。1923年12月，海明威在《多伦多星报周刊》上，描述了一个街头拍卖通货膨胀纸币的活动——德国马克、奥地利克朗、俄国卢布——多伦多市民被鼓励踊跃购买这些纸币，希望当经济恢复正常后，这些纸币也能恢复其原有价值，很久以前的德国人、奥地利人和俄国人也曾抱有这样的希望：

> 没有人向围观的人解释说，这种看起来很便宜的俄罗斯货币是印钞机以最快运转的速度印制的面额为100万卢布的纸币，目的是消灭旧帝国货币的价值，继而消灭持币阶层。现在，苏维埃已经发行了由黄金担保的卢布。

说通货膨胀导致了希特勒的崛起，或者推而广之，说除了魏玛德国，其他地方的类似通货膨胀也会产生其他右翼或左翼独裁政权，是陷入无关历史类比的泥淖。奥地利和匈牙利的情况，从可比性、巧合性、金融性和社会性方面来说，都不能证明这样的观点，只能说明在其他问题上有一些相似之处。另一方面，20世纪30年代初的大量失业，使希特勒获得了他所需要的选票。正如这种规模的失业人数是源自通货膨胀年代的经济发展的一部分一样，纳粹党在稳定化计划之后和经济衰退之前取得的巨大成功，也与它在1922年和1923年的发展有关（符合克莱夫总领事的观察）。

毋庸置疑的是，在通货膨胀的那几年里，希特勒感受到了自己作为德国家喻户晓人物的政治力量，并首次用自己的手指试探了德国民主咽喉的大小。事实上，正如克莱夫报告中指出的那样，"在1923年期间，他成功地唤起了更多的激情，激起了比他更伟大的人终其一生也未能激起的仇恨。"总领事可能有理由补充说，希特勒应该更进一步。德国只需要一剂新的经济苦难，就能让纳粹第二次以准宪法的方式夺取政权。

通货膨胀并没有召唤出希特勒，就像希特勒没有召唤出通货膨胀一样，但通货膨胀使希特勒的崛起成为可能。大胆的说法是，如果没有通货膨胀，希特勒将一事无成。但是，同样大胆的说法还有，如果不是通过资助政府的赤字和不受控制的信贷政策，多年来一直控制着战后的巨大失业，所有这些问题都会一触即发，血腥的革命就会发生，大概会导致同样血腥的内战，其结果难以预料。

德国为了避免赔偿费用而故意推动通货膨胀，是一个经不起推敲的说法，完全得不到证据的支持。第一，早在赔款成为问题之前，通货膨胀率就已经很高了。第二，工业界施压要求通货膨胀，主要是出于自身利益，与战争债务没有直接关系。第三，人们正确地认识到，尽管协约国被迫接受以纸币支付的关税，但战争赔款必须以实物或黄金等价物支付，英国和法国对美国的战争债务本身必须以黄金或黄金等价物偿还，美国的高关税使得以货物支付不可行。第四，不管是私下或公开场合，德国的财政部门从未暗示过，他们的政策是源于愤世嫉俗（他们奥地利和匈牙利的同行也是如此），而不是无知和无能。政府和帝国银行被这样一种观念所支配，即巨大的国际收支"逆差"注定会造成货币不断贬值，但是这种观念似乎不足以解释他们为何完全盲目地拒绝将马克的贬值与货币供应量联系起来。然而，正如达伯农勋爵早在1922年就写到过一样，"德国各界都缺乏货币法则的知识，特别是关于定量理论的知识，这简直不可思议"。或者，如布雷夏尼—图罗尼所指出的一样，作家和政界人士认为中央和各州的预算赤字"不是马克对外贬值的原因，而是其结果"。

与此无关的是，德国工人努力生产，以货物或汇票形式支付赔款，换来的报酬却是不断贬值的纸币，纸币为德国的工业和商业带来相当大的短期利益，但往往对他们的外国竞争对手不利。就这点而言，赔款鼓励了通货膨胀。但是，直到1923年春天，协约国才不情愿地承认"转移问题"涉及赔款对债权国的不利经济影响，在此之前，协约国并没有提出（德国工业家也不担心），为了偿还赔款而过度销售补贴出口产品，可能导致外国会像惩罚其他形式的"外汇倾销"一样，对德国设置关税壁垒[2]。

有人认为，赔款负担及其导致的不确定性是造成通货膨胀的原因，也有人认为，通货膨胀也是导致赔款难以支付的条件之一——两种说法都有一定的道理，尽管两者只说明了一小部分的事实。达伯农并没有免除庞加莱领导下的法国政府对德国财政问题的部分责任（他用 "高利贷主义、糟糕的信息或可能是老谋深算的政策" 等不同的说法指责法国），但他严厉谴责德国的 "愚蠢和无知"。事实上，很难想象德国曾经故意走上一条经济和金融的自杀道路，以逃避战争赔偿，也无法想象拉特瑙也曾经动过这样的念头。实际上，通货膨胀被证明并不是逃避外国债务的手段，唯一的例外是通货膨胀造成了德国1932年的经济崩溃，从而使赔款计划彻底毁于一旦。

1922年到1923年，帝国银行信贷政策中表现出的幼稚无知，应该最终消除了人们对哈芬施泰因和他的同事推行金融马基雅维利①主义的怀疑。他们坚决否认提高贴现率会缓和通货膨胀，相反，他们认为这样做只会提高生产成本，进一步推高价格。虽然后来他们大声宣称，这些无法解释的廉价信贷主要提供给了 "有利可图" 的项目，而那些受益于这种慷慨的公司则将这些贷款转为自己的最大利益——要么将其转化为物质资产或外汇，要么干脆用它来炒作马克，压低马克汇率。哈芬施泰因唯一理解的财政状况还是1914年之前的那些老皇历。

通货膨胀严重到什么程度，政府才不再有能力控制它？大多数经济学家认为，对于必须处理社会和经济问题的工业化民主国家而言，温和的通货膨胀有一定的治疗作用。政界人士如果在声明中虔诚地表

---

① 指为达目的不择手段的政治权术理论。——译者注

达控制物价上涨的意图，仍然会得到大多数选民的接受。然而，在德国这个最有理由担心通货膨胀的国家，国家货币德国马克，在1948年至1975年期间失去了三分之二的购买力。英镑在1970年至1975年期间几乎失去了一半的购买力。然而，在这两个例子中，贬值并不代表一种故意的、愤世嫉俗的政策。毫无疑问，20世纪20年代初的德国银行家和政府也会这样说，他们在自己的印钞机和税收制度之外，寻找货币问题的原因，并毫无困难地找到了令自己在思想上感到完全满意的原因。通货膨胀一旦发生（如施默尔德斯所说），"就会形成一种对理性的争论毫无兴趣的强大的游说力量"。德国的情况正是如此，奥地利和匈牙利也是如此。

1914年到1923年夏天，理论上，德国随时都能够保证货币的稳定，必要时可以靠着仍然充足的货币储备，成立一个新的发行银行。直到后来，尽管协约国提出了要求，而且德国必须为鲁尔区的铁和煤找到替代品。但是，无论纸币数量如何疯狂增长，德国的黄金和外汇储备始终占流通纸币交换价值的很大比例。然而，在战争结束后，总是有一些实际困难，这些困难无关乎德国货币部门拒绝承认贬值和货币供应之间的联系。

早在鲁尔区遭到入侵之前，甚至可能在赔偿委员会的预备会议之前，有一段时期，德国在政治上不可能阻止通货膨胀。1920年年中，卡普政变后，马克出现了一个短暂的稳定期，在那之后，德国的出口竞争力下降了，失业率也因此开始上升。主张通货膨胀的人想必也注意到了这一点。马克的恢复不可能不立即产生影响，如破产、裁员、工时变短、失业、罢工、饥饿、示威、暴力、社会秩序崩溃，以及由此（人们相信）产生的叛乱和革命。

　　人们可能已经认识到，总有一天会实现稳定，但拖延得越久就越难实现稳定，只是似乎从来没有一个好时机来恢复秩序。在1920年、1921年和1922年，清算被一天天推迟，随着通货膨胀的预期后果变得越来越可怕，清算也越发容易（而不是越发困难）。避免失业和避免破产这两个相互冲突的目标，在德国同时遭到失业和破产的打击时，终于不再冲突了。

　　拖延的时间越长，治疗的方法就越野蛮。到1922年底，奥地利已经落入接管者的手中，只能在外国人的绝对指导下，才重新恢复了稳定的货币。匈牙利也失去了自我救赎的机会，后来又经历了同样程度的痛苦和折磨，特别是对公务员而言。德国在军事独裁统治下恢复了稳定，但是当时大部分宪法都被中止了——尽管紧急状态只是由于国家财政的崩溃而间接带来的必要做法。所有这三个国家都在实现了稳定后，经济才开始复苏。三个国家都必须依靠他国的救助。每个国家都不得不接受更高程度的经济混乱和失业，超过了在过度印钞或许还来得及停止时人们所担心的程度。在三个国家的通货膨胀达到了某种极高的程度后，金融和经济灾难似乎成了复苏的先决条件。

　　在通货膨胀的过程中，有一个起飞点，过了这一点，恶性通货膨胀的出现只是时间问题，事实上，当这一点变得可以自我产生之后，在政治上只能短期压制，但是在货币贬值、流通速度或国际收支差额赤字的图表上，确实找不到这一点。就德国而言，这一点也没有明显地与国内外对马克的最终信任危机同时出现——拉特瑙的死亡，或对莱茵河港口的占领，或伦敦的最后通牒，所有这些都对通货膨胀产生了直接的重大影响。相反，通货膨胀的起飞点位于政治可能性的下降曲线上，与之密切相关的是政府在巨大的压力之下能够凝聚起来多少政治力量和勇气。

真正击垮德国的是在货币政策方面始终采取软弱的政治选择。因此，起飞点不是金融问题，而是道德问题。而政治上的借口是卑鄙的，因为没有任何可以想象的政治环境比1923年11月的情况更不适合实施新的金融秩序，通货膨胀已不再是一种选择。当时，地租马克本身不过是一种权宜之计，如果不是马克已经失去了全部意义，地租马克几乎不可能被成功推出。只有当完全触及深渊之底、可信的马克已经跌无可跌，当四年来金融上的懦弱、执迷不悟和管理不当所要避免的一切实际上已经发生、不可想象的事情不可避免地到来时，稳定才会到来。

货币不过是一种交换媒介。只有当它的价值被至少两个人承认时，它才能被作为交换媒介。承认货币价值的人越多，货币的用处就越大。德国人知道了，一旦没有人承认货币的价值，德国纸币就毫无价值或用处——只能用来贴墙纸或折飞镖。传统的购买力储值工具已经消失，没有办法衡量任何东西的价值，这一发现动摇了德国社会。对许多人来说，生活变成了疯狂寻找具有"真实的"、恒定价值的物品：大到施廷内斯收购工厂、矿场和报纸，小到最卑微的铁路工人买些便宜货。对大多数人来说，必要性的程度成了价值的唯一标准，成了从以物易物到其他一切行为的基础。人的价值观变成了动物的价值观。这种与任何哲学假设相反的经验并不是一种苦口良药。

能够维持生活的东西弥足珍贵。当生活有保障时，社会才会承认奢侈品的价值，这些不管代表着文明还是浪费的物品、材料、服务或享受，没有它们，生活也能过得很好，尽管如此，奢侈品会使生活更加愉快。当生活没有保障或生活条件恶劣时，价值观就会改变。没有东西可以取暖，没有房子，没有足够的衣服，可能很难活过几个星期。但没有食物，生命可能会更快结束。在一切物质的最顶层，最宝贵的商品也许是水，最珍贵的是空气，如果没有空气，生命的长度只能以分钟计。对于货币完全没有交换价值的德国和奥地利的穷人来说，他们的生存几近于形而上学的概念。战争中的生存也是如此。在《西线无战事》中，穆勒（Müller）死时"把他的靴子留给了我——也就是他曾经从凯默里克那里继承来的那双。靴子很合脚，所以我一直穿着它们。我死之后，查登将得到它们。我已经答应给他了。"

战争中的靴子、逃难时船上的一个位置或卡车上的一个座位，可能是世界上最重要的东西，比数不清的钱更令人向往。在恶性通货膨胀时期，对一些人来说，一千克土豆的价值超过了家传的银器；一片猪肉的价值超过了大钢琴；偷窃好过挨饿；温暖比荣誉更重要；衣服比民主更重要；食物比自由更重要。

注释

1. 《通货膨胀》中的文章"德国的经验"（C. 洛厄尔·哈里斯编，政治科学研究院，纽约，第31卷，Ⅳ，I975）.

2. 沙赫特在《我的前七十六年》第21章中记录了雷金纳德·麦肯纳的话，雷金纳德·麦肯纳曾担任阿斯奎斯的财政大臣，1923年担任米德兰银行主席，他说："由于德国只能通过出口来支付，德国进行的出口多到令英国工业遭受难以忍受的痛苦的程度。"